上海地情普及系列 · 《上海滩》丛书

海派之源

江南文化在上海

上海通志馆
《上海滩》杂志编辑部 编

上海大学出版社

图书在版编目(CIP)数据

海派之源：江南文化在上海 / 上海通志馆，《上海滩》杂志编辑部编．—上海：上海大学出版社，2019.8
（上海地情普及系列．《上海滩》丛书）
ISBN 978-7-5671-3640-3

Ⅰ．①海… Ⅱ．①上… ②上… Ⅲ．①文化史—研究—华东地区 Ⅳ．① K295

中国版本图书馆 CIP 数据核字（2019）第 144442 号

责任编辑 陈 强
装帧设计 缪炎栩
技术编辑 金 鑫 钱宇坤

海派之源
——江南文化在上海

上海通志馆
《上海滩》杂志编辑部 编
上海大学出版社出版发行
（上海市上大路99号 邮政编码200444）
（http：//www.shupress.cn 发行热线021-66135112）
出版人 戴骏豪
*
南京展望文化发展有限公司排版
句容市排印厂印刷 各地新华书店经销
开本 710mm×960mm 1/16 印张 18.75 字数 267 千
2019年8月第1版 2019年8月第1次印刷
ISBN 978-7-5671-3640-3/K·201 定价 42.00元

《上海滩》丛书前言

去年，我们编辑出版了一套四册《上海滩》丛书，受到了读者的欢迎。今年，我们将继续编辑出版新的一套四册《上海滩》丛书，以满足读者的需求。今年新出的四本书分别是《五月黎明——纪念上海解放70周年》《丰碑无名——上海隐蔽战线斗争故事》《城市之根——上海老城厢忆往》《海派之源——江南文化在上海》。

20世纪的前50年，在中国发生了四件大事：一是1911年辛亥革命爆发，推翻了腐朽的封建王朝。二是1919年爆发了五四运动，使中国革命由旧民主主义革命转变为新民主主义革命，促进了新文化运动的深入发展及马克思主义同中国工人运动相结合，为中国共产党的成立作了思想上和干部上的准备。三是1921年中国共产党成立了。从此，中国人民在中国共产党的坚强领导下，经过土地革命、抗日战争和解放战争夺取了全国革命胜利。第四件大事就是1949年10月1日中华人民共和国成立。中国人民从此站起来了！而在此数月前的5月27日，上海已获得解放。而这距今已整整70年。

当时的上海不仅是中国最大的现代化城市，而且也是名列世界前茅的国际大都市。上海，对新生的人民政权恢复和发展国民经济有着非常重要的意义。因此，如何使上海尽量少受战火的破坏，党中央早有谋划。我们在《五月黎明——纪念上海解放70周年》一书中，收录了当年上海军管会财经战线领导、著名经济学家许涤新撰写的文章，回忆当年毛泽东、周恩来等中央领导作出的有关“不要让国民党在上海搞焦土政策，尽可能完好地保存这座全国最大的工业城市”的重要指示但同时强调要有思想准备，“一面要准备最艰难的处境，一面要争取良好的局面”。之后，在解放上海和接管上海的斗争中，我军指战员坚决贯彻执行党中央的指示，宁愿多流血牺牲也不使用重武器；上海地下党组织广大党员群众，密切配合解放军，带路，送情报，同时开展护厂斗争，打击敌特破坏活动，维持社会治安，使上海顺利获得解放。多年来，我们《上海滩》杂志非常重视组织发表有关上海解放和接管上海的文章，这次我们精选了其中部分文章，颇具史料价值，尤其是一些亲历者的回忆更加弥足珍贵。

在长期的革命斗争中，中国共产党不仅领导了艰苦卓绝的武装斗争，而且还领导了隐蔽战线这一特殊的斗争。我们党有一大批信仰坚定、对党忠诚、英勇机智、不怕牺牲的同志，奉党之命，隐姓埋名，有的还背负骂名，忍辱负重，长期潜伏在上海及其他地区的敌人营垒中，冒着随时被捕和牺牲的危险，传递出数不清的重要情报，为抗击凶残的日本侵略者，为推翻腐朽的蒋家王朝作出了巨大贡献。

我们非常敬仰这些无名英雄！由此我们在《上海滩》创刊之初，就非常注意收集发表这类文章，记录这些无名英雄们的非凡事迹。他们极富传奇色彩的战斗故事，吸引了大批读者，在庆祝中华人民共和国成立70周年暨纪念上海解放70周年之际，我们从《上海滩》杂志中，遴选了三十余篇讲述这些无名英雄传奇故事的精彩文章，编成《丰碑无名——上海隐蔽战线斗争故事》一书，献给广大读者，同时表达我们对这些无名英雄的敬仰之情。

上海解放70年来，受到了党和国家许多领导人的关心，毛泽东同志经常到上海视察并召开重要会议；邓小平同志曾经连续七年在上海过春节，对上海改革开放作了一系列重要指示，给上海广大干部群众以巨大鼓舞；习近平总书记不仅在上海担任过领导工作，而且还于2018年11月专门在上海考察，对上海工作作出了重要指示，提出了新的要求，而且还专门询问了上海老城厢的近况，并对旧区改造提出明确要求。不久，李强书记在实地调研老城厢时指出："旧区改造事关民生改善、事关城市安全，必须高度重视。"上海市政协则组成了以主席董云虎、副主席赵雯为正副组长的课题组，人口资源环境建设委员会牵头协调，汇聚各方力量，攻坚克难，以尽快为老城厢待改造旧区的数万居民改善生活条件、解决拎马桶问题。于是，上海老城厢成为沪上干部群众关心的一个热门话题。

据上海地方志记载：上海老城厢是一座千年古城。它由今天的人民路、中华路合围而成。早在唐代，这里就出现了上海早期居民群落，北宋天圣元年（1023）前设征收酒税的机构——上海务，北宋熙宁七年（1074）设上海镇，元至元二十八年（1291）设上海县。历经宋、元、明、清诸朝，老城厢已经成为上海政治、经济、文化中心。尽管到了民国时期，老城厢已不再是上海的中心，但它作为上海城市之根的地位不会改变。尤其是老城厢留下的独特的文化遗产异常珍贵，极富研究价值。它就像一座中国城市发展活的历史博物馆。了解上海，不能不了解老城厢，研究上海，也不能不研究老城厢。《上海滩》创刊三十多年来非常重视组织编发有关上海老城厢的文章，从上海设县筑城，到百业发展；从原先有“东方威尼斯”之称的城内水网纵横、舟楫交通，到填河筑路、运输通畅；从办学育人，到名家辈出……各类文章竟有百十余篇之多。此次，我们从中遴选出三十篇左右，编成《城市之根——上海老城厢忆往》一书，以供广大读者和专家阅读研究。

前面在说到上海老城厢的文化价值时，我们自然会想到，老城厢还是江南文化的滋生地，是江南文化的重要组成部分，因此也是研究江南文化的重要基础。

江南文化与红色文化、海派文化一样，是上海文化的重要组成部分。江南文化在上海城市文化发展中起着非常重要的作用。

《上海滩》杂志组织刊发有关江南文化方面的文章，是题中应有之义，是我们应当承担的责任。因此创刊以来，《上海滩》组织刊发了数百篇有关江南文化内容的稿件，内容涉及历史地理、人文教育、文学艺术、非遗文化、古镇园林以及衣食住行等各方面。这次我们特地从《上海滩》杂志中遴选了数十篇有关江南文化的文章，分门别类，编成《海派之源——江南文化在上海》一书，奉献给广大读者。

在此，我们要感谢上海大学出版社的领导和编辑同志，去年在他们的大力支持下，我们编辑出版的《上海滩》丛书，得到了广大读者的喜爱。我们希望今年新编的这套《上海滩》丛书，也能受到广大读者的喜爱。

上海市地方志编纂委员会办公室副主任

王依群　上海市地方史志学会会长

《上海滩》杂志主编

目录

六千年前的上海人

翟　杨

有人说，一百多年前的上海还只是一个小渔村；还有人说，上海虽然是一个现代化的国际大都市，但它没有悠久的历史文化，因此在开埠之前，上海的地位无足轻重。

果真如此吗？20世纪20年代，近代考古学传入我国。1935年秋天，由于海水侵蚀，杭州湾北岸金山卫戚家墩（现金山石化总厂区域）的海滩上露出了一些春秋战国时期的几何印纹陶片。得知消息后，考古工作者金祖同、卫聚贤赶到现场，采集了一些古代陶器的残片。同年末，金祖同发表了上海第一本考古学著作——《金山访古记》。

解放后，老一辈考古工作者深入乡镇，边办展览边宣传普及文物知识，进行文物普查。坚实而细致的工作终于迎来上海考古的春天，考古工作者陆续发现了崧泽、福泉山、马桥等一批重要古文化遗址，遗址数量从解放前的1处增加至27处。我们从中知道了六千年前的马家浜文化时期上海便有人类居住，接下来是距今五千年的崧泽文化、四千年前的良渚文化以及三千五百年前的马桥文化等。一个个重要的考古发现，无可辩驳地证明了上海人类历史连绵不绝、古代文化悠久灿烂。考古学家用手铲拂去历史的尘封，再现了一部真实的上海文明史。

——编者

早在六千年前，上海就有了人类。当时的先民们创造的文化被称为马家浜文化（以浙江嘉兴马家浜村命名）。目前在上海境内青浦的崧泽、福泉山和金山的查山三处遗址，发现了马家浜文化时期上海人的生活情况，从中还可以看到先民们已经取得了很高的成就。

遗址发掘现场

中国第一井

1987年和1989年，崧泽遗址发现了两口古老的马家浜文化水井，直到今天仍是最早的、当之无愧的“中国第一井”。其最大的特点为直筒形，口小井深，口径约67—75厘米，深达226厘米，这种结构使井水不容易受到污染，光滑的井壁也可纯净水质。而年代相当的浙江河姆渡水井为锅形浅坑，看起来更像一个大水塘，很难确保井水不受外部环境以及动物的污染。上海先民的这种几近完美的凿井技术，在当时确实已很了不起，即使六千年后的今天，上海农村的水井结构也大致如此。

先民们已吃上了稻谷

1961年考古工作者在崧泽遗址发掘中，采集到马家浜文化稻茎和稻谷颗粒。经农业专家鉴定，分别属于粳、籼两个不同的亚种。这是中国年代最悠久的稻谷标本之一，为农业起源研究提供了珍贵的资料。尽管同时发现其中有大量的食用后丢弃的麋鹿、梅花鹿、獐、鱼骨头，而且数量远远超过其后的崧泽文化、良渚文化，说明当时农业水平还比较低下，稻谷还不能满足人类生活的需要，还要靠狩猎和捕鱼来充饥，但是六千年前的上海先民毕竟已经开始吃大米，过起了定居生活，却是不争的事实。

发明双面管钻技术

石斧上的圆孔是用双面管钻技术打成的

这是一种用空心管在石器、玉器两面对钻而形成圆孔的技术。这在四千年前的良渚文化中已经得到普遍应用，是一种比较先进的钻孔技术。令人感到意外的是，2004年我们在崧泽遗址的发掘中，发现了一件马家浜文化石斧，清除了圆孔中的泥土后，隐约可见管钻痕迹。随后，我们又对钻孔仔细清洗，终于看见了管钻痕迹，交接处对得不是十分整齐，还留有台阶。圆孔茬口规整，绝非单纯人力所为，而是采用了某种简单的机械工具。看着这件石斧，我们不禁对六千年前的上海先民们肃然起敬。

上海第一人

令人惊喜的是，我们在2004年还发现了六千年前的上海先民遗骸。在

“上海第一人”：男性头骨

崧泽遗址的一座墓葬中，有一具人骨保存最好。经修理拼对后，一具比较完整的年龄约在25 ~ 30岁的男性的头骨赫然呈现在我们面前，大家都称他为“上海第一人”。它为研究上海人之源提供了极为宝贵的原始资料。

上海第一房。四周的圆洞是先民造房时为固定房架插入木柱形成的

上海第一房

发现“上海第一人”之后不久，同一年我们又在崧泽遗址发现了一处圆形地面建筑，直径约2.65米，面积为5.5平方米。复原后为一间尖顶房屋，墙体以木柱支撑，门外立柱支撑门扉，屋顶盖着稻草之类的东西。由于未发现墙体残骸，估计可能用来作粮仓。房址的发现表明当时的上海先民已不再风餐露宿，而是已经过着定居的生活。

上海，迈向文明的脚步

羽 佳

崧泽遗址位于青浦地区赵巷镇崧泽村北的假山墩及周围农田，传说因晋朝左将军袁崧居住于此而得名。后来袁崧被杀，皇帝赐金头葬在村北的假山坟（假山墩）。尽管后来在当地常年流传着一个曾有许多颗金头埋在某地方的传说，那只是附会之辞，不足为信。1957年，人们在崧泽村附近发现了一些古文物。1958年，上海市出版局饲养场派员将一些文物送交上海市文物管理委员会，从而确定了那里是一处古文化遗址。20世纪60年代至90年代，考古工作者在那里进行了大规模的发掘，并取得了丰硕的成果。考古学上一般都以最早发现该文化的小地名作为文化命名地。崧泽遗址文物丰富，发现时间早，于是成为环太湖地区五千年前的文化命名地而载入中国考古学史册。

中国最早的石犁

松江汤庙村M1中出土了一件距今约5 200年的三角形石犁，石犁中间有一大圆孔，长13.9厘米，是目前中国发现的最早的犁耕工具。石犁的应用意味着农业已经摆脱刀耕火种的原始阶段，开始了精耕细作，极大地提高了生产效率和粮食产量，由此农业成为人们粮食的主

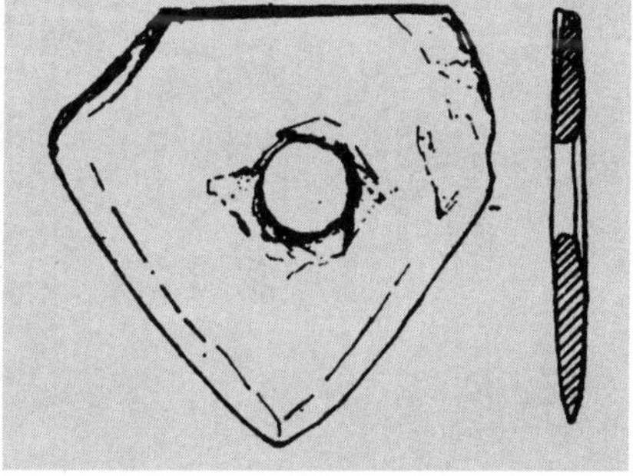

中国最早的石犁示意图

要来源。上海目前共有7处崧泽文化遗址，数量远远超过马家浜文化时期。

中国最早的含玉

中国人钟情玉器已有几千年的历史，人们赋予玉器许多美好的含义。古人常在逝者口中放块小玉器，称为含玉。在崧泽、福泉山遗址的崧泽文化墓葬的先民遗骨口中发现了不同形制的含玉，其中弧底三角形含玉最为精美。含玉的意义还不十分清楚，大概跟古人心目中认为玉器能够防止尸体腐化的观念有关。这表明玉器已经摆脱了单纯饰品的功能而进入礼器的范畴。含玉最早出现在崧泽文化中，这也是崧泽文化对中国玉文化的重要贡献。

此外，崧泽文化时期，上海先民还制造出一些艺术精品。如在青浦寺前村出土的一件双层镂孔陶壶，壶身通体装饰三角纹与圆圈纹镂孔，花瓣形足。工匠还在壶中叠套一内胆，整件容器达到了实用与艺术的完美结合。

遗址挖掘现场

五千年前崧泽遗址所展示的上海人社会，已有一些耐人寻味的迹象。崧泽墓葬数量众多，截至1994年已经发现了135座，这还不是墓葬总数。这么多的墓葬聚集于同一小土墩上，说明他们具有紧密的血缘关系，当时的社群规模已远远超过家族，虽然那时的上海人仍处于氏族社会时期，这个氏族内部已经可以进一步分组成更小的社会单位，各单位之间仍保持着相当的密切关系。随葬品中，土墩顶部有些墓葬不仅陶器数量多，而且随葬精美玉器；而土墩北部农田里的一些墓葬却没有随葬品，且被排除在墓地主体之外，地位极低。这充分说明崧泽文化时期的上海人内部已经发生了等级分化，开始了从原始迈向文明的脚步。

五千年前的陶豆盘底上的压划几何纹图案

福泉山：上海的“金字塔”

张明华

福泉山从高七八米的山顶到地下二三米处，古文化遗存层层叠压；从人们熟悉的唐、宋、元、明、清，一直到距今五六千年前的新石器时代，文物、墓葬、遗迹层出不穷，珍宝璀璨，目不暇接。如此丰富、集中、高级别的古文化遗址，全国也少见。这是我们的祖先留给上海人民的一份无价宝藏！1982—1988年，上海考古队在福泉山上进行了三次发掘，获得了轰动全国的考古收获。1984年福泉山遗址被评为上海市市级文物保护单位，2001年被国务院宣布为全国重点文物保护单位。

神秘土堆望而却步

从上海市中心区乘车去青浦重固镇，约一小时的路程。这里青瓦白墙，水网纵横，高高的石拱桥，清清的小河水，舟楫如梭，集市喧闹，一派江南水乡风光。重固原名魍魉，民间传说这里曾是宋朝韩世忠与金兵鏖战后掩埋阵亡将士的地方。福泉山位于重固镇的西缘，名为山，其实是一个高仅七八米、长宽各百米的大土堆。土堆虽不高，却有些神秘。上面曾长有一片像灌木丛那样矮小的竹林，一问，才知道这批竹林竟已生长了一二十年了。白天，山上能见到许多近现代的坟墓和散乱的白骨，夜幕降临，则是磷火点点，随风飘移，令人毛骨悚然，望而却步。

早在20世纪60年代初，考古工作者在山上山下都曾采集到古器物的残片。根据经验，这里被认定是一处古文化遗址。1977年，首次出征福泉山的考古队员虽然开挖了不少探坑，但福泉山的宝物似乎不肯轻易露面，与考

福泉山文化遗址

古队员们捉起了迷藏，当时仅仅发现了少量、稀薄的文化层堆积。然而到了1982年初，有民工在山的东侧取土时，发现了一片半圆形的玉器。经专家鉴定，这是距今四千多年前良渚文化（以1936年由浙江考古工作者在余杭县良渚镇率先发现的新石器文化遗存为典型定名）大墓中的玉制重器。据文献记载，这些玉制重器是氏族显贵或王专门用于祭祀上天的礼器。发现了它，表明这里存在良渚大墓的可能！

关于良渚大墓，当时报道的特别是经过科学发掘的资料十分罕见，在上海更是“零”的记录。距今四千多年前的古代社会，其社会形态正是中国跨入文明的关键阶段，能在上海地区发现，这对探明、认识良渚文化的社会形态及中国文明的起源，都有不可估量的意义。时不我待，机不可失！上海的考古工作者从1982年9月6日至12月18日对福泉山进行了又一次发掘。也许是好事多磨吧，这次差一点又造成了失之交臂的遗憾。

感动上苍芝麻开门

考古队的专家带领着十多个民工，在福泉山的山上山下，从夏末挖到

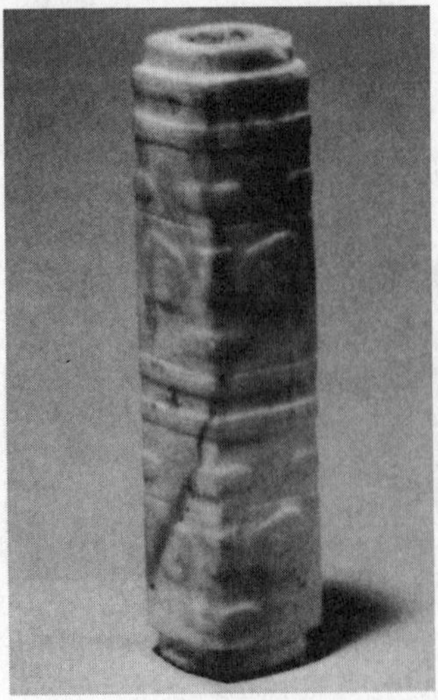

琮形玉管（良渚文化）

初冬，一连干了好几个月，其收获竟与上次差不多，毫无突破性的发现。正当大家心灰意冷、行将鸣金收兵之际，幸运之神终于降临。连续几天的雨水，把福泉山东南部T4坑西壁的泥土冲下了一大块。在灰黑色的泥土中，一件灰白色的东西反差强烈地露了出来。“是玉琮！”一位眼尖的队员失声惊叫了起来。真是玉琮？在场的人们简直不敢相信自己的耳朵。因为这件玉器的位置是处在离坑面表土下仅仅二三十厘米的地方，而这座探坑已经挖到了三四米深的生土层。四千多年前的玉琮会安睡在那么浅的地方？经过仔细辨认，确认真是玉琮（后来根据它的大小和位置推断证明其是琮形镯）！

疲倦的考古队员们一下子振奋起来，他们或蹲或伏，用探铲和毛刷小心翼翼地清理着玉琮发现处周围的还带有潮气的泥土。很快，在它的旁边出现了许多造型别致、面目难识的玉器、石器、陶器、象牙器等，璀璨夺目，美不胜收。其中光润圆滑的玉珠、玉管、绿松石等组合的项链，晶莹透亮的湖绿色玉戚，细刻人兽纹透光琮形玉镯，宽大扁薄的大孔石钺，镌刻人兽纹的大象牙，小巧玲珑的黑衣三足陶盉等，都是国内仅见的精品。一件细刻人兽纹的湖绿色透光球形玉镯，内圆外方中空的四壁筒形，器表以四角为中线琢刻纹样神秘的人兽组合纹四组，眉、额、眼、鼻、嘴布局端正；四面共16只展翅欲飞的小鸟，每只只有小指甲那么大，羽毛丰满，翅喙清晰，炯炯有神的眼睛，像一颗细小的珍珠。浅浮雕隐起转

玉鸟（良渚文化）

承，线条纤若发丝，让人无法揣测良渚工匠究竟使用了什么工具。美中不足的是，这座身份非同一般的大墓，被比它晚葬的汉墓挖去了头部。至少那一串很漂亮的项链被搅得很乱，至今无法有序地复原，令在场的考古队员个个扼腕叹息。不久，中国考古所所长夏鼐先生闻讯也赶到上海，仔细鉴赏并高度评价了这批出土文物。

然而，这些丰富的发现，使谜一般的福泉山罩上了更加神秘的面纱。珍宝是谁掩埋的？墓主是什么样的身份？四千年的大墓为什么会高高地埋葬在山上？……

为了探明这些问题，1983年11月23日，上海博物馆集结了考古队的所有精兵强将，率领40多位民工，在福泉山上展开了更大规模的发掘。

珍宝璀璨目不暇接

考古队员在山上不断发现汉代古墓葬，形式比较一致，在墓底有一层黑灰，人体居中，在人周围甚至人身上堆满了大小不同的釉陶罐、壶、钵等生活用品。以后又发现过铜矛、石砚等兵器和文房用品。在福泉山西北坡的几个探坑里，相继清理出距今五六千年的崧泽文化遗存和距今四千年左右的良渚文化堆积。在崧泽文化遗存中发现了一座以男子为中心的三人合葬的珍贵墓例和罕见的崧泽文化灶塘。这座灶塘呈浅瓢形，周围有一圈经长期烧火结成的红烧土，中间是乌黑的炭灰，附近还有一件特大型的折角足陶鼎，高36厘米，口径45厘米。经计算，其容量一次可解决一二十人的吃饭问题。这是目前所见新石器时代中国最大的陶鼎，

折角足大陶鼎（崧泽文化）

红彩背水壶（大汶口文化）

估计这里曾经是五千多年前上海先民聚居炊饮的场所。更为可喜的是在福泉山东北角的15号探坑内，又发现了一座良渚大墓。虽然也有一座汉墓压在它的上面，相差仅10厘米，但让它逃过了一劫，令人额手称庆。经清理，墓中出土了玉璧、玉饰片、陶器等一批良渚精品。其中有两件玉琮质地、纹样和形式大小一模一样，不经意之间，被叠放在一起。这两件玉琮其实原来是一件长柱形器，后根据需要，被人拦腰一分为二。专家们面对着完全可能被破坏的大墓和一片狼藉的场景，无不咋舌，后怕不已。

几乎在同时，福泉山西北角27号探坑又有一座良渚大墓被清理出来了，玉琮、玉璧等100多件文物熠熠生辉。其中一串珠、锥项链出现在人体的头颈部，虽然原来穿系的绳子已腐朽，但一颗颗玉珠、玉锥形器十分有序地呈“8”字形排列，难得地保持着入土时的完整和原始状态。

可是，世上本没有十全十美的事情，第17、18号坑里的两座规模很大的墓葬还是出现了被古人无意中毁坏了的懊恼事。前者只出土了几件石钺、石铲和几颗散乱的玉珠，后者在墓主胸腹部只有几颗玉珠和残玉管。意外的是，就在23坑大墓的北缘出现的一堆残陶器中，发现了一件完好无损的红彩背水壶。这是唯山东大汶口文化独有的陶器，它现身千百公里之外的上海，不禁令人遐想联翩。是交换？是赠礼？是联姻？不管怎么说，至少为良渚先民和北方大汶口先民早在四千多年前已有来往的观点提供了重要的实物依据。

一星期后，考古队员凭经验从地层剖面的细微变化中，又找到了两座完整且随葬品特别丰富的良渚大墓。一座平面呈刀形，没有先例，令人费解。墓中出土的细刻蟠螭纹陶鼎、禽鸟纹双鼻陶壶，工艺超群，堪称一绝。双鼻壶壁薄如纸，比著名的龙山文化的蛋壳黑陶还要纤轻。陶鼎的三足上采用了前所未见的镂孔技术，更不可思议的是陶鼎的外表施过一层泥质黑衣。常识告诉我们，鼎作为炊器，是在火上使用的，泥质陶衣经不起火烤，会氧化变红，更会脱落。是福泉山先民的疏忽？如此明显的精心制作，不可能！显然，这件陶鼎制作的初衷一开始就不是能在火上烧烤的实用器。联系其精细轻薄的工艺，应该是一件专门用于敬神祭祖的礼器。另一座有木板葬具的大墓中除了一批精彩的良渚文物外，尤其值得重视的是，在坑底相当于人体的腰部出土了一件不起眼的长方形小玉器，侧面看如方棱方角的“6”字。经考证，这是我国最早的玉带钩，它的出土，首次将带钩的发明年代提前了一千多年，让人刮目相看。

玉带钩（良渚文化）

1986—1988年的第三次发掘规模更大，除了继续发现良渚文化墓葬和一大批精美文物，还清理到了良渚文化崧泽文化居住遗址1处和反映良渚先民重大宗教活动的祭扫遗迹3处。其中良渚大墓的掩埋又出现了十分特殊的形式，即墓中除了大量文物之外，还在几具墓主人体的脚下清理到了陪葬的人骨架，有的明显呈手臂反绑的悲惨状态。

良渚社会正当进入文明社会的关键阶段，福泉山良渚墓中出现了与原始文明没有阶级、没有剥削、没有压迫形态格格不入的人殉现象，说明福泉山良渚文化已经向文明社会跨出了坚实的一步。福泉山的人殉事实，为中国文明的起源提供了重要的考古依据。

可与金字塔相媲美

福泉山上连续不断的重大发现，惊动了中国的考古界，也惊动了上海

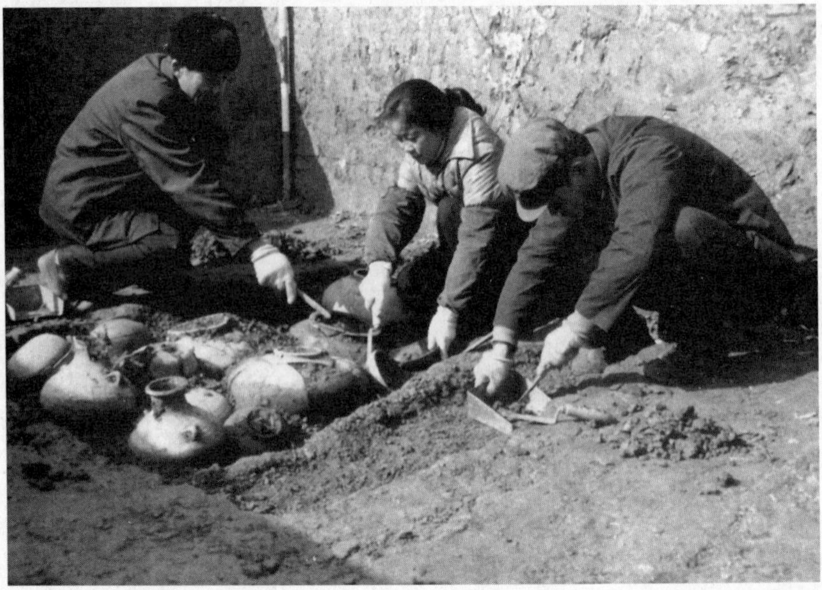
考古队员在清理墓葬

市领导。1987年5月10日《新民晚报》刊发了整版报道《上海也有“金字塔”》。1987年10月13日，时任上海市市长的朱镕基同志亲临福泉山遗址，指示要好好保护遗址，待具备条件时可建立博物馆。

经过三次大规模的考古发掘，福泉山上的探方总面积达到了2 500平方米，探明了福泉山是由历代先民的生活遗存逐年堆高而成的。其中良渚文化的首领为了营造他们的高土坛墓地，动用了大量的人力物力，在略高于今地平面的基础上，堆成了比今天的地面还高的土坛后挖穴为墓，以至于造成了良渚大墓高居山顶的特殊现象。经统计，三次发掘共清理了宋墓2座、唐墓1座、汉墓96座、战国墓3座、良渚墓32座、崧泽墓9座，发现了如前所述的一大批珍贵文物。

福泉山遗址的重大发现，引起了我国著名的考古学家苏秉琦先生的高度重视。他生前曾对福泉山遗址作出了精辟的评述：“埃及的金字塔是石头堆的，是文物，福泉山是土堆的，也是文物。”“福泉山的良渚墓地——土台是重要的，比其中的器物都重要。土台反映墓主身份。每个墓中的器物都是特制的，都是为其所用的。”将上海的福泉山与埃及的金字塔相媲美，这出自一位德高望重的学者之口，令人兴奋，值得庆贺！我们为上海这座历史文化名城增添了福泉山这一颗沉甸甸、亮闪闪、色彩斑斓的历史明珠而感到高兴，感到自豪。

1988年，有关方面对福泉山遗址采用砖墙全面围护。2000年10月，一部全面报道和研究福泉山遗址的专著《福泉山——新石器时代遗址发掘报告》正式出版。2001年，在福泉山保护区的门侧布置了对外开放的“福泉山遗址陈列室”。不久的将来，这里会建立起一座福泉山古文化遗址向全世界展示着上海的悠久璀璨的历史文化。

寺前村遗址的龙泉青瓷

陈　杰

寺前村遗址宝贝多

上海地处我国东海沿岸，扼长江咽喉，是江、海交通枢纽。距今六千年前，随着长江三角洲的推进，上海地区逐渐开始有先民在此居住生活。

在今上海中部偏西，有一条西北—东南走向的“冈身”地带，它是由大量泥沙和介壳残骸堆积起来的，这是一条距今四千年前上海的海岸遗迹。冈身迤西掩有今上海嘉定西南和青浦、松江、金山等县全境的大片土地。这条冈身很早就见于历史记载，北宋朱长文《吴郡图经续记》云：“尝闻濒海之地，冈阜相属，俗谓之冈身。此天所以限沧溟而全吴人也。”

寺前村遗址即位于这条冈身的西侧，现属青浦县大盈乡天一村，距青浦城区北约4公里。正是由于冈身保护，地势高爽，寺前村成为古代上海先民生活的优良场所。遗址坐落在村后土墩及其北侧的农田中，土墩高约1.5米，南北长约150米，东西宽约140米，面积约20 000平方米，东、西、北三面有寺溪河环绕。遗址在1966年因取土填浜、扩大耕地面积时发现，1986年被公布为上海市文物保护地点。

上海考古队从1990年11月开始发掘，直到第二年1月告一段落，当时在土墩上和土墩下的农田中，共发掘了138.5平方米。就在这小小的面积中，已发现了8口古井、5座墓葬、6个灰坑和大量的各个历史时期的生活遗迹，出土有陶器、骨器、铜器、瓷器等大量古代遗物。发掘表明，寺前村遗址文化堆积主要有距今五千年前的崧泽文化、距今四千年前的良渚文化、距今两三千年前的西周至战国时期和距今一千年左右的宋元时期四个阶段。寺前村遗址可以说是上海古代文明史的浓缩精华。

古井中发现青瓷器

11月，正值上海深秋，乡村由于考古人员的到来而显得十分热闹，刚刚收获过的农田依然留着新鲜的稻茬，田间随处可见到的瓦块、瓷片，明确地说明在遥远的远古时代就已经有先民居住生活在这里。

经过几天的清理表土层后，在发掘区域的南部，发现了一个圆形的土坑，直径0.74米左右，修葺整齐的坑壁和直筒形的形状显示这是一口土井。坑内填满了青灰色的淤泥。距井口深约0.9米处，有一块大石板埋于井内，大石板周围的空隙处填满碎砖，大石板之下的淤泥中有大量的砖、瓦与残缺建筑构件，如瓦当、陶狮等，还有碎缸片、陶瓷残片等。清理越深入，古井也越来越深，已经近3米了。天色渐晚，考古队员已在做着一天的收尾工作。“砰”，一把铲子凿在了一个硬物上——又是两块石板，大小约30 ~ 40厘米。难道在这下面还埋藏有更多的遗物？考古队员们一下子兴奋起来。搬开石板，果然发现了石砚、韩瓶等多件完整器物，其中4件精美的青瓷器更是吸引了考古人员的注意。

龙泉青瓷瓶

这4件青瓷器，分别是1件鬲式炉、2件瓶和1件壶，皆为灰胎，施粉青色釉，釉色厚润，光泽透亮，是青瓷器中难得的精品。炉，圆口，平折沿，颈较高，扁圆腹，肩部有一圈凸棱，底附三个圆锥形足，在三足上各有一条扉棱，口径13.2厘米、高11.4厘米。2件瓶，形状大致相同，皆为小盘口向内收，长直颈，垂腹，平底，矮圈足。其中一件口径6.6厘米、底径6厘米、高16厘米。壶，圆口内凹，上下腹分别由模子压成，腹圆，腹中有一周接痕，腹部用凹直线分成八瓜瓣形，对称的一边装短流，另一边装圆条形把，腹下接矮圈足，平底，口径3.3厘米、底径7.8厘米、高11.8厘米，造型小巧玲珑。

龙泉青瓷独步天下

寺前村遗址出土的这几件青瓷器，造型简洁，轮廓线条流畅，釉色浑厚华滋，淡雅柔和，温润如玉。从器形与釉色特征分析，是典型的龙泉窑瓷器。

瓷器是中国发明的，最早烧成的瓷器就是青瓷，而青瓷的主要产地是浙江。从越窑、瓯窑、婺州窑到秘色窑、郊下坛官窑，全属于庞大的青瓷窑系。江山代有名瓷出，各领风骚数百年。所有这些名窑中，尤以龙泉青瓷为最佳，它创烧于北宋，延续至明，是中国制瓷史上时间最长、规模最大的窑系。龙泉窑创造出了粉青、梅子青釉，使古人追求的青瓷如冰似玉的感觉达到了极致。龙泉青瓷以其绝代的风姿、极高的艺术造诣，后来居上，超越群伦，直登青瓷的高峰。龙泉窑与宋元的官窑、哥窑、汝窑、定窑、钧窑一起，被称为六大名窑。

古陶瓷专家冯先铭先生在谈到龙泉青瓷时说："龙泉青瓷是青瓷工艺的历史高峰，……晋人形容瓯窑青瓷为'缥瓷'，唐人称越窑釉质'如玉似冰'，釉色为'千峰翠色'、'秘色'。但是成为青瓷釉色与质地之美的顶峰的则是宋代窑工创造的龙泉青瓷，它是巧夺天工的人工制造的青玉。"

历史上追求龙泉器者众多，也有很多故事。最有名的是说在民国年间，一个日本收藏家酷爱中国的龙泉青瓷，他在中国古玩市场得一宋龙泉三足炉，视为珍宝。为了庆祝得此三足炉，他将自己开的古玩店命名为"龙泉堂"。1923年，东京大地震，此公竟然不顾财产，不救家人，而是抱着龙泉三足炉独自逃出了灾区，一时传为趣谈。实际上，被这个日本人视为珍宝的三足炉，应当就是与寺前村出土的鬲式炉相似的文物。

寺前村遗址古井中出土的这几件青瓷器，是南宋龙泉窑常见的器形。当时，龙泉窑瓷器深受人们的喜爱，纷纷争购，作为珍贵的礼品和日用品。即使离开人世，一些达官贵人仍不忘在墓葬中随葬若干龙泉瓷器。如在湖北省武汉市武昌卓刀泉宋嘉定六年（1213）任唏晴墓和浙江省德清市城关镇南宋咸淳四年（1268）吴奥墓中，都曾经出土过与寺前村遗址出土的青瓷器形似的器物。

谁曾拥有这些青瓷

南宋时期，江南人口激增，经济发展很快，尤其是浙江、江苏一带逐渐成了全国的政治经济中心。随着社会经济的发展，社会的奢靡之风盛行。南宋龙泉窑瓷器由于其釉色青翠，造型优美，成为当时皇室、官僚和上层社会追捧的雅玩之物，甚至还通过陆路和海路远销亚、非、欧三大洲的许多国家和地区。当然，精美的龙泉窑青瓷价格也不菲，当时一只青瓷盘的价格为一百五十贯。而在欧洲，其身价与黄金一样贵重，一般人难以问津。寺前村遗址出土的这几件瓷器，釉面光滑，色泽清淳滋润，造型端庄古朴，是当时难得的文物精品。

那么，到底谁是这些宝物的拥有者呢?

寺前村——这个地名，为我们提供了重要的线索。据古代文献记载，寺前为古名，因居于宋元时期的慧日教寺西南而得名。南宋时期，上海地区的青龙镇已成为“海舶辐辏，商贩积聚”的贸易港口，佛教也盛极一时，佛事活动遍及乡村，并建了不少具有相当规模的寺庙。在寺前村遗址同时期的地层与古井中还出土了大量的建筑构件，主要有砖块、板瓦、瓦当和脊兽等。瓦当一般饰菊花图案。脊兽高约40厘米，狮子形，陶质，立姿，两目圆睁，昂首挺胸，整个器形显得憨态可掬。这些建筑构件一般使用于大型建筑的上

大型建筑上的脊兽——憨态可掬的陶狮

面，可能就是当时慧日教寺毁坏后的残留物。而寺前村遗址中出土的龙泉窑鬲式炉，是仿商周铜鬲的式样制作，应该是焚香用具。

据《嘉庆松江府志》记载，元代之际，上海地区有许多寺庙毁于兵燹，著名的有佘山慧日寺、普照教院等，朱泾的法忍寺、上海县的观音禅寺等，大约寺前村一带的慧日教寺也未能幸免于难。古井中，刻意用石块做隔断，把精美的龙泉窑青瓷器深埋在井底，这很可能是当时僧人为避战乱藏匿于此的，从而为我们留下了一睹历史精华的机缘。

马桥遗址发掘亲历记

宋　建

马桥遗址在约3 500年前是东海海堤上的一个村庄，村民们面对波涛汹涌的大海，过着打渔捕猎的田园生活。如今这里是一马平川的农田，它就是闵行区马桥镇的俞塘。

别墅大工地　竟是古遗址

20世纪60年代刚发现这处遗址时，确定的面积仅是5 000平方米，后来随着发掘的深入，它的面积超过了10万平方米。这是长江下游地区少见的

马桥遗址发掘现场（1994年）

夏商时代的大型村落。这一重大考古发现的过程颇有些戏剧性。

1993年冬，我们在遗址上开展小规模的发掘，我是这次发掘的领队。记得那天午后，和煦的冬日照耀在考古工地上，我正埋头工作，一个队员突然过来问我是否安排了在东面几十米处开辟新的发掘区。我听了抬头东望，果然有人在挥锹。过去一问，才知道是一家房地产开发公司已获准在这块土地上建造别墅，现正在挖别墅区的围墙基础。有趣的是，工人们误认为我们也在造房子。当工人们得知我们正在“挖宝”、而“宝”就是那些编织袋内的碎陶片时，他们都笑了，并告诉我们：这样的“宝”有的是！顺着他们手指的方向，我们果然看到了散落在地上的碎陶片，它们都已经有三千多年的历史了。以此为线索，我们立即紧追不舍，开始了大范围的勘探，并走访了当地的居民，结果使我们了解到马桥遗址的分布范围大大超出了我们原先的认识。新的发现就这样产生了。

接下来的事情就是同开发商交涉，我们要求他们暂时停止开发建设，必须保护文物，确保考古发掘工作顺利进行。交涉开始很艰难，开发商振振有辞，申辩说他们已得到土地的合法使用权，抵触情绪很大，甚至不让我们进入开发区内。记得有一次我们陪同东方电视台记者到现场拍摄，希望在媒体的支持下，促使建设施工单位保护文物。没想到拍摄刚开始不久就遭到开发公司职员的阻挠，并把我们一行“请”出了本应受到妥善保护的遗址区域。由此可见在城市大规模开发建设过程中保护文物的艰难。交涉持续了整整8个月。其间，上海市文物管理委员会负责人马承源先生曾亲临遗址，主管考古的黄宣佩先生更是多次来到现场，而我承担了同开发商不断沟通、灌输文物考古理念的具体工作。艰难的交涉终于有了良好的结果。市区两级政府有关部门为文物保护工作尽责尽力，开发商也理解了考古的意义，慷慨解囊，上海考古史上规模最大的一次发掘得以顺利开展。这次考古发掘时间紧迫，任务繁重，也是我们以前从未遇到过的。我们从烈日炎炎的盛夏连续发掘到滴水成冰的严冬。为了科学严谨地考古，我还邀请了母校南京大学考古专业的师生参与。

经过近半年的发掘，一个3 500年前的村庄展现在我们面前。村庄就建立在当时的海堤上。海堤形成于距今5 500年前，是长江带来的冲击泥沙和海潮带来的贝壳砂共同沉积作用的结果，因此科学名称是“贝壳砂堤”。砂堤东面不远就是大海，西面是由海湾逐渐演变而成的泻湖和密集分布的河汊，还有繁茂的草原和疏朗的树林。砂堤地势高亢，适合先民定居。马桥村落顺砂堤而建，呈南北很长、东西很窄的宽带形，反映了人与自然的和谐。

云雷纹酒器　先民皆豪饮

“民以食为天”，马桥先民在日常生活中最重视的就是饮与食。他们使用的饮器和食器样式丰富多彩。食器有豆、簋、盘和三足盘等，各有多种不同的规格。豆的形态变化最多，有圆盘与折盘、粗柄与细柄和大与小之别。饮器有觯、觚、鸭形壶和尊。觯是马桥文化中最具有地域性特色的器皿，造型独特，其形态变化在饮器中也是最多的。豆、簋、觯、觚的绝大多数，以排列规整或挥洒自如的云雷纹装饰，变化多端。马桥先民在美化器物、增加饮与食的趣味上颇费了一番心思，可以说饮器和食器是马桥文化最看重的两大类器物。

古代的盛酒器——觚

饮器一般都叫做酒器。商代贵族好饮酒是出了名的，因此有了“酒池肉林”而丧国的故事。周代开国之君专门发布《酒诰》，告

马桥出土陶器上的云雷纹

诚为治理国家必须节制饮酒。青铜酒器在夏商时期的地位很高，夏代种类不多的礼器中就有爵和斝，商代觚和爵更是成为贵族等级高低的标志物，即使普通平民的墓葬随葬品中，陶觚爵也是必不可少的。酒还是巫师作法的道具、通神的媒介。萨满饮酒后进入亢奋状态才能够与天地媾通。我们可以从中理解隐藏在马桥文化饮器后的文化内涵与社会背景。

马桥文化的食器和饮器上常有云雷纹，形式多样，最流行的是菱形雷纹、斜云雷纹、蝶形云雷纹和方形雷纹。中国的青铜文明中，食器和酒器都是礼器，云雷纹装饰极为盛行，难道两者之间有什么关系吗？人们最早注意到的是云雷纹和青铜器的搭配，诡异莫测的云雷纹似乎更增添了青铜器神秘的色彩。多年来人们一直认为陶器上的云雷纹是仿造青铜器的，很少有人去逆向思考。其实，马桥遗址出土的良渚文化饮器和食器上，云雷纹的比例与青铜器相比毫不逊色，可以肯定马桥文化陶器上的云雷纹不是仿造青铜器上的。

那么它们的源头又在哪里呢？是在早于马桥文化的良渚文化。良渚文化不仅陶器上有云雷纹，更是玉器纹饰的主要构图要素。上海青浦寺前遗址出土的一件双鼻壶，双鼻之下各有一个云雷纹，颈部有七排逆时针外旋的云纹，就是明证。出土的玉器上的云雷纹表现了神像与鸟身上的羽毛，也可佐证。实际上，长江下游地区刻画云雷纹的传统由来已久，只是实物很少发现而已。江苏金坛三星村出土过一件距今5 500多年的陶豆，云雷纹精工刻在豆盘上，红白两色共四组。这应该是迄今所见年代最早的云雷纹了。

最喜食鹿肉　此处是荒原

马桥先民食谱中野生动物占了很大比例，其中在陆地生长的动物最多的是鹿科，有梅花鹿、麋鹿、猪等，它们喜好在靠近水源的草原和树林活动。据此，我们可以知道3 500多年前马桥周围不仅有茂密的森林草原，还有广阔的沼泽地，为鹿科动物的繁衍提供了优良的环境。梅花鹿、麋鹿等就成了马桥先民经常食用的野味。我们比较精确地统计了马桥遗址出土的动物数量，鹿科动物占所有陆生动物的70%左右，其中梅花鹿最多。鹿类的肉非常鲜美，富含蛋白质等多种营养成分，是马桥先民最重要的肉食资源。鹿科动物常常群体活动，鹿科中的麋鹿又是一种比较大型的动物，为提高狩猎效率，先民经常采取大规模围捕行动。集体猎鹿是当时的一项非常重要的活动。广富林的良渚文化墓葬随葬品中有一件陶尊，陶尊腹部以刻画技法画了一幅梅花鹿石钺图：一只长着两只长角的梅花鹿，旁有一件带柄的石钺，钺柄向外弧曲，柄下端还安装着镦，旁边还绘一物，可惜大部分已经磨损，从残留痕迹看似鹿。石钺就是权杖，代表了权力和有组织的大规模行动，梅花鹿是行动的对象。因此梅花鹿石钺图可能记录了一次由氏族首领亲自指挥的集体捕猎鹿群的行动，也可能记录了氏族首领参与的与鹿有关的仪式，梅花鹿代表仪式的主体，或者就是祭品。20世纪90年代马桥遗址就发现了同猎鹿相关的祭祀仪式遗迹。

马桥东临海，周边多水网，水生动物资源极为丰富，因此在先民的食谱中，海鲜与河鲜也占有很重要的位置，马桥遗址出土了牡蛎、文蛤、青蛤、鲨鱼、鲸鱼、鳖等的遗骸。记得当年发掘时，有个南京大学同学的发掘坑内出土鳖甲最多，当时恰好长跑教练马俊仁的“中华鳖精”风靡一时，同学们戏称：原来“中华鳖精”的源在我们马桥哦。马桥有这么丰富的水产品，我们或许也可以把马桥称为渔村吧。为了给水产品保鲜，提高食物品质，也为供不时之需，马桥先民还发明了专门存放水生动物的水坑，有点类似于眼下大小餐厅内常见的海鲜水柜。这种专用水坑形制特殊，比较少见。坑口近似长方形，长近3米，宽1.4米，坑的一端有自上而下的三层台阶，各台阶高度22 ~ 30厘米不等，台阶下去后为一深坑，到底部有1.7米多深。日常可将捕获的鱼、虾、鳖、蛤等水生动物临时养放在坑内，供随时取之食用。

马桥先民的食谱中，稻米的消费量比较低。我们从土壤内植物硅酸体的分析中发现，与水稻相关的植硅石含量比较少，比更早的良渚文化和更晚的春秋战国、唐宋时期都要少，表明马桥先民很可能主要从大自然中直接获取食物，由于获取量比较充分，不需要种植大面积的水稻，因而稻米的总产量比较低。

当时，马桥先民已经开始大规模生产印纹陶，其中有相当一部分是火候很到家的硬陶，这是重大的技术创新。先民们还开始制作原始瓷，其中黑釉原始瓷是马桥文化的一大发明。

更为可贵的是，在马桥还发现了从印纹软陶、硬陶到原始瓷的技术工艺发展过程。马桥先民在烧制软陶到硬陶中逐渐掌握了高温烧窑技术，学会了控制窑内的温度，这就使陶器变成了原始瓷。我们从这里清晰地看到了从陶到瓷的发展脉络。

考古初现青龙镇

曹伟明

2010—2016年，上海博物馆考古研究部对青浦的青龙镇遗址考古有了新的发现，取得了重大的进展和突破。它把上海港口城市的历史，从100多年推进到了1 300多年前，改写了上海是从小渔村演变而成的历史。青龙镇的考古发掘工作刚拉开帷幕，它将持续十年以上。到时，一个仅仅活在古籍中、已经湮没了的青龙镇将还原于世，考古的原址将规划成遗址公园，作为青龙镇文物的保护和展示之地，再现上海最早对外贸易港口的辉煌。今天，我们仅根据现有的考古发掘，先看一看古代青龙镇的大致面貌。

唐代建镇　成为“海商辏集之地”

青龙镇位于青浦区白鹤镇东部、重固镇北部，唐玄宗天宝五年（746）建镇，当初为沿海军事守镇。随后，青龙镇因水而生，因水而兴，它依托北侧宽阔的吴淞江迅速崛起，以海内外贸易为产业支柱，发展成为上海地区最早的对外贸易港口，将国内瓷器、茶叶、丝绸转口贸易到东北亚的日本、朝鲜半岛，东南亚的越南、印尼等国，西亚的阿拉伯地区，又将国外的珠宝、香料进口到国内，满足中国市场的需求。据记载，北宋熙宁十年（1077），青龙镇光上交朝廷的商税就达1.5万余贯，超过了所属的华亭县城的1.5倍，位列全国近2 000个市镇的第5位，“长三角”地区近20个市镇的首位。在全国1 200多个县级城市中位列第22位，300多个府州级城市中位列第94位，12个沿海港口城市中位列第7位，成为“海商辏集之地”。

宋代鼎盛时期，青龙镇上商贾云集，市井繁华，有“三亭、七塔、十三寺、二十二桥、三十六坊”，人称“小杭州”，为“长三角”地区最繁华和最发达的市镇。据近年的考古勘探，青龙镇核心区域面积达6平方公里，沿如今的老通波塘、崧泽塘下游两岸分布，可说是当年全国特大型的市镇，已经具备了城市的格局。

青龙镇凭借控江连海、据沪渎之口的地理优势，成功转型为经济雄镇之后，迅速崛起，成为上海地区最早的对外贸易港口。

青龙镇的转口贸易，有海内和海外两种贸易。海内贸易路程近的主要有苏南、湖南、江西和浙闽沿海以及两广沿海地区；远的主要有东南沿海的福州、泉州、明州、温州、台州等地，这些都是唐宋时期我国著名的贸易港口。在青龙镇考古发掘中，出土的瓷器大多来自浙江和福建的窑口，如越窑青瓷、龙泉窑青瓷、建窑黑釉瓷等。上述地区通过青龙镇这一港口，把商品转销至海外市场。所以说，对海外市场的转口贸易是青龙镇的主要功能。当年史料记载已经涉及的有东亚的日本、高丽、新罗、东南亚的交趾、南海的诸国、阿拉伯地区的大食等。青龙镇与这些国家和地区几乎每年都有直接的海舶往来，开辟了固定的海上航线，拓展了对外经济贸易的海上丝绸之路。

在南宋迪功郎应熙的《青龙赋》中，曾经描绘当年青龙镇上“市廛杂夷夏之人，宝货富东南之物”。海外进口的“宝货”商品，大致有象牙、犀角、珊瑚、玳瑁等“宝物”，有白番布、花番布、剪绒单等“布匹”，有沉香、檀香、乌香等“香货”，有胡椒、没药、丁香、硫黄等“药物”，还有皮货、杂物等消费性的货物。

青龙镇转口贸易的主要商品有瓷器、丝织品、农副产品、文化书籍和用品等，深受海外市场的青睐。而青龙镇考古发现的众多窑口的瓷器，与海外发现的中国出口的瓷器不少是相似和吻合的。

对外贸易的兴盛，富商巨贾的集聚，都刺激了青龙镇的发展。宋嘉祐年间，青龙镇上“远商并来”，“潮涨海通，商今来归。异货盈衢，人无馁饥”。到了元丰年间，青龙镇更是“富商巨贾、豪宗右姓所会”。中外富商纷至沓来，镇上街市店铺林立，酒旗招展，市场活跃。三十六坊，不仅功能细分，而且还有专门给海外商人居住的“来远坊”，供海外商人来青龙镇进行经济贸易和文化交流。青龙镇发展为“东南巨镇”“经济雄镇”后，吸纳了不少创业者和冒险家等外来精英，集聚了人气，成为烟火万家、“杂夷夏之人”的国际化市镇。

佛塔考古　地宫呈现“圣物舍利”

青浦博物馆在20世纪90年代，对青龙镇的历史文献进行了系统的梳理。21世纪初，在青浦博物馆新馆的“申城水文化之魅”布展中，形象地展示了青龙镇昔日的辉煌。2010—2016年，青浦博物馆联手上海博物馆对青龙镇遗址进行了考古调查和发掘，取得了一系列重要收获，初步摸清了青龙镇

青龙镇考古发掘现场

遗址的范围和重要湮埋区，挖掘发现了唐宋的房屋基址、水井、炉灶、铸造作坊、河埠头、墓葬等遗迹，出土了铜、铁、木、陶瓷器等文物2 000多件，其中转口贸易的瓷器，有越窑、长沙窑、龙泉窑、景德镇窑、福建窑等窑口。尤其是2015年11月至2016年10月发现的隆平寺塔基及其地宫文物，更显其历史文化价值，不仅为了解青龙镇的市镇布局提供了关键的地标，更成为研究和剖析当时青龙镇宗教文化的重要依据。

隆平寺塔

隆平寺建于唐长庆元年（821），是青龙镇上三大佛寺之一。它因位于青龙镇北部（现旧青浦希望小学校址），俗称北寺，离吴淞江仅约300米，是青龙镇重要的地标建筑。其中的隆平寺塔（1023—1032年建造），不仅是当时市民生活和宗教信仰的载体，也是海内外商船进入青龙镇港的主要航标指示塔。

这次考古还发现，隆平寺塔基地下结构独具匠心、十分精巧。塔心室夯土层下有十字木梁结构。木梁下发现保存完整的地宫，地宫为仿塔结构，平面呈

隆平寺地宫出土的铜瓶和舍利

隆平寺地宫出土文物

长方形，东西长1.48米，南北宽1.2米，高1.42米。地宫宫室的内壁为石板砌筑，下面铺满各时代钱币万余枚。钱币年代较早的为五铢，最晚则为天禧通宝，其中有得壹元宝、咸康元宝、宋元通宝、铁母钱等珍稀钱币。地宫中置套函，函外左右各一座阿育王塔。套函共有四层，最外为木函，向内依次为铁函、木贴金函、银函，层层保护。银函底部铺有一层彩色宝石，上置一尊释迦牟尼涅槃像。此外，在木函内还藏有银箸、银勺、银钗、银龟、铜镜、水晶佛珠等一批供奉品。这次考古发掘，还在套函内发现了一只铜瓶，瓶内装有四颗圆珠，其中三颗为水晶质，便是佛教中的圣物“舍利”。这一发现，也与以往青龙镇文献中关于隆平寺塔“中藏舍利”的记录相符。

名人聚居　文化交流到海外

青龙镇经济的发达，贸易的繁华，人口的集聚，也带来了文化的繁荣。青龙镇是一个“五方杂处、南腔北调”、富有个性和魅力的文化高地。尤其是到了宋代，米芾任青龙镇的镇监。与苏东坡诗词唱和的章楶等社会名流以及任氏、杜氏、何氏等名门望族，在此为官、经商和定居，引领了青龙镇的主流文化的健康发展，吸引了文化人来青龙镇酬唱赋诗，撰文作画，带来了新的活力和新的气象。北宋诗人梅尧臣，曾多次到青龙镇游历，撰写了《青龙杂志》。青龙镇的“醉眠亭”，成为当时文人的“文化沙龙”，集聚了李行中、苏辙、苏轼、秦观、张先、陈舜俞等众多文化名人，寄情于诗酒，流传了一段段文坛的佳话。

青龙镇遗址出土文物

早在宋代，上海最早的藏书家庄肃，隐居于青龙镇，建筑了“万卷轩”藏书楼，收藏图书达八万卷，并撰有《庄氏藏书目》。而在青龙镇，藏书万卷的文人名士，可说是不计其数。

青龙镇不仅有高雅的精英文化，更有通俗的市民文化。青龙镇的瓦市、瓦舍、瓦子、瓦肆大小不一，档次不同，然而数量众多，各种音乐、舞蹈、戏曲、杂技、木偶、皮影等娱乐节目，都在瓦市勾栏中上演，让青龙镇港口成为一座不夜城，热闹非凡。应熙曾在《青龙赋》中写到，青龙镇的瓦市“讴歌嘹亮，开颜而莫尽欢欣；阛阓繁华，触目而无穷春色”，艺人们“杏脸舒霞，柳腰舞翠”，道尽了青龙镇文化娱乐的繁荣。

从青龙镇遗址出土的两件唐代褐釉腰鼓，被证实是西域传统的打击乐器。它表明西域艺人已在青龙镇进行文化交流，充当了贸易者和文化使者的双重角色。尤其是到了宋代，随着对外贸易的拓展和经济交流的深化，青龙镇与海内外的文化交流更为频繁和密切，与日本、新罗、交趾、南海诸国、阿拉伯地区都开展了广泛而深入的经济贸易和文化活动，使青龙镇的文化更具开放性和包容性，呈现了上海现代都市文化的雏形。

早在唐代的大中年间（847—851），青龙镇上佛教兴盛，引得日本僧人

青龙镇出土的唐代褐釉腰鼓

纷纷前来求佛问道。在《入唐求法巡礼行记》中，清楚地记录了日僧圆仁及其弟子惟正、性海、行者丁雄万等，乘新罗人金珍等所驾海舶，自吴淞江的沪渎港（青龙镇）出发，北经登州返回日本肥前国鹿岛的事迹。

青龙镇的考古发现，证实了大上海是从青龙镇发轫的。青龙镇作为上海最早的对外贸易港口，也是唐宋时期海上丝绸之路的重要始发港之一。在当下挖掘和激活青龙镇“海上丝绸之路”的文化基因，传承好青龙镇文化，让曾经湮没的或被遗忘的文化资源，转化成上海现代国际大都市的发展优势，更是意义非凡。

志丹苑元代水闸揭秘

宋 建

真没想到，在上海这样一个现代化国际大都市中也会有重大的考古成就！从2002年下半年以来，志丹苑考古成了上海人关心的一个热门话题。

重大发现惊现上海滩

2001年5月3日，我正在家中度“五一”长假。傍晚，突然响起一阵急促的电话铃声，原来上海博物馆的值班人员接到一位热心于文物保护的市民电话，报告在志丹路和延长西路交汇处的“志丹苑”建设工地发现“古墓”。

志丹苑元代水闸考古现场全景

我们考古研究部肩负保护上海地下文物的重任，一有发现总是及时转报于我。接报后，我一刻也不敢怠慢，立即派居住在离志丹苑较近的考古队员陈杰赶赴现场了解情况。时隔不久，陈杰来电报告，施工单位在距地面达7米多的地下深处挖出了石板、铁锭榫、带榫卯结构的木梁等物。从事考古工作已3年多的陈杰意识到这不是古墓，我们根据出土遗物均属建筑构件及其埋藏深度，初步认为这是一处古代的建筑遗存，其意义比一般的古墓重要得多。随手翻了一下案头的上海市地图，出土地点距离苏州河仅1公里，我脑海中马上显现出水上、水边建筑的图景，意识到这将会是上海考古的一个重大发现。保护文物，刻不容缓。根据《中华人民共和国文物保护法》，陈杰当即口头通知“志丹苑”的建设单位兴宇建筑公司：必须在此范围内暂停施工。建筑公司表示照办。

5月8日下午，在上海市文物管理委员会的工作例会上，我将出土的铁锭榫放在会议桌上，详细汇报了在志丹苑的发现。因为这是一个从来没有过的发现，引起了不同的猜测和推断。经验丰富的文管会副主任汪庆正先生认为，首先要确定这处建筑遗存的分布范围、性质和年代，让我们在10天之内搞清。当时我一阵紧张，如此短的时间要搞清这么多的重要问题，来得及吗？当时我最担心的是这处遗址的重要性还没有被认识，不能得到足够的重视。

受命后我立即多管齐下，分头安排考古勘探和查阅相关的文献资料。

志丹苑的考古勘探是件相当棘手的事情。文物遗存埋藏在深7米多的地下，我们通常用于钻探的“洛阳铲”仅长2米，已经失去了用武之地，怎么办？我想起了上海市岩土工程检测中心主任张忠良先生，他不仅有我们急需的深层探测设备，更重要的是张先生是一个热心的考古爱好者，见多识广。果然，我提出要求的第二天，岩土工程检测中心的技术人员就开进工地，开始对这处地下建筑遗存进行综合探查。他们运用探地雷达、高密度电阻率法和罗纹钻钻探等多种技术方法进行勘探，发现在大约1 000多平方米的范围内，距地表深4 ~ 7米时均遇到一层障碍物，有些钻孔还直接钻在木桩或梁上。根据施工打桩时的发现，这层障碍物就是由石板等组成的石构建筑遗存。

在查阅史料记载和历史地理学文献方面也取得进展。我们首先关注的是吴淞江。古代的吴淞江下游大致走向，自今黄渡，东经封浜、江桥，穿曹杨新村至潭子湾，向东北接虬江路至虬江码头附近，东流至浦东东沟至黄家湾以东注入东海。志丹苑遗址正在流经范围内。宋元时期为治理疏浚吴淞江流域，曾经多次在吴淞江及其支流上实施水利工程。从志丹苑遗址出土的铁锭榫，在上海明清海塘上多有发现，为两块石板之间的嵌合物，起加固作用。海塘上发现的锭榫，束腰处都为直线条，而志丹苑遗址出土的锭榫，束腰呈圆弧线形，此形同宋元银锭十分相像，形制上早于明清海塘上的锭榫。至此，汪先生提出的问题可以得出初步结论，志丹苑是一处与吴淞江有关的宋元时期的石构建筑遗址。

我国第一座考古发现的古代水闸

石构建筑遗址的种类有很多，究竟是什么性质的建筑，不经过考古发掘是不可能知道的。经过一年的精心筹备，2002年5月30日志丹苑发掘工程正式开始了。三个多月后真相大白：志丹苑遗址是一处元代的水闸。水闸规模之宏大，做工之考究，保存之完好，为世所罕见。

志丹苑水闸的总面积约1 300平方米，以闸门为中心，平面大致呈对称八字形，我们现已发掘出水闸的闸门、南驳岸石墙和部分过水石面、木桩等遗存。有意思的是，水闸的平面格局恰好与铁锭榫的形制相同，就像是一个放大了很多倍的铁锭榫。

闸门是整座水闸的中心，以两根近方体的青石门柱和木门板等组成，闸门内宽6.8米。青石门柱四面平整，棱角分明，两柱相对面各凿出宽0.28米、深0.17米的凹槽，凹槽上下笔直，槽底平整。石柱的左右两侧面各凿出两个条形孔。闸门下部尚存一块插在槽内的木板，这块闸门板是保留到今天的唯一的一块。闸门板下还有木门槛，高0.31米。在闸门底部靠近南门柱的地方

施工时发现的水闸遗物

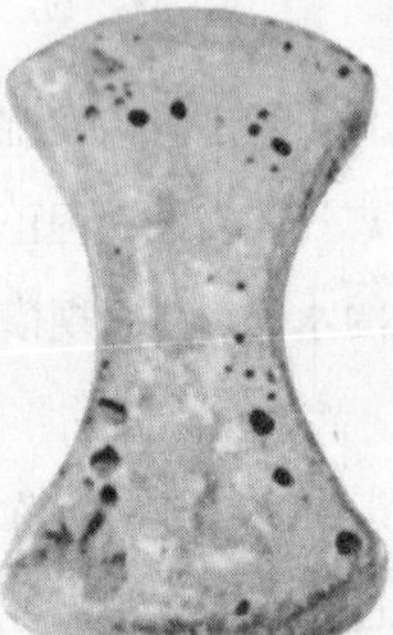

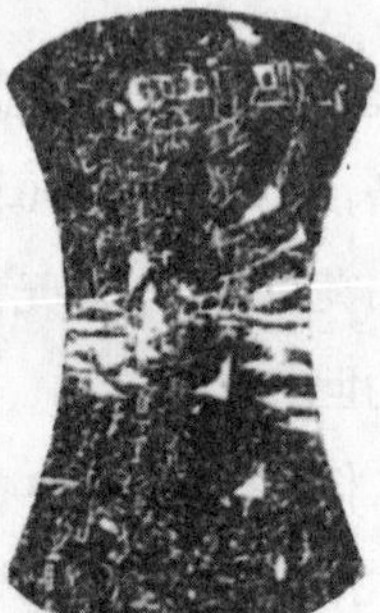

志丹苑出土的铁锭榫　宋元银锭

还发现了两只铁钩、两只半环形铁钉。根据这些保留至今的文物，我们可以复原当年闸门开启和关闭的场景：半环形铁钉安装在门板上，铁钩穿入半环形铁钉，吊起嵌入门柱凹槽内的门板上下启闭。在门柱旁还发现了一件完好无损的韩瓶。传说南宋时抗金名将韩世忠打了胜仗后犒劳三军，装酒的瓶后来就被叫做韩瓶，以后又传到民间盛放酒水。韩瓶一直延续使用到元代，当然样式有所变化。出土的这件韩瓶是典型的元代样式。

水闸的南驳岸石墙总长47米，以闸门石柱为中心向两端延伸且逐渐放宽，至上下闸口处宽达31米，其间共有四个折角。石墙由长1 ~ 1.35米、宽0.6米、厚0.3 ~ 0.4米的青石条砌筑而成，保存最好的部位现在还有六层，高达2.1米，原来肯定还要高。青石条之间以一种特殊的黏接剂黏合，十分牢固。我们对黏合剂进行了初步的测试分析，它的主要成分是碳酸钙，就是一般所说的石灰。如果把石灰同糯米浆搅拌作黏合剂，会比现代的水泥还要坚固。

水闸底部为平整的过水石面，长32米，最宽处达30米，因受发掘环境的限制，现仅发掘出东南端的20余平方米。过水石面由长方形青石板铺砌而成，石板之间为企口，并以铁锭榫嵌合。铁锭榫铸造规整，其表面和空隙处填涂砂浆，同石板紧密地浇合在一起。从单块石板的面积推断，将来过水石面全部被发掘出来时，石板总数为一个四位数。因为有企口连接，加上铁锭榫的嵌合，整个过水石面非常坚固。石面下为衬石木板，也用企口搭合，并用铁骑钉加固，木板下是凿有卯孔的木梁，木梁之下还有直接栽在河床底的木桩支撑。此外，在过水石面的外侧铺筑一条木板，木板上每隔0.3米左右钉一个铁钉，它的顶端亦涂有砂浆，从而将木板固定在下面的木桩上。木板外侧还置有分布密集的木桩，进一步加固了水闸。

志丹苑水闸在使用时期，宽30 ~ 40米的河道在这里被人为收窄，经过闸门。岁月流逝，河道早已淤积，但是淤泥内包含了青瓷和青花瓷器残片，还有一具完整的鱼骨，似乎在追诉当年河流的奔流不息、沿河繁华的街市风貌。

志丹苑水闸的建造方法基本符合宋代《营造法式》中水利工程的做法，布局严谨，用材做工俱佳，是迄今为止我国保存最好的古代水利工程之一，对研究吴淞江、太湖流域乃至中国的水利史都是不可多得的实物证据，也是研究上海城镇、城市发展史的珍贵资料。志丹苑的发掘创造了上海考古的两个第一：上海城区第一个发掘出土的大型遗址、上海考古史上投资规模第一的发掘项目。

与志丹苑水闸的结构和建筑方法及其年代最为相近的是北京的金中都水关遗址。水关的功能用途同水闸是不一样的，金中都水关实际上就是位于城墙门位置、进出城内外的河道系统。从水关的建造过程区分，有前后两

启闭闸门的铁钩和铁钉

段，前段是先在地下打木桩，然后在木桩之上铺设衬石的木枋，木枋间以长条铁钉连接，衬石木枋之上铺设地面石板，石板之间用铁锭榫嵌合。水关的前段建造方法和所使用的石木建筑构件、铁锭榫等，与志丹苑水闸几乎完全相同。后段就不一样了：要筑涵洞，再在涵洞之上和两侧周围夯实，建造城墙。因为金中都水关遗址是中国考古发现的第一个水关遗址，对复原北京金代古城内外的河道走向和水系分布，对研究北京的城市发展和建设史都具有重要的科学研究价值，因此被评为1990年中国的十大考古发现之一和全国重点文物保护单位。志丹苑水闸的后段施工同水关完全不一样，还要建造驳岸石墙和闸门，表现出水关和水闸之间功能用途的显著差别。志丹苑水闸是我国第一座考古发现的古代水闸。

可能是元朝任仁发建造的水闸

读者想必都已知道，苏州河（原叫吴淞江）才是上海真正的母亲河。吴淞江，古称松江，是太湖流域最重要的古河道之一。明代以前，黄浦江还只是一条断断续续的小河。吴淞江的源头出自太湖的瓜泾口，流经江苏的吴江、吴县、昆山后进入上海，然后直接东注入海。唐代吴淞江的出海口就在今天杨浦区复兴岛附近，河口处阔达20里。唐代吴淞江流域极为繁荣，沿江有许多重要的港口，上海青浦的青龙港就是其中之一。由港兴镇，青龙镇成为当时江南地区最繁盛的城镇之一，也是当时国内贸易和对外海上贸易的集散地、重要的航运中心之一。当地出土过湖南长沙生产的贴花执壶，以实物证明了青龙镇作为贸易重镇的地位。北宋《青龙赋》为之赞曰："粤有巨镇，控江而浙淮辐辏，连海而闽楚交通。"

吴淞江航运面临的最大问题是河道的淤塞。唐宋之际到元代，吴淞江下游的淤浅越来越严重，逐渐淤塞萎缩，宋代吴淞江的河口宽度已缩至9里。以后江面继续变浅变窄，至元代时宽仅1里。另外由于吴淞江下游一段风浪大，经常发生航运事故，舟楫沉没，损失惨重，严重影响了长江三角洲地区的经济发展。为此，朝廷和当地政府不得不动用大量人力、物力和财力，兴建水利工程，疏浚河道。宋元时期，许多著名的水利专家和朝廷官员都参与到吴淞江的水利建设之中，先后主持疏浚工程的，宋朝有范仲淹、郏直，元朝有任仁发，明朝有夏元吉、海瑞等。他们采用的疏浚方法有原道疏浚，有新开河道，还有置建水闸。我们粗粗作一统计，宋代在吴淞江流域建造了13座水闸，元代建造9座。任仁发是上海人，建元大都有功，为兴家乡水利，立都水监，负责治理吴淞江。据文献记载，任仁发在吴淞江的支流、嘉定的赵浦建造了两座水闸。志丹苑位置就在赵浦流经之处，很可能就是其中的一座。这座水闸的功用是挡住赵浦的流沙，以助吴淞江的防淤和疏浚。

过去沿吴淞江还曾有过几次重要的考古发现。1976年在原上海县新泾公社努力大队地下5米深处发现东西走向的成排木桩，木桩长2米多，上面铺着厚20厘米左右的方木，是吴淞江南岸的一处码头遗址。1978年又在原嘉定县封浜公社杨湾生产队地下5米深的流沙层中，发掘出一条宋代古船。这些发现都是复原古代吴淞江及其沿岸景观的珍贵资料。

今天，建设一座现代化国际大都市的上海人正在精心打造新的吴淞江（苏州河）和黄浦江。志丹苑水闸的全面考古发掘，以及在此建立上海第一座世界一流的遗址博物馆，将在新的两江全景图中添上浓墨重彩的一笔！

明成化唱本嘉定出土记

周允中

五角钱买回了一堆古墓旧书

20世纪60年代，在上海嘉定县城东公社（戬浜乡）澄桥大队宣家生产队的西北，尚有一处被称作宣家坟的墓葬群，占地约十余亩，三面临水，沟溪纵横。墓茔前有石坊、翁仲、石兽、墓道等建筑。1967年，生产队因建造猪棚，需平整土地，陆续对墓群进行处理和挖掘。结果在某一个墓穴里，发现了一批作为随葬品的古书。出土时，由于书籍破烂不堪，加之浸泡在水里，并未引起在场者的注意。农民宣奎元见无人理睬，便随手将它们取回，放在屋檐下晒干。天长日久，也不当回事了，就搁置在房间角落的箱柜里。

1972年，上海旧书店的工作人员下乡去收购旧书，听人介绍说，宣奎元藏有一批从墓茔中出土的古书，就寻找到了他的家里。粗粗一看，发现不过是些破破烂烂的唱本。收购人员也不知道这些唱本的价值，仅仅花了五角钱，先将一些较完整的唱本收购了回来。还有些唱本，因残缺破损严重，当时就没有收购。买回来后，经书店及有关专家仔细查看，发现此系明代刊刻的讲唱文学中的珍本。于是，工作人员再次下乡去收购，这批唱本才得以完整地保存下来。

不久，旧书店将这批唱本送交上海文物整理委员会考古组去鉴定，有关专家确认这是一批极其珍贵的明代成化年间的说唱词话刻本。随后，考古组的成员又专程前往发掘地点进行调查。根据查访所得与文献资料相印证，推断这些说唱本很可能是明代曾任西安府同知宣昶妻子的随葬品。据《嘉定县志》记载，宣昶早年授经乡里，治《诗》者多出其门。明成化戊子（1468）

年经乡荐被选为惠州府同知，后又荐补为西安府同知，居官以廉惠称，死后葬在嘉定县城的东门外。

上海旧书店因限于自身的技术条件，无法处理这批文献，于是将这批珍贵的唱本转交给上海博物馆处理和收藏。

这批说唱本由于在地下埋葬了五百多年，受石灰和腐烂的有机物的侵蚀，出土时已粘连成块，用通常的水泡法和水蒸法根本无法揭开。经裱画技师与从事文物保护的科技人员一起会诊研究，终于寻找到了一种既能使黏着物全部溶解，又不使字体褪色、纸张变松或者发脆的溶剂。他们把整本的说唱本浸泡在这种溶剂里，溶解一点，揭开一点，并不断更换溶剂加以漂清，最终将黏结在一起（最严重的有32页板结）的纸张全部揭了开来。经过逐页装裱，重新装订成册，才使这批破烂不堪的孤本“起死回生”，恢复了原貌。

这批词话唱本被发掘和发现后，限于当时“文化大革命”的社会气氛，起初并未引起文艺界和学术界的应有重视。直到1972年《文物》杂志第11期予以报道并刊载赵景深先生的介绍文章后，才引起了有关方面及中外学者的注意。

王冶秋誉其为“第二个马王堆”

上海博物馆在妥善地处理和收藏了这些唱本后，于1973年用黄纸按照原版样式，影印了一百部，供内部参考。1979年文物出版社又重印了一次，并将此书题名为《明成化说唱词话丛刊》。

这批从嘉定出土的古籍，包含十六种“说唱词话”和一种南戏。按内容可以分为四类：

（1）讲史三种：《花关索传》（包括《花关索出身传》《花关索认父传》《花关索下西川传》《花关索贬云南传》四集，又分别取名为前集、后集、续集、别集）、《石郎驸马传》、《薛仁贵跨海征辽故事》。

（2）公案八种：《包待制出身传》《包龙图陈州粜米记》《仁宗认母传》

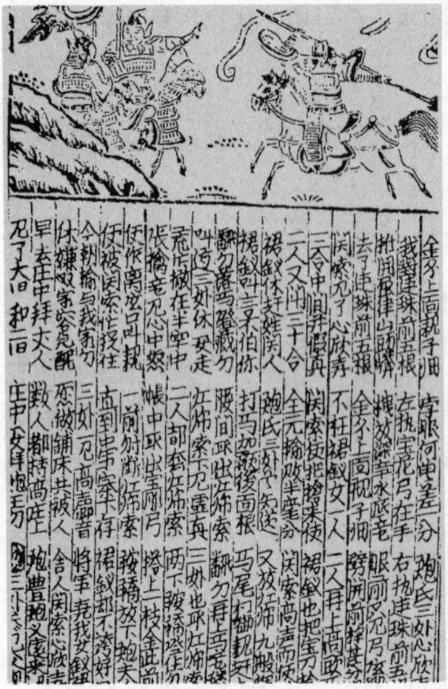

《花关索出身传》

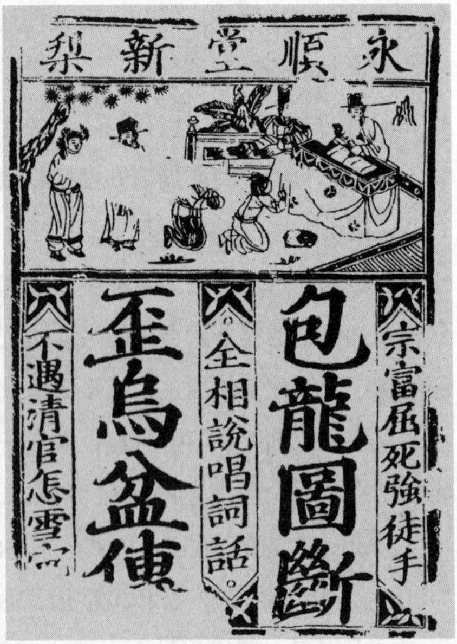

永顺堂刊刻的《包龙图断歪乌盆传》封面

《包龙图断歪乌盆传》《包龙图断曹国舅传》《张文贵传》《包龙图断白虎精传》《师官受妻刘都赛上元十五夜看灯传》。

（3）神怪两种：《莺哥孝义传》《开宗义富贵孝义传》。

（4）南戏一种：《新编刘知远还乡白兔记》。

这些明代木刻本，规格是纵26.8厘米（版框高17.5厘米），横15.9厘米（版框宽11.5厘米）。竹纸本，纸捻钉，包背装，粗黑口。“说”“唱”“赞”等字样都用黑围。其刊刻的形式、字体、插图和风格，多承元代余风。其中四集合订成册的《花关索传》，每页都是上图下文的版式，其他唱本也都有整版整页的木刻插图。《花关索出身传》集末有长方木记“成化戊戌（1478）仲春永顺书堂重刊”。《薛仁贵征辽故事》封面横刻“北京新刊”，卷末有“成化辛卯（1471）永顺堂刊”。《石郎驸马传》卷末有“成化七年（1471）仲夏永顺堂新刊”一行字。

这些说唱词话的发现，对社会史、小说史、戏曲史、版画史、文字学、版本学等研究提供了难得的实物证据，填补了宋元以来词话这一说唱文学文献的空白。所以，已故的国家文物局原局长王冶秋曾誉其为“第二个马王堆的发现”。

明代妇女喜爱的流行图书

古代作品以“词话”为名者，一种是品评古今词作、记载词坛轶事的著述；一种是夹杂着诗词曲的章回小说，如《金瓶梅词话》，但这两种都不是说唱词话。说唱词话是一种流行于元明时期的说唱艺术，有说有唱，是民间艺人讲述故事的脚本。已发现的成化唱本就是韵文、散文相间，韵文以七言为主。

说唱词话是介于戏曲、小说两者之间的一种文艺形式。它既不需要表演，也不需要识字阅读。它的听众，绝大部分是没有文化或粗通文字的市民

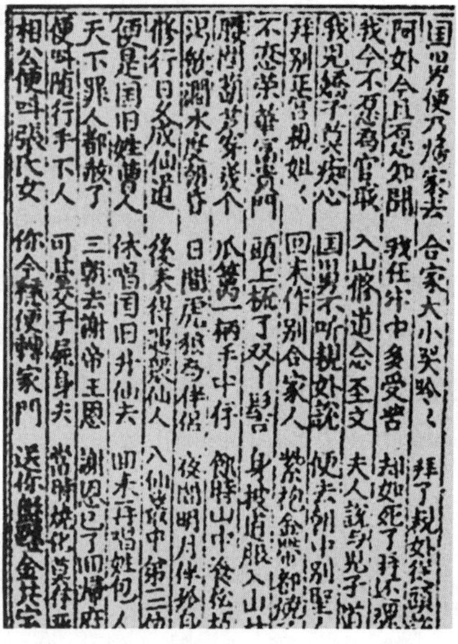
国舅便乃烧家去 合家大小哭吟吟 拜了親娘從頭說
阿娘今日忍知開 我任外中多受苦 却如死了轉來環
我今不忍為官職 入山修道念至文 夫人說與兒子道
我見嬌子哭痛心 国舅不听親娘說 便去別中別聖人
拜別正宮親姐姐 回來作別合家人 緊抱金帶都抛
不恋榮華富貴門 頭上梳了双丫髻 身披道服入山林
騰開跳芳穿幾个 爪籬一柄手中存 飢時山中食松柏
渴飲澗水度朝昏 日間虎狼為伴侶 夜間明月伴孙
修行日久成仙道 後來得遇眾仙人 入仙班中第三位
便是国旧姓曹人 休唱国旧升仙去 回來再唱姓包人
天下罪人都赦了 三朝去謝帝王恩 謝恩已了回歸府
便叫隨行手下人 可共女子屍身去 常時燒化莫存
相公便叫張氏女 你今便轉家門 送你金共宝

《包龙图断曹国舅传》

《薛仁贵征辽》插图

阶层。这些唱词中的故事，大部分散见于元曲和杂剧之中，有的至今还存在于皮簧戏中。由于刊刻在明成化年间，故可以推断明朝初期，这种词话性质的文学唱本已经在民间广为流传。过去这类文艺作品，往往被看作鄙俚粗俗的街头文化，很少有文人去加以著录，而当时的藏书家也大多不把这些唱本当作文献来看待，无意保存和收藏。因此，这一类的唱本处在自生自灭的境遇中，很难流传下来。现在要想了解当时的说唱艺术，确实相当困难。这也就是成化唱本被发现的可贵之处。

这种词话唱本还有一个专门的名称叫“门事唱本”，可从明刻的《酉阳杂俎》书首赵琦美的序文中获悉：“吴门廛市闹处，辄有书籍列入檐蔀下，谓之‘书摊子’，所鬻者悉小说、门事唱本之类。所谓‘门事’，皆闺中儿女子之所唱说也。”“门事”就是“门词”。明代叶宪祖《鸾镲记·品诗》：“门词正是女眷极喜的，你炼师怎么不留我唱唱。”可见当时在南方，尤其是江南，闺中女子爱好唱曲，书摊上到处都是这类唱本，以满足她们的需要，就像现在通俗歌曲的碟片大量发行一样。也可以说，这类图文并茂的唱本，正是当时妇女喜爱的流行图书。赵景深先生就认为，也许宣昶的妻子生前特别喜欢这些唱本，所以死后就由家人将唱本放进墓穴了。

有人指出，这种词话乃北方一带的说唱文学，成化唱木是由北方辗转流传到南方的。但也有人指出，这些唱本虽然刊刻在北京，但反映的却是使用南方语言的社会生活，所以这些唱本原先就是南方的作品，不过是在北京刊刻后，流传到南方来的。

自明代以来，北京一直是全国古书集散地的龙头老大，这种情况甚至延续到了民国。20世纪二三十年代来中国访书的日本友人长泽规矩也，曾在他的回忆录中指出：北京琉璃厂东的杨梅竹斜街上的一些书店，除去卖少数学术书之外，大多是唱本、鼓词、时调、小曲等。北京确是个戏迷曲迷多的地方，所以，这些书的发行量相当可观。他说，他曾用50块大洋购下了万历版的《玉簪记》，由此可见北京刊刻、买卖这些剧本、唱词的悠久历史。

民间说唱艺术的原生态资料

成化唱本不仅用文字记载了当时人们的生活习俗，插图中的人物装束、活动场景、日常实物，也都是研究宋元明时代的服饰、风俗、人情等内容的珍贵的形象化资料。过去，人们常把明末诸圣邻的《大唐秦王词话》看作最早的鼓词传本。成化唱本的发现，将这一时限上推了两百年。有人说，它是目前所知的最早的说唱鼓词的唱本。而古小说专家朱一玄却认为："这些说唱词话是后来弹词的滥觞，也可以说是现在所见的最早的弹词刻本。"成化唱本不讲究辞藻，方言成分不少，还有大量的俗体字、异体字和简化字，因此很可能是当时民间艺人演唱的底本。

《莺哥孝义传》插图

除了说唱词话之外，《白兔记》

是南戏最早的刻本，成化本《白兔记》保持着宋朝南戏戏文的本来面目。由于戏文中披露的成化年间“例赎”状况和当时“钱钞”贬值的现象，可以证实《白兔记》不仅是成化年间所刊，而且是在当时改编和演出的“明人改本戏文”。另外，它与南京地区的池州傩戏的口头唱本和手抄本相比较，文字基本上相同。傩戏是在酬神还愿的祭祀仪式基础上，发展演变而成的一种地方戏曲，以戴面具的形式又唱又跳，曾流行于四川、云南、贵州、安徽等地区。

《石郎驸马传》插图

成化唱本的出土，使人们对词话的形式、体裁和特点有了明确的了解，消除了词话与话本，词话与杂剧相互关系上的歧见和误会。尤其是对研究中国小说的故事源流及演变，提供了极为珍贵的资料。

譬如花关索此人，是关羽的第三子，智勇双全。他为何改姓花？傩戏中用的面具为什么大多数是花关索？《水浒传》中的杨雄，绰号为何叫“病关索”？当时关索在民间的影响是何等巨大，但为何后来不为人所知了呢？读完《花关索传》四种，你就会找到答案。另外，刘、关、张三人结义时互杀家小以绝后路，关索生擒吕蒙、活捉陆逊，诸葛亮回归卧龙岗修行等情节，与《三国演义》完全不同。从成化本的唱词中，可见民间口头流传的三国故事的原貌，与文人笔下的演义，是完全不同的两种版本。

走笔至此，笔者不由得想到：古人有将心爱之物（包括图书）随葬的习俗。传说王羲之《兰亭序》真迹、《永乐大典》正本都被皇帝带进了墓穴。成化唱本显然也是宣昶妻子的心爱之物。她临终时，关照家人将唱本放入墓穴里，期望这些唱词能使她在阴间不至于太寂寞。但没有料到的是，她的这一举动，却在无意中为保存民间说唱艺术的原生态资料作出了贡献。

塔宫里的宝物

海　英

塔在印度最初为埋葬尸骨的坟丘，形如半圆形馒头状，后来成为供奉舍利（梵文，指“尸骨”，后特指佛祖释迦牟尼火化后留下的佛牙、佛骨等）的专用建筑物。佛塔传入我国后，与中国传统的建筑文化相融合，出现了全新的气象，塔形由半圆冢变成了庄严而又美观的中国式楼阁；最初用于供奉释迦牟尼舍利，后来也成为历代高僧圆寂后埋葬舍利的处所。舍利子多安放在佛塔地宫中。地宫又称“龙宫”，是佛塔传入中国后才建起的，仅在佛塔中有这部分构造，宫殿、坛庙、楼阁等建筑中是没有的。部分古塔内还出现了天宫，作用跟地宫基本一样。上海发现佛塔中有地宫和天宫及其中贮藏的文物，还是在20世纪90年代先后修缮松江李塔、圆应塔和嘉定法华塔的时候。

李塔地宫里的阿育王塔

李塔，又称“礼塔”，坐落在松江区黄浦江上游横潦泾畔的李塔汇镇。相传李塔始建时，恰逢唐太宗第十四个儿子曹王李明贬任苏州刺史，故以姓命其名，称李塔明王庙。今天的李塔，一塔独立，寺院荡然无存。

李塔为方形七级砖木楼阁式塔，总高43米。塔身上有砖佛像，部分砖上有施舍者刻铭。塔刹宝顶葫芦上尚存20世纪40年代日军枪击后留下的弹孔，是日军侵略上海的见证。到20世纪80年代中期，因100多年未修，塔刹残缺，檐无片瓦。1994年，上海市文物管理委员会和松江区人民政府共同对已经破败不堪的李塔进行了重修，恢复了塔的围廊、斗拱、出檐、栏杆，

李塔

李塔地宫北部上中下三层供台和地面上一共供奉了60余件文物

李塔地宫上层供台上供奉的佛像

李塔地宫里的银舍利塔

增补了塔的残缺构件，使李塔又焕发出昔日的风采。

李塔修缮时，发掘清理了地宫。地宫建于塔心室下方。塔心室地面青砖铺砌，向下揭去三皮平铺砖后，露出封地宫的青石盖板。掀开盖板，露出正方形的地宫。地宫边长78厘米，深58厘米，北部砌有上中下三层阶梯式供台，供台和地面上共供奉文物60余件。上层供台上置放四尊佛像，其中两尊佛像背光上有“大明国直隶松江府华亭县四十三保字　奉□□□佛信士金守中同妻陆氏妙正天顺元年（1457）十二月吉日造”题记。中层供台上，居中为一座高14厘米的银舍利方塔，塔身内藏有舍利子，小巧玲珑，工艺精湛。两侧供奉佛、菩萨、罗汉像。一尊地藏菩萨，面部表情天真无邪，充满稚气，双手执长把法器，倚坐于覆莲座上。下层供台上供置佛像、压胜钱等。地宫地面上置放阿育王铁塔、石钵、高柄琉璃豆、银鼎四件较大器物和玉、水晶、玛瑙、琥珀、珊瑚小饰件及钱币等。居中的阿育王铁塔，塔身四面镶雕佛传故事图。据佛教史载，远在公元前两百多年的古代印度阿育王统治时期，为了供奉佛舍利，建造84 000塔，其中有19座流传到我国，埋藏于名山中。五代时吴越王钱弘叔仿照阿育王塔也建造了84 000塔，亦埋藏于国内有名的地方。阿育王塔在浙江、江苏、安徽、河南、河北等地五代至宋元明时期的佛塔地宫中屡有发现，有的塔上有“吴越王敬造”“吴越王记”“吴越国”等题记，应该是吴越王钱弘叔建造的84 000塔中的幸存物。而李塔珍藏的这尊阿育王铁塔，是宋元时期仿吴越阿育王塔铸造的。由于地下水位较高，珍藏的文物全部浸在水中，猛一看，银光闪闪的水底呈现出造型各异、色泽斑斓的珍品，犹如海底藏珍。根据李塔地宫有确切纪年的文物断定，地宫建造于明朝天顺元年（1457）以后。

法华塔两个地宫之谜

中国古塔中的地宫，一般在塔心室下只有一个，而法华塔却发现了上下两个地宫。这是为什么呢？

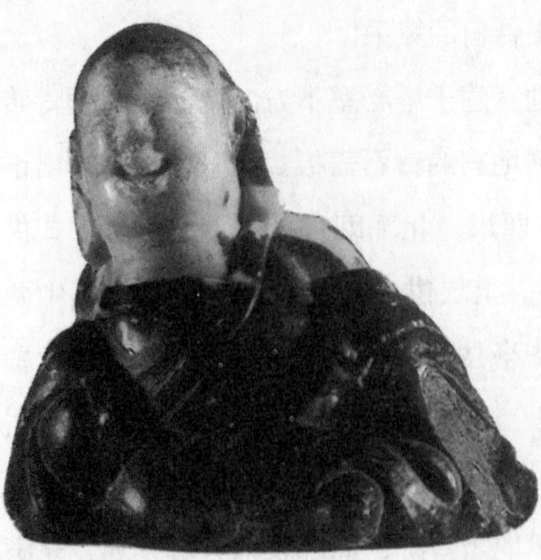

寿山石弥勒饰件（藏法华塔第二层地宫）

法华塔，旧名“金沙塔”，坐落在嘉定区嘉定镇南大街登龙桥南，为七级四面砖木结构楼阁式砖塔，高40.83米。1996年初，在法华塔修缮中，发掘清理了地宫。走进塔心室，首先看到的是铺砌在地面正中的一块大方砖与周围的条砖不同。方砖边长67厘米，表面黝黑光亮，同“金砖”差不多（金砖是明清专为皇宫和高级建筑物烧造的铺地砖，多用在京城，故又有“京砖”之称）。高贵的金砖怎么会铺在远离京畿千里之外的嘉定法华塔地面上呢？我们带着疑问揭开了方砖，映入眼帘的是一个非常浅的方形地宫，边长38厘米，深仅6.5厘米。里面的供奉品也只有一面北斗七星八卦铜镜、一块圆形“金木水火土”锡片和25枚明万历、嘉靖、隆庆通宝，全是明代文物。回过头细看方砖，在砖的侧面有上中下三条戳记，内分别印“万历三十四年分造贰尺细料方砖”“直隶苏州府总督同知王照委官检校李高齐造”“窑户小甲顾宠周□殷□造”，果然是一块“金砖”。综观国内已发现的古塔地宫，还没有一个这么浅的。下面会不会还有情况？于是，我们又揭起地宫底部的方砖，露出大石条，石条两端压在塔身砌体内，往下敲听，声音似空似实。继续往下挖，揭掉四层计1米多厚的大石条后，我们看见了一块表面平整的武康石石板，石板东西长70厘米，为地宫的盖板。揭起盖板时我们激动的心情难以言表，只见地宫为长方形，南北长85厘米，东西宽57厘米，深43厘米，石块砌筑。据法华塔基础钻探和地宫清理发掘，我们终于弄清了为什么会有两个地宫的原因。原来，下面的这个地宫砌在满堂木桩基础中间，地宫口同木桩顶部基本在一个平面上，其上再垒砌约1.5米厚的毛石条，石条的两端又压在塔体内，后人要想打开这个地宫，决非易事。因此，明代万历年间重修法华塔时，估计原计划在塔心室地底下筑一个地宫，谁知刚揭去四皮砖后，就碰到了铺满的大毛石条。无奈之下，只能因陋就简，象征性地建了一个浅地宫，使法华塔出现了两个地宫。

羊距骨饰中圆雕“母猴和它的孩子们”（藏法华塔第二层地宫）

下部的这个地宫整个淹没在水中，由南到北一横排，排列三个形制相同的长方形石函，占据了地宫三分之二以上的空间。函盖上、地宫底部散布着100多公斤铜钱，这在全国已清理的地宫中也位居首位。我们依次将三个石函搬上地面后，才知道每个石函足足100多斤。三只石函形制方正，图案精美。盖面分别饰以高浮雕“双狮滚绣球图”“双凤穿牡丹图”“二龙戏珠图”，又分别以“钱纹”和“水波纹”衬底。雕琢风格洒丽深秀，粗犷豪放中不乏细致入微之处，为元代高浮雕中的代表作。遗憾的是三只石函中贮藏的供奉品，除“二龙戏珠”函内文物保存较好且放置有序外，另两只函内的阿育王塔、佛骨舍利等铁、骨器已经严重锈蚀腐烂。函内的羊距骨饰件仅在黑龙江金代墓葬中发现过，是女真族儿童的游戏玩具，女真人称为“嘎拉哈”。东北地区金代的饰物在上海法华塔发现，应该是元朝时期蒙古人南下带到上海的。最令人喜爱的是一件圆雕玉猴，在一块高仅4.2厘米的墨玉上，匠师巧夺天工，圆雕了一只母猴和四只小猴，母猴的老成稳重和深沉的母爱、小猴的天真稚嫩和恋母之情被刻画得惟妙惟肖，是一件弥足珍贵的艺术品。法华塔下面的这个地宫，在建塔之初就深埋于塔基内部，且从未开启过。根据地宫内珍藏的文物最晚的也是元代早期（1308—1311）铸造的钱币“至大通宝”、八思巴文“大元通宝”，从而可推断下部这个地宫和法华塔始建于元代至大年间。

圆应塔宝瓶中的魁星点状元

圆应塔位于上海市松江区中山中路西林寺内，又名“崇恩塔”“延恩塔”，俗称“西林塔”。明洪武二十一年（1388）始建于宋圆应睿师修建的接待院

圆应塔宝瓶里的魁星点斗像

圆应塔天宫里的白玉婴戏三人像

旧址上，明正统九年（1444）迁建于今址。清代顺治、乾隆、道光年间多次重修。

圆应塔七级八面，为砖木结构楼阁式佛塔，总高47米，是上海市最高的古塔。1993—1994年，上海市文物管理委员会对圆应塔进行全面修缮时，先后在塔刹顶部宝瓶、天宫、地宫内发现文物1 000余件，为上海清理的塔宫中数量最大的一批，在全国已发掘的塔宫中也是屈指可数。

首先是宝瓶文物的发现。1993年11月29日，在小心翼翼地抱起塔刹顶部的鎏金铜宝瓶的一刹那，文物工作人员看见了瓶内装藏的文物。宝瓶真正是名副其实，内供奉造像、经书、铭文记事牌、印币等供品60多件。尺寸大点的如造像、经书等镶嵌或焊接在内胆壁面上，有装着《金刚般若波罗蜜经》的银盒、银佛像、驮像、罗汉像和“福”“禄”“寿”“喜”铜盒，盒内分别供奉纯金佛像、送子观音像、魁星点斗像和财神坐像。其中的魁星像比较别致，其头部像鬼，一脚向后翘起如“魁”字的大弯钩，一手捧斗如“魁”字中间的斗，一手执笔，似为大笔一点，就圈出了中状元者的姓名。内胆壁面上还恰到好处挂了两尊白玉人像和一串钱币。尺寸小点的供品如鎏金铜佛像、观音像、玉观音、玉人、铜盒、铜印、银插花瓶、木雕、钱币、木铭文板和银铭文记事片等放在宝瓶底部。读铭记可知，宝瓶为清代道光十九年（1839）维修圆应塔时新铸造的，瓶内的供奉品，一部分为道光十九年新放进去的清代造像，另一部分为明正统十三年（1448）以前供奉于

圆应塔地宫里供奉的藏传佛像

旧宝瓶内又移藏到这个新宝瓶的。

圆应塔天宫地宫宝物多

宝瓶文物发现仅半个月后的1993年12月15日，在对塔刹砖砌体进行拆卸时，我们又发现了位于塔顶砖砌体中部的天宫。在天宫里发现了石碑、佛教造像、琉璃法器、佛骨、经书、木盒、钱币和石、玉、水晶饰件等70多件文物。一件白玉婴戏三人像，似姐弟三人，姐姐肩上扛着小弟弟，右手持一枝长梗莲花，身后跟着怀抱小动物的大弟弟，姐弟相依，玉质莹润，构思巧妙，琢工精湛，是一件难得的玉雕艺术精品。

接着，我们又于1994年1月22日对圆应塔的地宫进行了清理发掘。地宫的北面和东、西两面偏北处砌有三层阶梯式供台。三层供台上供奉有佛教造像80多尊、佛塔5座及金刚铃、钱币等，排列有序，主次分明。其北面供台正中供奉佛塔、释迦牟尼三世佛等，规格最高，象征佛教的庄严。一座鎏金银方塔，飞檐翘角，显得劲秀挺拔，玲珑小巧；一尊元代藏传佛教造

圆应塔地宫里珍藏的青玉浮雕一条龙

像，结跏趺坐于仰覆莲瓣座上。元代遗留下的有题记的藏传佛教造像十分少见，因此这尊造像就很珍贵了。地宫地面上放置着石碑、金属器皿、玉、水晶、玛瑙、珊瑚、琥珀饰件、佛牙舍利、铜镜、金属饰件和钱币等1 000多件（组、串）。其中尤以玉、水晶、玛瑙饰件为大宗，有玉璧、炉顶、带饰、剑饰、童子、飞天、官人、生肖像、佩饰、首饰等，其数量之大，品种之繁，雕琢之精，纹饰之美，令人叹为观止。时代最早的一块距今五千年左右的良渚文化玉璧告诉我们，早在明代，上海地区已经有收藏良渚玉器的古董商了。其余大量饰件，基本为宋、元至明代早期的创作。

中西合璧的清末墓葬

何民华

20世纪90年代，在徐汇区的汇南街建筑工地上，发现了两座清末时期的墓葬。墓葬位于徐家汇教堂区，原蒲汇塘（今漕溪北路）东侧，徐光启墓的东南侧和天主教教会墓区的西北侧。两墓出土了苦像（塑有耶稣的十字架）、念珠、佩饰（天主教圣母会标志）、圣名帽饰、戒指、朝珠、冠顶、扇套等随葬品。经研究后确认，这一男一女的墓主都信奉天主教，是天主教徒，身份属官僚阶层，两墓主之间可能有亲属关系。清代晚期，天主教徒大都经商，从事洋务，不入仕，也有的跻身官僚阶层。当时，随着天主教在上海的不断发展，徐家汇地区融合了西方文化，这两位墓主既属官僚阶层，又是虔诚的天主教徒，他们的丧葬习俗体现了西教崇尚的简俭，同时，可能因墓主身份的特殊性，墓葬未安放在教会墓地。这种在丧葬礼仪上表现出的中西文化结合，是中国天主教的特殊阶段在上海地区的反映，也是墓主特定的思想意识的反映。

男墓中的铜质嵌木苦像，长24厘米，宽11厘米。这种尺寸的苦像，一般悬挂在宗教场所表示信德，作为随葬品，表明了墓主虔诚的信仰。

男女墓主椭圆形的金帽饰，大小相同，高2.2厘米，上宽1.4厘米，下宽1.7厘米，厚0.8厘米，上面刻着他们的圣名。男墓主名叫“圣若瑟”，女墓主名叫“万福玛利亚”。这“圣若瑟”和“玛利亚”就是男女墓主的圣名。用黄金制作帽饰，体现了男女墓主对自己圣名的热爱。

男墓主的一件扇套颇为少见，长30厘米，宽4厘米。扇套面子是一种褐色素缎，双面绣花，两面图案一致，花纹是当时流行的博古图，有炉、瓶、杯等。在炉的腹部有太极图，瓶内插着珊瑚、苏铁叶、舀勺，杯内插着筷

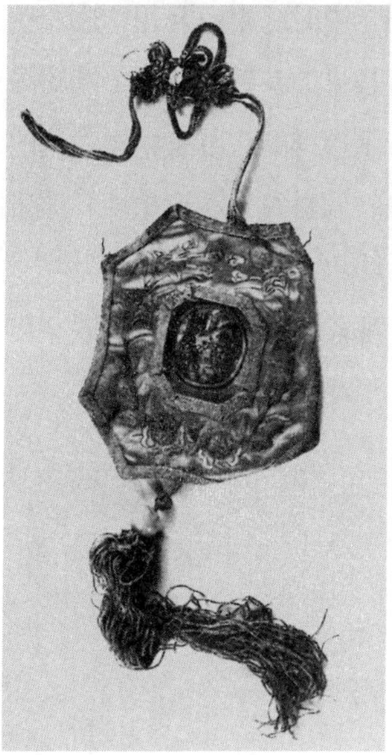

佩饰

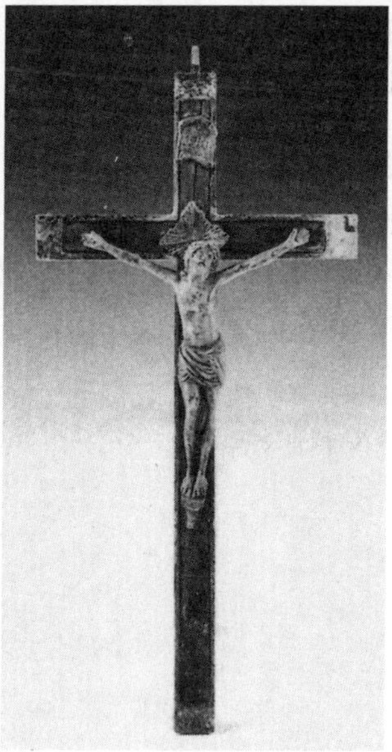

苦像

子、灵芝、孔雀羽毛，这些图案都是中国传统吉祥图案。太极是中国古代的哲学术语，意思是派生万物的本源。太极图常见的是一阴一阳的游鱼图形，俗称阴阳鱼，形象化地表达了阴阳轮转。相反相成是万物生成变化的哲理，展现了一种互相转化、对立统一的形式美，反映了我国古代先哲的高度智慧。其他的图案也都是反映富贵、长寿、吉祥、喜庆等意思。在刺绣技法上，运用了传统的钉线绣针法，把丝线盘绕成板块形图案，其中的丝线走向因物而异，这样就巧妙地反映出了图案的立体效果；扇套用色少、素、精，仅用了银灰色和褐色两种色彩，替代了中国传统常用的金色和银色。这是中国刺绣在本土文化的基础上融入了西方文化后的结果。

女墓主的佩饰是件精致的圣母会标志。佩饰中间部位是个八角形，长9.2厘米，宽9.2厘米；中间八角形镂空，长3.3厘米，宽3.3厘米。这件褐色缎子绣品，中间镂空处衬着一张天主教著名的“圣母领报”图案，左边是玛利亚，右边是天神；此刻，玛利亚正在领受天主派遣的天神传达的旨意，告知她将由“圣灵”感孕而生耶稣。佩饰上同时绣着百合花和玫瑰花，百合花象征圣母玛利亚的童贞，玫瑰花表示对圣母的恭敬。佩饰上端的绿色丝带系着蝴蝶结，下端是褐色流苏，蝴蝶结表示吉祥，流苏是中国古代的装饰。这件佩饰应用中国传统的刺绣工艺、技法、题材，生动形象地表达了西方的宗教内容，也表明了女墓主在教会内的活动。

这两座墓葬出土物，真实记录下了那段历史，同时又反映了当时中西文化交融的一些真实情况。它们也是徐家汇地区近代历史的佐证。

松江三掘夏允彝墓始末

华振鹤

父子忠烈　同葬昆冈

上海市松江县（现改为松江区，1958年前属江苏省管辖）是一个历史悠久、风光秀丽的地方。距离县城9公里的境西北，小昆山、横山、机山、天马山、辰山、佘山、薛山、厍公山、凤凰山依次排列，名曰九峰，自然、人文景观尤为丰富，每每让人们驻足流连。

就在九峰西端的昆冈乡荡湾村（旧时叫“四十三保十三图”），坐落着明朝末年抗清志士夏允彝的墓地，石驳墓基围成的平台呈半月形，高约2米，宽约30米。墓建造于清顺治四年（1647）三月，为夫妇合葬墓。乾隆五十一年（1786）修葺。道光六年（1826）八月重修，把先世几个墓葬在一起。墓间立石碑，中间大书“明夏忠节公允彝墓道”，其下夹行小字：“公先世并葬于此，子节愍公讳完淳祔。”左侧书“永远禁止樵牧侵占”，右侧作“道光六年八月，知娄县事徐梦熊立”（清代荡湾属娄县）。

夏允彝（1596—1645）字彝仲，号瑗公，明代松江府华亭县人。他是明末东林党人，讲求气节，与同郡陈子龙、徐孚远等人结几社。崇祯十年（1637）中进士，任福建长乐知县，能体恤民情，革除弊俗。七年后，李自成攻陷北京，明室福王在南京监国，任命他为吏部考功司主事。次年，清兵进攻江南，他与陈子龙等起兵抗清。兵败，便在同年九月十七日投水殉国，时年50岁，死后谥“忠节”。

夏完淳（1631—1647），夏允彝子，字存古，号小隐，从陈子龙为师。他天资极高，少年即胸怀大志，12岁博览群书，为文千言立就，如风发泉涌。15岁时，随父、师起兵抗清。父亲投水死后，他随陈子龙组织太湖义军继续从事抗清复明。清顺治四年（1647）春，南明鲁王授完淳为中书舍人，不幸被清军侦知逮捕，慷慨就义，年仅17岁，死后谥“节愍”。

1956年，夏允彝墓被列为省级文物保护单位，江苏省拨款将墓地修复一新，墓前筑甬道，设石供桌、石凳，四周植树绿化。1961年9月，国务院副总理陈毅亲笔题写墓碑：“民族英雄夏允彝夏完淳父子之墓。”

现在或许很少有人知道，就是这座古墓，在被列入文物保护单位之前的1955年，曾三次被挖掘，其中后两次还是按照文化部副部长郑振铎的要求发掘的。为了弄清这一段历史，笔者近日查阅了一些资料，同时走访了当时的上海文物保管委员会考古部主任郭若愚先生。郭先生曾为此事到实地作过调查，尽管几十年过去了，至今回忆起来依旧脉络清楚。

村民盗墓　发现文物

从夏氏墓中出土的两方印章（阳文“夏允彝印”，阴文“瑗公”）

1955年初，松江地区的农村刮起一股盗挖古墓的歪风。夏允彝墓名声显赫，自然未能幸免。那一年的4月间，荡湾村便有一批村民来挖夏氏父子墓。墓地坐北朝南，一字排开并列着五个墓穴。尽管墓身相当坚固，但还是被他们撬开棺木，挖出了两具尸体以及一些陪葬品。陪葬品中没有什么金银财宝，只有一柄扇子、若干珠串、两方印章和相当数量的手写稿本。稿本用白布很好地包裹着，上面又铺了多层白布。两方印章为蟠螭钮蜜蜡（树脂化石）章，长2.6厘米，阔2.6厘米，高5.2厘米，一刻阳文“夏允彝印”，一刻阴文“瑗公”，制作十分精致。

夏允彝、夏完淳父子像

盗墓者花了大量时间和精力，却找不着值钱的东西，未免恼火。他们恨恨地拖出尸体，挂到墓后的竹林里“暴尸”以解气。由于当时棉布属于紧俏商品，要凭布券购买，众人便把出土的白布拿回家中去了。两方印章以5元钱的价格卖给了镇里的胡某。至于手写稿本，听说依旧留在墓内，谁也不去管它。

几天以后，一件意外的事情发生了：那个带头盗墓者突患急病，他的妻子也恰在此时暴死。从科学角度说，这或许纯属巧合，或许是拿回家的白布含有大量病菌的缘故。可是，迷信的村民却吓坏了，顿时流言四起，说“暴尸”在外的尸首不得安居，出来作祟了。于是，盗墓者赶紧备了香烛供品，把尸体重新收殓入棺，封土依旧，同时磕头谢罪。那个带头盗墓者则离开家乡“避风头”，在外面躲了几个月才敢回家。

抢救古籍　再度发掘

夏允彝墓被盗的消息很快传到了江苏省文化局和文物保管委员会。恰巧，中央文化部副部长郑振铎当时正在南京。这位58岁的学者型领导不但是优秀的文物工作者，也是我国首屈一指的藏书家，素来爱书成癖。他听到夏允彝墓中发现手写稿本，十分兴奋，要求尽快派人下去，把稿本抢救出来。

不过，也有人对这件事的真实性表示怀疑。在他们看来，松江地处潮湿多水的江南，数百年前入土的书籍，早就腐烂成泥浆了，怎么可能完好地保存下来？然而，郑振铎是位认真执着的人，他力排众议，坚持派人去找，而且举了一个很有说服力的例证：前不久，扬州就挖出一座四百年前的明代墓，不但尸首不腐烂，连一部正德刻本的《孝经》也完好无损。郑先生说："事实证明，即使在江南地区，我们同样可以有机会在地下发掘出古书来。"

在郑振铎坚持下，江苏省文管会派人会同松江县文教科到荡湾进行调查，重新发掘已封土的夏氏墓。几天后，那人回来汇报说：两方印章已按原价向购买者胡某收回，由县文教科上交到了省文管会（后来一直陈列在江苏省博物馆）。书籍仍在墓中，但因在水里浸泡时间过长，成了泥浆，无法取出，不得不重新封墓。

1956年秋，郑振铎又来到南京。当他知道发掘的结果后，大为恼怒。他说："夏允彝的原稿，这是多么珍贵的东西，其中必有不少有关明末史料！如果完整地取出，乃是一个何等重大的发现，它将替我国历史增加多少重要的内容！想不到却损失在那位不负责任的懒汉之手！"他指示："这些古籍即使泡在水中，也要取出。"为了从中吸取教训，他特地写了一篇文章《地下出土的书籍》，刊载在《人民日报》上，可见他对这批稿本有多么重视。

郑振铎找到上海文管会修复古书专家万育仁先生，让他亲自赴松江再次开墓取书。可是，等到打开棺木，却令在场的人个个目瞪口呆——里面除了尸体，什么都没有！书到哪里去了呢？问来问去，谁也回答不上来。万育仁空跑一趟，而郑振铎这时已离开南京，此事也就搁下了。

两年后的1958年10月，郑振铎率领中国文化代表团访问阿富汗和埃及，因飞机失事而不幸遇难。夏允彝墓中古籍下落之谜，从此再也无人过问了。

稿本下落　另有一说

就在笔者把三掘夏允彝墓的经过撰写成文、寄给《上海滩》编辑部不久，一个偶然的机会，有幸邂逅了史志专家许洪新先生。许洪新长期从事上海方志和谱牒研究。巧的是，早在1965年，许洪新在松江横山大队参加“四清运动”时，驻地就离荡湾不远，工作组副组长诸凤斋便是荡湾人。第二年春节，诸凤斋邀他到家里作客，与诸的父亲见了面。闲聊中，诸父说起当年他曾参与盗掘夏允彝墓，说着说着来了兴致，又把当时还健在的另外几名参与者也一起叫了来。因交谈时没有顾忌，许洪新了解到的若干细节，可能更接近这一盗墓事件的真相。

首先，关于盗墓的原因。1955年，正值农业合作化高潮，为发展农业生产，一要平整土地，二要筹措生产资金。有人便提出挖掉古墓，可一举两得。这一行动，虽非上级号召，却也没有被制止，以致最后掘墓成风，愈演愈烈。夏允彝墓正是在如此背景下被掘开的。

其次，掘出的尸体共有三具，两男一女，其中一具没有头。这个说法似可从史料中得到印证。据史载，夏墓落成后，他的同年陈子龙作《会葬夏瑗公》诗二首，周茂源也有《为夏考功夫妇合葬》诗。夏完淳因被清廷逮捕后处决，可见无头尸显系夏完淳，另外两具当为夏允彝夫妇。

再次，古籍稿本的下落本来不是什么谜。村民们第一次盗墓时，原意在寻找金银财宝，根本不把出土的古书放在心上，刚挖出来便一把火烧掉了。

夏允彝、夏完淳父子墓（摄于1987年）

后来看到省里来人调查，十分慌张，唯恐讲出实情要受处分，于是闪烁其词，化作泥浆的说法显然是用来糊弄上级的。没想到上面还会来挖第三次，结果还是露出了破绽。

不管烧了也罢，变成泥浆也罢，总之由于村民的愚昧无知，这一重大损失已经无可挽回了。

陆深墓葬发掘目击记

顾忠慈

浦东陆家嘴因明代翰林院学士陆深的旧居及陆氏墓地在此而得名。

陆深的旧居及墓地的地面建筑，早已因年久失修和战乱夷为平地。笔者在一次偶然的机会，目睹了陆深墓葬发掘的全过程。

这不是一次正常的考古发掘活动。1970年，浦东东昌街道为了响应“深挖洞”的号召，在挖人防通道过程中，当挖至海兴路西侧、东亭路以北时，突然被质地坚硬、呈殷红色的大面积地下物质所阻。24磅榔头猛敲下去也只是爆几个火花。当地老人称，这下面就是明代高官陆深的墓穴，墓穴的上面是用糯米浆和黏土混合而成，比混凝土还坚固。后由附近几家船厂拿来了冲力强大的风镐，才艰难地打开了上面的坚质层，现出下面一排棺椁来。有的棺木已经腐烂。其中有一口棺木是用樟木制作，外髹黑漆，棺前有方形青石雕刻墓志一块，志文54行，行55字，墓志题首为“明通议大夫詹事府詹事兼翰林院学士赠礼部侍郎谥文裕陆公墓志铭”，下款为“特进光禄大夫上柱国少师兼太子大师吏部尚书华盖殿大学士知制诰经筵国史总裁贵溪门生夏言撰”。据墓志铭，则完好的棺木内安葬的确系陆深无疑。

当时虽值“文革”年代，街道办事处还是把人防工程的这一发现电告上海市博物馆，博物馆闻讯派来了两位工作人员。因现场人山人海，无法开棺，于是船厂又开来了吊车和卡车，把棺木运到场地开阔的浦东文化科技馆（今浦东文化馆）内。当时已近子夜，天空漆黑一片，电工架起了小太阳。由于密封性能好，且棺内有水银防腐，开棺后尸体竟然完好未烂，肌肉还有弹性。刚开棺时，皮肤呈黄色，跟常人相似，五分钟后即呈灰黑色。两位博物馆工作人员在棺内检出随葬的金冠饰、金镶玉发簪、金镶玉饰、金戒指、

陆深像及手迹

银发插、银发罩、银元宝、白玉戒指、水晶垂子、铜镜、唐宝相八棱镜、宋四神八卦镜、木梳、折扇等160余件，现皆由上海博物馆保存。

博物馆工作人员走了以后，留下的人不知尸体该作何处理，因为棺木打开以后，气味难闻。不知谁出了个主意，向附近医院要一辆救护车，把陆深尸体抬上救护车，拉响警报器呼啸而去，好不威风。陆深在世时做梦也不会想到，在他故世400余年后还能享受这现代化的交通工具。救护车直驶到一家火葬场，将陆深尸体付之一炬。

上海：甲骨文研究的发源地

徐　鸣

文化品牌是一座城市的重要标志，承载着城市精神品格和理想追求，是增强城市文化软实力的重要依托。甲骨文是目前已知中国最早的成体系的文字，记载了殷商社会的历史和文化，是中华文化宝库中的璀璨明珠。

2017年5月22日，上海市地方志办公室副主任王依群深入上海市殷商甲骨文研究院调研，了解甲骨文入选“世界记忆遗产名录”及上海甲骨文研究情况，鼓励研究院积极参与“上海文化”品牌建设，推动国际社会了解和认识甲骨文及博大精深的中华优秀传统文化，增强中华民族自豪感，提升文化自信。为此，《上海滩》杂志访谈了上海市殷商甲骨文研究院院长韩志强先生，听他讲述了甲骨文在上海的故事。

——编者

甲骨文是汉字的老祖宗。汉字是世界上唯一沿用至今的古老文字，经历了从甲骨文到金文、大篆、小篆、隶书、草书、楷书、行书的数千年演变。在距离今天3 000多年前的殷商时期，人们把汉字镌刻、书写于乌龟甲壳和牛肩胛骨上，因此叫“甲骨文”。

翰林编修王懿荣最早发现甲骨文

河南安阳小屯村一带，过去属于商朝后期商王盘庚至帝辛的都城，史称“殷”。商灭国，遂成为废墟，后人便以“殷墟”名之，大量刻有文字的甲骨也就自然而然地被埋在了“墟”里。后来小屯村村民在耕田翻土时经常会在地里刨出一些甲骨。起初村民们不晓得这些甲骨可派什么用场，随手扔了。19世纪末或稍早些，村里一个剃头匠心血来潮，将甲骨磨成粉末当作“刀创药”涂抹在自己的皮肤上，竟治愈了疥疮。于是灵机一动，把散落在田野的甲骨收集起来，拿到中药铺去换点零用钱。起初药铺老板不知何物不敢收，后来查了药典后，觉得有一种叫“龙骨”的中药同甲骨相似，反正谁也没见过龙，就将甲骨充数，并开始收购和销售这种具有解毒、化脓作用的“龙骨”。而挖“龙骨”也成了小屯村村民们的一项副业收入。1937年出版的《甲骨年表》记载了当时甲骨被作为药材买卖的情形：“售法有零有整，零售粉骨为细面，名曰‘尖刀药’，可以医治创伤。每年赶‘春会’出售。整批则售予药材店，每斤价制钱6文。有字者，多被刮去（笔者注：因为有字卖不出大价钱）。”

甲骨作为药材，从田里挖出，然后被卖到药铺，最后吃进病人的肚子里。此事就这么一直波澜不惊地持续了很多年。直到王懿荣的偶然发现，才彻底改变了这些甲骨的命运，更将中国人使用汉字的历史推进到公元前1700多年的殷商年代。

1899年王懿荣开始收藏“龙骨”

王懿荣，光绪六年（1880）进士，授翰林编修，后任国子监祭酒（相当于校长一职）。1899年秋，王懿荣身染疟疾，派下人到宣武门外达仁堂抓药。他通晓医术，看见郎中开的药方里有一味叫做“龙骨”的药材，吸引了他的目光，就想见识一下。结果竟发现“龙骨”上面刻画着一些奇异的符号。对古代金石文字颇有研究的王懿荣，不由得仔细端详起来，觉得这不是一般的刻痕，很像古代文字，但其形状非籀（大篆）非篆（小篆），与青铜器上面的金文有些相似。为了找到更多的“龙骨”做深入研究，王懿荣立刻派下人赶到达仁堂，以每片二两银子的高价把药铺里所有刻有符号的“龙骨”全部买下。随后，

甲骨

甲骨曾被当作中药材“龙骨”

又通过山东古董商范维卿等人收购。由于王懿荣思想比较保守，命范维卿等古董商“秘其事”，悄悄地继续为他搜寻。1899年秋至1900年春，古董商们开始携成批甲骨行走京师。在不长时间里，王懿荣收藏的甲骨超过了1 500片，共花费约“四百金”。

经过王懿荣研究，判定甲骨片上所镌刻的“画纹符号”是文字，是中国最古老的文字，时间在殷商年代。该结论一经公布轰动京城，震撼中国文化界。于是，1899年被学术界认定是甲骨文发现之年，而王懿荣也被认为是发现甲骨文第一人。

第一部甲骨文专著横空出世

然而，甲骨文发现之年，正逢义和团风起云涌之时。1900年义和团攻掠

刘鹗

京津，6月17日清政府火线任命王懿荣为京师团练大臣，负责整个京城的防御重任。8月14日八国联军攻陷北京，王懿荣誓死不当亡国奴，于次日服毒投井自尽。第一个对甲骨文做出确认的王懿荣，还未来得及做更深入研究并著书立说，便带着对朝廷的失望，带着无法“讲求此学（甲骨文）”的遗憾，悲壮地离开了人世。

王懿荣是个正直且清廉的官员，生前为了收购各种古董特别是甲骨，几乎散尽家财，债台高筑。殉难后，王懿荣之子王翰甫迫于生计，只能变卖家产。出于同情心，更出于想探秘这批甲骨背后的轶事，王懿荣生前好友刘鹗毅然出资，买下了王懿荣所收藏的大部分甲骨。

刘鹗祖籍江苏丹徒，出生于江苏淮安。可能大家对刘鹗印象最深的是他撰写的晚清谴责小说《老残游记》，实际上刘鹗一生的主业是办实业。

由于王懿荣“出师未捷身先死”，刘鹗买下的那1 000多片甲骨大多还带着泥土。1902年年底，刘鹗白天办完公事，夜晚趁着月光，用清水刷洗刚购回家才几日的甲骨。因为那些甲骨在地里埋藏得太久，与土粘连结块成团，需在水中浸泡方渐化开，再用热水洗涤，文字才毕现。刘鹗传统文化素养极高，通晓医学、数学、水利等，所以就尝试着辨认。经过他的识别，头晚便“释得数字”，大喜过望。以后晚间只要有空闲，刘鹗就刷骨释字。随着释字不断取得进展，雄心勃勃的刘鹗已不满足这1 000多片甲骨，他先是委托古董商赵执斋奔走山东、山西等地购得3 000多片，又从好友方药雨处购得范氏所藏的300多片，甚至还派三儿子刘大绅赴河南购得1 000多片。仅1年多光景，刘鹗所藏甲骨已达5 000余片，成为早期甲骨收藏大家。刘鹗边收藏边研究，共辨出40多个汉字，并第一个提出甲骨文乃“殷人刀笔文字”的说法。

刘鹗的朋友闻知刘鹗家中藏有如此高大上的宝贝，纷纷前来索取拓本。因为这些殷商时期的龟板文字极细浅，又薄脆易碎，拓墨非常困难，刘鹗实在无法一一应付，但又觉得该文字“斯实三代真古文，亟当广谋其传”，而流传的最佳方式就是出书。这时，刘鹗想到了上海，因为他在上海搞过印刷厂。1888年，31岁的刘鹗在上海开设了“石昌书局石印局”。尽管第二年去河南帮助哥哥治理黄河决口，刘鹗把上海的生意给停了，但在上海仍然保有宅邸。所以在结束济南的生活、回到北京住了一段日子后，刘鹗携带家眷，并带着那些甲骨文的拓本，又返回了上海。刘鹗抵达上海后，就住在新马路陈家桥安庆里（今四川北路天潼路附近），正门斜对面恰好是罗振玉家的后门。

罗振玉祖籍浙江上虞，出生于江苏淮安，也是刘鹗的老乡。他5岁入私塾，15岁中秀才。他小时候经常到刘鹗家，向刘鹗的哥哥借书看。虽然听哥哥讲起过罗振玉，但刘鹗当时随为官的父亲在外生活，两人从没见过面。直到刘鹗帮哥哥治理完黄河决口，回到淮安老家，方在一家碑帖店里相识。尽管初次相见，且两人相差9岁，但由于共同的爱好，两人惺惺相惜交谈甚欢。罗振玉那时还是个穷小子，刘鹗已慧眼认定他将来准是个人才，于是聘请他来刘家做家庭教师。罗振玉为上海这块引领文化新潮流的宝地所吸引，于1896年在沪开办了农学社和农报馆，介绍西方农业技术。1898年又创办了东文学社，专门教授日文，培养日语翻译人才。1902年上海南洋公学（今交通大学）增设东文科，在虹口建分校，聘请罗振玉做监督，罗振玉就在学校附近新马路的梅福里找房子居住下来。

罗振玉像（19世纪末）

刘鹗与罗振玉自从在淮安一见

1904年刘鹗著石印本《铁云藏龟》

如故后，各自在外奔波了多年，却在上海同一条马路重新碰头，且可以天天见面，不亦乐乎。于是晚间无事，两人常常聚在一起观赏、讨论金石书画。当刘鹗为好友展示殷墟甲骨文拓墨时，罗振玉大为惊叹。凭古文字学家的直觉，罗振玉感到甲骨文字非同寻常，对刘鹗讲道："山川效灵，三千年一泄其秘，且适当我之生，则所以谋流传而攸远之者，其我之责也。"而流传的最佳方式便是出书。因此，罗振玉积极支持刘鹗将甲骨文拓本编印出版。得到罗振玉的鼓励，刘鹗更坚定了信心，于1903年从自己收集到的甲骨卜辞中精心挑选并墨拓了1 058片，用石印出版了中国第一部著录甲骨文的专著《铁云藏龟》(共6册)。正是由于《铁云藏龟》的印行，让甲骨文由原先只供少数学者在书斋里观赏的古董，转变为科学研究的对象。如果当时刘鹗也如同王懿荣一样，独占甲骨，或不容别人插手，那么甲骨文的研究，恐怕要因此延迟多年。更难能可贵的是，刘鹗还第一个将甲骨文字介绍给外国学者。1899年，日本学者内藤虎次郎首次来中国游历，与刘鹗、罗振玉等中国学者在上海结下了深厚情谊，后来见识了刘鹗所收藏的龟板兽骨，方才知道世界上还存在着一种叫甲骨文的古老文字。为此，内藤对甲骨文产生了浓厚兴趣。日本人通过刘鹗的书认识了甲骨文，也开始在中国收集和研究殷墟出土的甲骨。

1908年，正当刘鹗准备继续深入研究甲骨和其他文物时，遭人诬陷，被清政府以“私售仓粟”罪名，将其流放新疆乌鲁木齐，最后在那个边远不毛之地因中风愤愤离开了人世。

罗振玉发表甲骨文学奠基之作《殷商贞卜文字考》

因为《铁云藏龟》出版年代较早、拓印不精，况且刘鹗本身的甲骨文知识有限，书中还收入了少量的伪片，所以在该书问世后，招来了学者的质疑。国学大师章太炎更是直指刘鹗书中披露的甲骨文为伪造。但晚清经学大师孙诒让却不这么认为。当时孙诒让正往来于瑞安与上海之间的轮船上，忙于新开办的大新轮船公司的业务管理。当船靠上海码头停运期间，孙诒让偶然见到了《铁云藏龟》，如获至宝手不释卷。孙诒让认为该书是研究商代文字的可靠史料，为此足不出户，发奋钻研了整整两个月，采用分类法将甲骨文字的内容作了区分，对书中大部分甲骨文单字逐个进行辨析，并于次年（即1904年）撰写出第一部研究甲骨文的专著——《契文举例》两卷。该书分日月、贞卜、卜事、鬼神、卜人、官氏、方国、典礼、文字和杂例10篇。《契文举例》既释文字又考制度，开古字考释与古史考证相结合的先例。孙诒让考释的文字共有185个，尽管多半是同单个金文的比较中辨认出来的常用字，但他是较有系统地研究甲骨文字的第一人。

孙诒让完成《契文举例》初稿后，将副本寄两江总督端方和刘鹗、罗振玉等人，请这些名人、专家过目并评价。鉴于孙诒让仅仅是从《铁云藏龟》中见到千余片甲骨，远远达不到权威性和代表性，因此孙诒让的论断受到极大限制，以至于罗振玉初看《契文举例》时感觉比较失望，以为孙诒让对甲骨文未能“洞析奥隐”。其实孙诒让寄出去的是未定稿。他在有生之年还不断进行较大幅度的修订，遗憾的是生前一直没有交付印刷出版。

1909年，罗振玉收到日本学者林泰辅寄赠的《清国河南汤阴发现了龟甲兽骨》一书。对比之下，罗振玉这才觉得孙诒让的《契文举例》“秩然有条理并投书质疑”，但孙诒让已辞世。又过了一年（即1910年），罗振玉撰写并刊印了《殷商贞卜文字考》，这是公开出版的第一部甲骨文字奠基之作。罗振玉在自序中再次叹息：“惜仲容墓已宿草，不及相与讨论为憾事也。”

其实就在孙诒让钻研甲骨文之际，寓居上海的罗振玉除了专心农学和办教育，还于1900年春重新开始了古文献古文字研究，以及对甲骨文的考证和试译。罗振玉为刘鹗的《铁云藏龟》作序后，自己也从1906年起收集甲骨，总数达到近20 000片，乃早期收藏甲骨最多的藏家。罗振玉眼光的确与众不同，他不仅运用自己渊博的考古知识，正确判断出甲骨卜辞属于殷商时代的王室遗物，断定甲骨文能代表中国文字的来源，还千方百计去弄清这批龟甲和兽骨究竟出自哪里。罗振玉通过多方打探，于1908年终于弄清了甲骨的出土处——河南安阳洹水之滨的小屯村，即殷墟废址，也就是商朝晚期都城。罗振玉于1909年初，委派其胞弟罗振常，亲赴安阳实地考察。对出土甲骨的考订，直接导致了后来安阳殷墟的发掘。

罗振常在史学、版本目录学方面均有著述，青年时期随兄长罗振玉在上海农学社从事编译。他花了两个多月的工夫，在安阳对洹水形势、出龟甲兽骨地段、发掘源流等问题进行调查访谈，直至实地勘察，并手绘标注甲骨出土位置的殷墟地形图、器物草图等插图14幅。另外，罗振常还受兄之托，在小屯村收集大小甲骨13 000余片，以及一批不为古董商重视的出土文物。因为在考察期间不断有惊奇出现，所以罗振常按文人习惯用日记将发生的事情记录下来以备后忘。

回沪后，罗振常根据安阳小屯村之行的记录，撰写了《洹洛访古游记》。该书是第一部学者实地访察殷墟的著作，对整个甲骨研究学科的形成和发展起到了“导夫先路”的作用。

罗振玉得到胞弟在安阳收集的甲骨，大喜过望。为了能使这些珍贵的甲骨得以保存，罗振玉“寒夜拥炉，自加毡墨”，亲手墨拓甲骨文。在刘鹗《铁云藏龟》的基础上，再根据自己收藏的大批原始史料，罗振玉参照《说文解字》，将甲骨文与金文、古文、籀文、篆文做详细比较，利用字形或后世文献资料来推求甲骨文字的本义及其通假关系，于1910年释出单字近300个，其研究成果写入《殷商贞卜文字考》一书里。

正当罗振玉在上海热火朝天地展开对甲骨文的考订、并正在源源不断地出成果时，武昌起义的炮声打碎了清朝遗老的黄粱美梦。1911年辛亥革命爆发，罗振玉携家眷流亡日本京都。因为在上海教授日文时结识了一批日本朋友，所以罗振玉在日本的生活还算有照应。他得以继续从事在上海未完成的甲骨文研究。在日本逗留期间，罗振玉撰写了几本很有分量的甲骨文研究书籍，其中有《殷墟书契》前编与后编、《殷墟书契考释》，又从刘鹗赠送他的未著录过的甲骨中精选数十块影印了《铁云藏龟之余》。特别值得一提的是罗振玉在《殷墟书契考释》中，又释出甲骨文单字近200个，其中多数得到国内学界认可。1916年，罗振玉还将未识别的卜辞中的千余单字编成《殷墟书契待问编》，供有志于甲骨文研究者探讨。1919年春，罗振玉思乡心切，携家人从日本归国。作为保皇派，罗振玉放弃了久居的上海，定居天津。

王国维进哈同花园钻研甲骨文

王国维，浙江海宁人。他少年时就精通骈文、散文、古今体诗和金石书画。16岁不到，便被夸为“海宁四才子”之一。1899年，即甲骨文发现之年，风华正茂的王国维踏上了上海求学之路，在汪康年、梁启超主办的《时务报》任抄写和校对。不久，《时务报》因言辞激烈被清政府查封。当时正在主办东文学社的罗振玉，非常赏识王国维的才华，便让他到东文学社学习日语兼编译《农学报》。次年年底，在罗振玉的资助以及藤田、田岗两位日本教师的帮助下，王国维赴日本东京物理学校深造。后因病于1901年4月退学返沪。

1911年，王国维携全家随罗振玉东渡日本。由于罗振玉将多年收藏的甲骨也带到了日本，因此王国维治甲骨文字始于那时。在罗振玉的帮助下，王

王国维（左）和罗振玉

国维静下心来做学问，并同日本学者广泛交流学习心得。这期间，日本经济危机，物价飞涨，罗振玉自身的日子也不好过。王国维不愿再以全家老小的生活拖累于罗振玉，便提出回国的想法。恰巧犹太富商哈同邀请，聘任王国维担任编辑主任，为他编辑《学术丛编》，并兼任哈同夫妇创办的“仓圣明智大学”教授。这正合王国维心意，他便收拾行李于1916年春乘船回到上海。

哈同来到上海滩这个冒险家的乐园发了大财后，并没有花天酒地挥金如土，而是将赚来的金钱为社会做了一些有益的事。哈同夫妇热衷于中国古典文化。当听说中国有个叫“仓颉”的古人很有学问，还创造了文字，就在爱俪园（哈同花园）里开办了以仓颉名字命名的“仓圣明智大学”。这是一所从小学到大学的全日制学校，学生的膳食、住宿及学杂费统统由哈同花园提供，课程则侧重于中国古代文字、古董和典章制度，聘请全国一流老师授课。当哈同夫妇听说还有比篆文更古老的文字时，自然不肯放过机会，无论如何都要搞到记载那些更古老文字的甲骨。而手头上拥有近20 000片甲骨的“大户”罗振玉，便成了哈同夫妇“下手”的重点对象。罗振玉盛情难却，最终转让了800多片甲骨给哈同。“拿下”罗振玉后，哈同夫妇乘胜追击，又出巨资收集了一批从安阳出土的甲骨。

购入的1 000多片甲骨被小心翼翼地珍藏在哈同花园的戬寿堂里。对王国维来讲，跨进哈同花园就好比“老鼠跌在米缸里”，他一心一意待在戬寿堂里苦苦钻研，边编辑《学术丛编》，边整理研究甲骨文。每日除了拓印甲骨，辨识文字，别的事情概不过问。功夫不负有心人。王国维的“二重证据”研究方法独具匠心，不同于罗振玉等人，他将地下的文物（考古）同地上的材料（文献）对比，融会贯通，考文证史，来验证历史的真相，补充修正书本记载的错误，并进一步对殷周的政治制度作了探讨，得出崭新的结论。王国维先后撰写了《戬寿堂所藏殷墟文字》《殷卜辞中所见先公先王考》《殷周制度论》《殷墟卜辞中所见地名考》《殷礼征文》等书籍。此举确立了王国维在中国甲骨学史上的地位，为甲骨学奠定了基础。而王国维的“二重证据法”也给古代史研究开辟了一条新的道路。

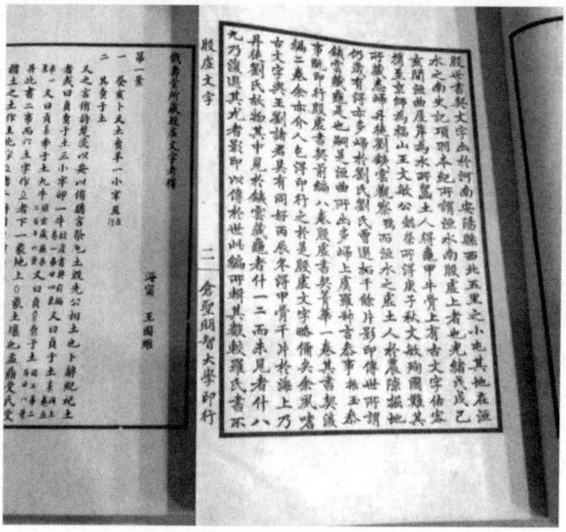

王国维编《戬寿堂所藏殷墟文字》石印本，收入《艺术丛编》第3集，共录甲骨653片

刘体智慷慨献宝

王国维是只研究不收藏。有人却反过来，只收藏不研究。更可贵的是此人心胸极其宽广，会主动将自己收藏的甲骨拓本提供给学者研究。他便是藏书家、晚清重臣刘秉璋的四子刘体智。刘体智自幼聪慧好读，从小饱览李鸿章家族秘不示人的典藏，为他后来的大手笔收藏打下了基础。成人后，刘体智踏入金融界，曾任大清银行安徽督办，中国实业银行董事、上海分行总经理。他在上海从事金融业之余，还雅好收藏，于20世纪30年代专门在新闸路新建一幢飞檐式两层楼，用于收藏各种文物和书籍，并取名“小校经阁”。

刘体智收藏的文物堪称海内一流，尤其是龟甲兽骨片，世间罕有人能与

刘体智

之相比，在抗战前就达28 000片。当郭沫若撰写的《甲骨文文字研究》由上海大东书局出版而轰动学术界时，刘体智听说流亡日本的郭沫若贫困潦倒，有时甚至连一支毛笔都买不起，但仍然每天从乡下的住所跑到东京，把藏书颇为丰富的东洋书库所藏的甲骨文、金文著作全部通读了一遍，还几乎访遍了日本所有的甲骨文收藏者，潜心研究甲骨文，于是就在1936年将自己历年所收藏的龟甲兽骨，请人拓墨，集为《书契丛编》，分装成20册，托中国书店的金相同带到日本，免费供郭沫若研究、著书。

1928年2月，郭沫若东渡日本。正是在日本流亡期间，郭沫若看到罗振玉撰写的《殷墟书契考释》，产生了浓厚兴趣，从此开始了甲骨文研究。虽然那时郭沫若对甲骨文一窍不通，但他坚信通过地下出土的古代文字来研究中国古代社会，是一条正确的途径。于是郭沫若从入门书籍读起，靠自己摸索和思考，研究甲骨文。而刘体智的20册拓本，犹如一场及时雨，让郭沫若欢欣不已，并叹为观止。他从中挑选了1 595片，认真研读考释，并据此著成《殷契粹编》，于1937年在日本出版。该书跟他先前出版的《卜辞通纂》略有不同，郭沫若对书中每一片甲骨都做了考释。这批甲骨，主要是1928年殷墟科学发掘前各藏家所藏精品，且不少还是罗振玉、王国维等学者所未见的或遗漏的。更重要的是郭沫若对每片甲骨的考释多有自己独到的见解。因此，该书出版后，引起国内外学术界的极大重视。直到今天，郭沫若的《卜辞通纂》和《殷墟粹编》在甲骨文及商代史研究中仍有非常重要的参考价值。

抗战结束后，复旦大学胡厚宣教授慕名前往新闻路的“小校经阁”拜访刘体智，参观其藏品。只见全部甲骨规规整整被分别装在150个楠木拉

上海新闸路1321号小校经阁是刘体智收藏甲骨旧址

盖式盒子里。打开盒盖，满目粲然，每片甲骨都经编号且绘有其形状轮廓。与150盒藏品配套的是18卷甲骨拓本，分装为18册。每册拓本后面都附有该册的释文。胡厚宣观后大为惊奇，随即安排历史系的学生们前去开阔眼界。

1934年胡厚宣从北大毕业后，傅斯年将他揽入中研院史语所考古组安阳殷墟发掘团，加入由梁思永主持的殷墟第10次发掘，他很快就能独当一面，并随即参加整理殷墟历次发掘的甲骨文，为《殷墟文字甲编》做过全部释文。1940年胡厚宣应顾颉刚之聘请转籍齐鲁大学。7年后来到上海，任复旦大学教授，兼历史系中国古代史教研室主任。在复旦大学任教期间，胡厚宣发表了《战后宁沪新获甲骨集》《战后南北所见甲骨录》《战后京津新获甲骨录》《甲骨续存》《五十年甲骨发现的总结》《五十年甲骨论著目》等多部甲骨文研究著作。胡厚宣与他的甲骨学前辈不同的是，他研究甲骨文不是单打独斗，而是桃李满天下。他培养的学生，如复旦大学教授裘锡圭等，在甲骨文字考释、分期断代研究方面，取得了突出成绩。

形似与神似的甲骨文书法

尽管甲骨文深奥，属于超冷门，却仍然不断有文人雅士想方设法“开发”这门古老文字。在罗振玉首次将甲骨文字引入中国书法不久，丁辅之也尝试用甲骨文字撰书楹联。丁辅之系晚清著名藏书家“八千卷楼主人”丁松生的孙子。丁家以藏书之丰闻名海内。丁辅之幼承家学，耳濡目染刻苦治学，对诗文、书画、篆刻、古文字等有较深的造诣，还特别嗜好甲骨文，书写了许多甲骨文字楹联。1916年起，丁辅之寓居上海，供职于上海铁路局沪杭线。公务之余，经常同叶品三、王福庵、吴石潜等人探讨金石书画。丁辅之的甲骨文书法以细笔小字较为多见，画画用甲骨文题款，且以甲骨文书法为中心，让诗、画、题跋等形式为辅，这在当年未见第二人有如此之举。丁辅之刊印的书籍有《商卜文集联（附集诗）》《商卜文分韵》《唐宋三百首集联》《全韵画梅诗》。丁辅之另有一本事，就是在游山玩水时，能应景用甲骨文字作诗。后来，他将甲骨文字创作的旅游诗编辑成《观水游山集》。继罗振玉后，丁辅之对甲骨文引入书法功不可没。

还有像叶玉森、柳诒征、简经纶、孙儆等学者在甲骨文书法上也下过大功夫，且成绩斐然。由于甲骨文到目前为止，可辨识的总共才2 000字，其中还有不少是用于人名和地名的怪字，因此，“甲骨文书法”遇到无法识别的字，就要到金文等其他古文字中去讨救兵，加以自行创作。

临告别时，韩志强院长信心满满地表示，上海市殷商甲骨文研究院的学者专家们，正在追随甲骨学老前辈的脚步，发扬与光大海派文化精神，不但力求在甲骨文书法方面有新的长进，且坚持深入到社区文化活动中心，为孩子们讲述甲骨文的传说。2017年10月30日，甲骨文入选“世界记忆遗产名录”，标志着世界对甲骨文的重要文化价值及其历史意义的高度认可，这对于国际社会了解和认识甲骨文及博大精深的中华优秀传统文化具有重要推动作用。

“南社”为何被柳亚子称作“怪物”？
——“南社学”创始人姚昆田访谈录

吕鲜林

吕鲜林：我们知道您与《上海滩》有着非同一般的因缘。31年前，也就是《上海滩》创刊前夕，您与我们的首任主编吴云溥先生商讨过《上海滩》的冠名与编辑方针及内容等问题。当年吴先生在上海市委宣传部分管理论宣传，您分管对外宣传，后来又担任上海市新闻办公室的首任主任。而吴先生转任上海市地方志办公室主任、《上海滩》杂志主编后，你们两位几乎同时在为上海开展对外宣传工作。

南社纪念馆

30多年来，《上海滩》已出刊380多期。今年您已是92岁高寿了，听说您是每期都翻阅过，确实是《上海滩》首屈一指的最老读者与最亲切的关怀者。我们知道您是中国近代知名文学社团——南社元老姚光之子，您现在也被人们称为“南社的活化石”。30多年来，您擘画与创建了一门新学科“南社学”，首创了上海南社纪念馆，且目前正在整理编纂《南社大辞典》，这对于国内外致力于研究南社的学者而言，无疑具有里程碑意义。您说过，南社与上海在历史上有着非常特殊的关系。鉴于此，《上海滩》从2018年起，将用一年或更长的时间，讲述南社与上海的故事，奉献给读者。

姚昆田：首先，我要对《上海滩》杂志编辑部的选题策划表示赞赏，对你们专程来访表示感谢。我先谈一下“南社”究竟是一个什么样的社会团体。在过去很长一段时期内，人们往往只把南社看作一个纯文学团体，其实这个定性是很片面、很不准确的。长期担任南社领导人的柳亚子就说过“南社是一个怪物”。所谓“怪”者，历史所未见也。也就是说南社这样的社会团体，以前在中外历史上都是没见到过的，在近现代社会也仅此一家，今后不可能再产生与它一模一样的社会团体了。

所谓“怪”的特征，大概可归纳为以下五点：其一，南社社员人数众多，包括南社社员、新南社社员及南社纪念会会员，共计1 706人（凡以上三集体均参加者，只作一人计）。这个数字是经过长期以来反复查证而确认的。而比这个庞大的数字更引起我们珍视的，是所有南社成员，都是当时的中高级以上知识分子，且其中有数以百计的、来自各个领域的大师级的知名学者。关于他们的各种不凡成就，以及过去被忽视的种种历史真实，今后我们可以用更新的视角，以求实与漫谈相结合的笔法来讲述。

其二，南社作为一个纯民间的社会团体，竟拥有126位女性成员，这些女社员都具有相当高层次的知识水平。在此之前，中国历史上从未有过一个社会组织能够拥有如此之众的女性成员。而作为民间组织的南社却敢为天下先，一下子就召集了几乎是全国范围内的所有先进知识女性，这是中国两千年封建史上破天荒的一项创举。这个奇迹发生在南社，无疑是南社的特殊光彩。而更令人赞叹的是，这群女社员中竟还有带兵作战的女将军，创办学校与报社的校长、社长或主编，更不用说女教师、女记者、女作家、女诗人以及女艺术家们了。当然，她们首先都是反帝、反封建的女先锋。其中有64对属于夫妻携手同时加入南社的，他们真正是志同道合、令人羡慕的革命伴侣。南社中也有大家闺秀与南社同志结婚后，变卖嫁妆首饰来支持革命与文化事业的。这是南社历史故事中独树一帜的风景线，过去没有引起足够重视，今后是很有必要加以发扬与深入探索的。

其三，南社这一纯知识分子团体，汇聚了当时社会上绝大多数有一定知名度的国学家，其数字从严计，最少也在200人以上。可以说，所有南社人在童年和少年时代都曾接受过传统教育，他们热爱传统文化。南社学者早在南社成立前，就提出了一项对待东西方传统文化的取舍标准，即“取其精华，弃其糟粕”（1905年及1907年高旭、姚光撰文先后提出这项正确原则）；30余年后即1940年的4月，毛泽东也提出了与上述方针完全相同的对待中国传统文化和西洋文化的准则（见毛泽东《新民主义论》）。而在中华文化大复兴、大繁荣的晨钟已经敲响的今天，习近平总书记又多次提出“文化自信”这个既属庄严使命又属温故知新的重大课题，这对于长期被当年激进分子视为抱残守缺、迂腐落后的南社来说，是一种最有力的伸张公理，也是给当今南社研究者的莫大鼓舞。

其四，南社中有众多为革命事业、为他们终身追求的强国理想而殉难的烈士。我每次提到他们，在内心总有一种无法抹去的隐痛，因为在他们一生悲壮的事迹中，留有许多特别珍贵的闪光点。对我个人来说，由于其中有许多位烈士，如最早被害的周实、阮式以及人们敬仰的宋教仁、陈英士、廖仲恺、杨杏佛、郁华，直至被日本侵略军所残杀的朱少屏等，都是我父亲的知交故友，所以令我这个后生晚辈，从小就对这批爱国烈士怀有一种终身挥之不去的仰慕之情。在这些烈士中，如宋教仁、陈英士、杨杏佛与郁华又都殉难于上海。至今，上海静安区（原为闸北区）的闸北公园（原为宋公园）内，还可以凭吊当年南社人所修建的宋教仁墓。我还要特别强调，这批南社烈士多具有如下几种可贵的品质：第一，他们都具有中国传统美德的素质和教养；第二，他们都有以身许国的抱负和实际才能；第三，他们树立了远大理想后，都成了学行一致的实践家；第四，他们中有不少曾是留学国外、又为祖国独立富强而贡献一切乃至生命的民族英雄；第五，他们既是旧中国革命知识分子的典范，也为他们所向往的新中国知识分子树立了一心为公、言行一致、胸怀天下、终生奋斗不息的楷模。应该说，古今中外所有的烈士仁人，都值得我们仰慕和礼赞，而从南社烈士来说，其行为之高卓坚贞，其学识之丰富轶伦，其被害情况之惨烈，其生涯之短促，其牺牲日期之密集，历史上所罕见，唯南社这样一个大型知识分子团体所仅有。

其五，据我们统计，南社中共有215名社员都在入社之前或之后到资本主义国家去留过学，其中一半留学在先于中国引进先进知识的日本，一半留学在欧美工业发达国家。所学专业主要分为两大体系，一是致力于探索民主政治的社会科学（包括政治、经济、哲学、法律乃至师范教育等），二是致力于引进现代科学的自然科学（包括工业、农业、理化、铁路、建筑乃至医学等）。在辛亥革命之前，黄兴、宋教仁、高旭、陈望道等，都已在致力于民主政治的考察与研究，而马君武、任鸿隽、朱文鑫、许肇南等，皆已在致力于自然科学的实验与介入。这两支南社中的先进知识分子队伍，实际上是中国最早引进民主与科学的勇敢实践者，前者首先在日本创办宣扬与引进民主的刊物，后者在美国创办引进普及科学的专业刊物。然而这一段历史的真实，不知什么原因无端地被抹煞了。今天，我们理应本着实事求是的精神，公正而据实地加以说明。

这里，我只是提到了一些尚需继续发掘的题材，非常期望《上海滩》杂志今后能够结合传统文化的传承方针，为这座“南社金山”的发掘，作出进一步的努力。

古代求雨仪式：叶榭草龙舞

何惠明

勤劳而聪明的上海先民给我们留下了丰富多彩的历史文化，第一批国家级非物质文化扩展项目中的松江叶榭草龙舞（草龙求雨仪式），就是一个典型的代表。旧时，叶榭地区经常遭受自然灾害的侵袭，先民以为这都是雷公、云母、风婆、河神等天神所为，于是逢大旱之年，他们根据八仙之一的韩湘子吹箫召蛟龙降雨的故事，创制了草龙舞求雨仪式。据《松江县志》记载：民间祭祀舞蹈，是龙舞的一种。以稻草扎龙表演，一般用于抗旱求雨。这种表演有时也出现在传统庙会中，动作与表演有其独特之处。

韩湘子召青龙降雨　众百姓舞草龙感恩

草龙舞为民间祭祀性灯舞，因龙身用稻草扎成而得名“草龙”。相传唐贞元六年（790）夏日逢大旱，小河断流，土地龟裂，稼禾枯萎，疾病蔓延，百姓们于烈日下设坛叩拜，求苍天解救。适逢出身于叶榭敬花园村的“八仙”之一韩湘子途经家乡，从云中俯视父老乡亲焚香燃烛、面向东海跪地叩拜的情景，深表同情。为救家乡父老脱离苦难，他立刻吹起神箫，瞬间召来东海青龙，降雨拯救灾民。青龙遵命在叶榭地区上空盘绕三圈，顿时乌云密布，雷声大作，倾盆大雨从天而降。叶榭盐铁塘两岸，久旱禾苗喜逢甘霖而报青吐穗，是年终获粮食丰收。据传说，青龙降雨返回东海后，在叶榭镇西南处出现了一个“白龙潭”，此因当年青龙调转龙头欲回东海时，不慎龙角触地而形成了水潭。又一说，当时青龙龙尾一甩，叶榭东南角石兴埭也留下了一个水潭，后人称此为“黄龙塘”。在“白龙潭”“黄龙塘”之间的一

舞动中的草龙栩栩如生

条大河，为青龙取水之处，后得名“龙泉港”。

韩湘子求雨反映了人民的心声，实现了人民的心愿，为此百姓由衷地感激他。为了报答韩湘子的恩德，叶榭的乡民自发地创造了扎草龙、舞草龙的文娱活动。同时，叶榭乡民还纷纷捐款在韩湘子家乡重新修建了一座“敬花园”，以此来纪念韩湘子。敬花园周围的村民用金黄色稻禾扎成4丈4节联体草龙，附近石兴埭村民扎成4丈7节分体草龙。草龙形状为牛头、虎口、鹿角、蛇身、鹰爪、凤尾，状似六像六不像的吉祥物。从此，制扎草龙和跳草龙舞就成为叶榭民间的一种习俗，以祈求来年的风调雨顺、五谷丰登。此俗在流传过程中，草龙逐步演变成各类灯龙舞，成为元宵灯会的主要节目。

木鱼声中祭祀开始　村姑泼水推向高潮

叶榭草龙舞是一种民俗文化，更是一种群众性的艺术活动。人们看到，叶榭草龙舞是在一阵节奏明快的木鱼和祭板声中开始的，先由一名大汉头戴雨帽，身穿圆领短褂，足蹬草鞋，手持“祭牌”跳着“祭天舞”出场。然后，12名头扎蓝底白花方巾，身穿粉红色斜襟衣裤，腰系墨绿色镶边围裙，脚穿蓝色绣花彩鞋的村姑，在祭牌引导下跳“求雨舞”。其中二女捧蜡台红烛，二女抬香炉，八女捧猪头三牲、果品美酒。紧随其后的是身穿绿色长袍，足穿布鞋，口吹长箫，挥动箫上彩须引龙上场的“韩湘子”。最后是九名上穿红色对襟短衫，下穿红色灯笼裤，腰束黄带，头戴雨笠，肩披蓑衣，足穿草鞋的舞龙人，挥龙起舞。

舞草龙祭祀仪式整体表演分为“祷告”“行云”“求雨”“取水”“降雨”“滚灯”“返宫”七个程式。八名村姑边跳欢快的“丰收舞步”，边将手中盆、桶之水不断泼向观众，意谓“泼龙水”，泼到“龙水”即为吉利，故而观者纷纷争着让村姑泼水，由此将仪式推向高潮。

舞草龙的动作均以祭祀为主线，并赋予一定的内涵。祭祀上所用的供品也都取自叶榭本地，如陈稻谷、麦、豆、浜瓜、鲤鱼（取自龙泉港）。祭祀仪式多选择在田间广场以及供奉“神箫”和“青龙王”牌位的庙宇附近。另外，在迎请的过程中，还伴有《请神曲》的音乐，庄严隆重。据介绍，这种接近古代原生态的祭龙求雨仪式，因为有整合村落集体力量的文化功能，所以已传承了近千年。

草龙求雨生动有趣　全部道具稻草扎成

一般龙舞都由“龙珠”引导，松江草龙求雨仪式中的龙舞不设“龙珠”，出龙时以箫代珠，有人扮韩湘子舞箫引龙。每年逢农历五月十三、九月十三当地“关帝庙会”，人们均头戴斗笠，身披蓑衣，足穿草鞋，舞草龙求雨，祈求一年四季风调雨顺、五谷丰登。

草龙舞风格深沉，身段动作迟缓。锣鼓点子节奏简单，如序幕仅用低微的“笃、笃”之声。“求雨”一段，龙身下伏，龙首仰天叩拜，动作显停滞状，表现了老龙向神灵祈祷的情景。“取水”一段，则是龙体紧盘一团，龙首仰昂反复不停摆动，以示老龙正在吸水。

草龙求雨仪式中信女六人，饰农村妇女形象，均头扎蓝底白花方巾，身穿粉红斜襟衣衫裤，腰系墨绿色镶边围裙，脚穿蓝色绣花彩球鞋，表情静穆，步履缓慢，无身段动作。三女分别手捧蜡台、香炉，三女双手合掌于胸前，节奏缓慢。韩湘子一人，小龙两条各两人。

草龙求雨所用道具，均用稻草扎成，表演者的部分穿戴如雨笠、披肩、草鞋也是用稻草制成，构成了草龙求雨舞的特有风格。

草龙求雨仪式，除序幕、结尾处出现信女手拱香案、跪地求神外，其基本动作与一般龙舞相似。不同之处在于多了“求雨”“取水”等部分。整个表演过程要求舞龙之人充分运用手（甩、摆、翻）、眼（望、顾、盼）、身（转、仰、扭）、步（踩、蹲、蹉）四法，全队配合，箫龙合一。演到“降雨”段时，先由庙宇僧人泼洒，再由村姑将盆中吉利之水不断泼向观众。这种祭龙求雨仪式生动富有趣味，在众人的狂舞中孕育出富有特色和真情的民间音乐、舞蹈。

沪剧之花绽放申江

褚伯承

2006年，沪剧作为上海市单独申报的唯一的戏曲表演剧种，经国务院批准并公布，被正式列入第一批国家级非物质文化遗产保护项目名录。然而，对沪剧的由来和发展、沪剧的艺术文化价值、沪剧与上海城市发展的历史因缘，很多人并不十分清楚。这里作一些简要的介绍。

发源沪郊地　遭禁流市区

沪剧艺术最初发源于上海农村，开始它只是一种田头山歌和乡间俚曲。作为一种比较完整的戏剧形态的对子戏和同场戏，先后出现于清代乾隆后期（约1793年）的浦东、浦西乡镇，当地群众习惯称其为花鼓戏。其中浦东的川沙、南汇一带的花鼓戏，被称为"东乡调"，演出的艺人被称为"东头先生"；而浦西松江、青浦、奉贤和金山一带的花鼓戏被称为"西乡调"，演出的艺人被称为"西头先生"；也有人把宝山一带的花鼓戏艺人叫做"北头先生"。

最初对子戏由上下手两人分别操胡琴、击响鼓，自奏自唱。戏中仅有一生一旦或一旦一丑两个角色，多数以唱为主，表演较多模拟日常生活。演员均着农村服装，男戴毡帽束竹裙，或戴瓜皮小帽，着长衫马甲，女穿短袄布裙或裤子。发展至同场戏，角色增加到三个以上，并另设专人操奏乐器。根据角色的多少和剧情的繁简，同场戏又有"大同场"和"小同场"之分，"大同场"的演员可达八人左右，规模不算小了。

沪剧从一开始就带有说新闻唱新闻的痕迹，敢于激浊扬清，风格活泼生动，从歌颂男女青年爱情的《庵堂相会》，揭示童养媳遭受恶婆婆虐待欺凌的《阿必大回娘家》，悲叹赌博导致人性扭曲、家庭破灭的《陆雅臣卖娘子》，到抨击忤逆不孝、道德沦丧的《借黄糠》。这些剧目通过各个侧面，比较完整地描绘了清末浦江两岸乡村集镇的生活风貌，反映了当时劳动群众的质朴感情和强烈爱憎，表现了他们对生活理想和美好爱情的追求。

因此，这些戏能激起观众共鸣，处处受到欢迎。这使封建统治者惊恐不安。清同治七年（1868），江苏巡抚丁日昌下令禁演。原来流动演唱于上海郊县的戏班均遭驱逐迫害，因无法存身，开始进入市区。

一幅先辈图　满纸辛酸泪

沪剧院资料室收藏着一件十分珍贵的戏曲文物，那是70多年前成立的申曲歌剧研究会绘制的一幅立轴《先辈图》，上面按辈分先后排列书写着100多位已故老艺人的姓名。这可以说是沪剧前辈留给后人的唯一的家谱。我曾仔细观看，发现了一个非常奇怪的现象，图中所列艺人姓“贵”的似乎特别多，比如贵雪春、贵掌生、贵景唐等。为什么他们都会有这么一个连《百家姓》上都没有的姓氏？为此请教了一些沪剧老演员，才逐渐明白了其中的缘由。

原来，当初这些前辈艺人虽然身怀绝技，从艺多年，但班子里的同行始终不知道他们的真实姓氏，平时只以彼此的绰号相称，有的叫“麻皮雪春”，有的叫“水果景唐”，有的叫“赤鼻头掌生”。几十年后，当后辈们绘制这幅先辈图、排列上几代艺人时，却茫然不知他们姓什么。如果只写绰号，不写姓氏，终究不登大雅之堂。无可奈何之下，才决定以一个“贵”字代替他们的真实姓氏，于是先辈图上出现了好多姓“贵”的前辈艺人。

为什么这些前辈艺人要改名换姓，隐瞒自己的真实身份呢？这不仅是因为当时唱戏的艺人社会地位卑微低下，更重要的原因在于清末民初封建舆论对早期沪剧花鼓戏的诋毁和官府衙门的打压。一幅先辈图，渗透着沪剧前辈艺人的斑斑血泪。

《先辈图》上与胡兰卿并列榜首、被公认是沪剧祖师爷的许阿（霭）方，是最早来到上海市区的花鼓戏艺人之一。他的辛酸经历在入城后第一代艺人中有一定的代表性。当时上海市区的繁华地带离后来崛起的南京路、淮海路还很远，许阿方演出的地方也算得上开埠时期市区的热闹路段。但入城之初，他们只能以卖唱方式在街头巷尾进行演出活动。那种走街串巷的演唱形式，行话称之为“跑筒子”，而路上圈空地的演唱形式，行话称之为“敲白地”。尽管市中心地区已经开起了“三雅园”“金桂轩”之类的大戏园，但在那里演唱的是京班、徽班和昆班等戏曲剧种。即使茶楼书场，也没有花鼓戏的一席之地，许阿方他们一直过着流浪艺人的悲惨生活。

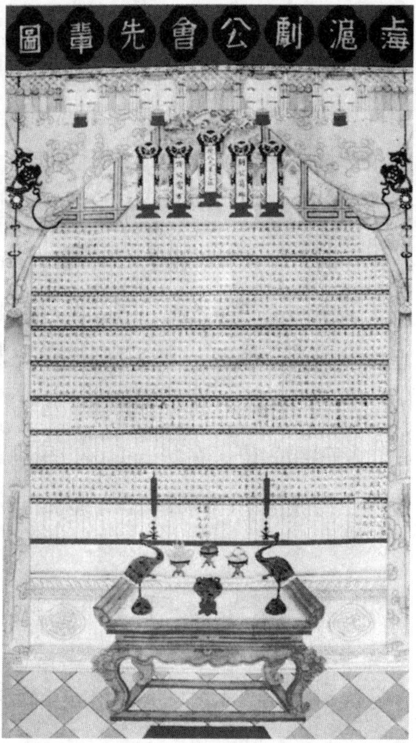

20世纪30年代申曲歌剧研究会绘制的“先辈图”，居首位的是许霭（阿）方和胡兰卿

直到19世纪末，经过艰苦努力，花鼓戏艺人才得以进入茶楼书场演出。但是花鼓戏入城以后，封建官府的禁令并未解除。1899年底，许阿方的花鼓戏班在升平茶园演出时就遭到了租界捕房的处罚和追捕。当时绰号“三光麻子”的白相人赵小和领到公共租界执照，在今福州路福建路口开设升平茶园。他是市郊罗店人，喜欢花鼓戏，便邀请许阿方、庄羽生和水果景唐等八人来茶园演唱。由于地处租界，晚清官府奈何他们不得。谁知到了年底，突遭租界捕房袭击。因这天演出对子戏《磨豆腐》，内容为恶霸小金和破坏豆

腐工人潘大芳与洗衣姑娘的恋爱，最后被潘大芳狠狠地揍了一顿。这个戏情节虽简单，但触怒了一些地痞流氓，他们以男演员赤膊演出“有碍风化”为由向租界捕房告发，于是一批巡捕和包打听包围茶楼，捉拿艺人，命令停业，许阿方被驱逐离开上海。不久，艺人唐春林在法租界“吉祥楼”演出时，因“扎头髻”男扮女角，也以“有碍风化”罪论处，被押送出城。

许阿方等人被赶出上海后，到苏州盘门外青阳地区的茶楼书场演了两年戏，又杀回上海城区。当时被称为苏州滩簧（简称苏滩）的剧种在上海市区已相当风靡，于是许阿方开始把花鼓戏改称本地滩簧，简称本滩，以吸引观众。接着，流氓范高头与捕快“四六”娘舅也通过各自后台，分别邀请陈秀山、胡锡昌等班子在华界的南市里马路、四牌楼等茶楼演出。仅仅三四年，整个上海城区华洋两界均有了本滩演出。

可惜邵文滨　死在枪口下

入城之初，本滩艺人流落街头卖艺，随时有被驱赶抓捕的危险，命运十

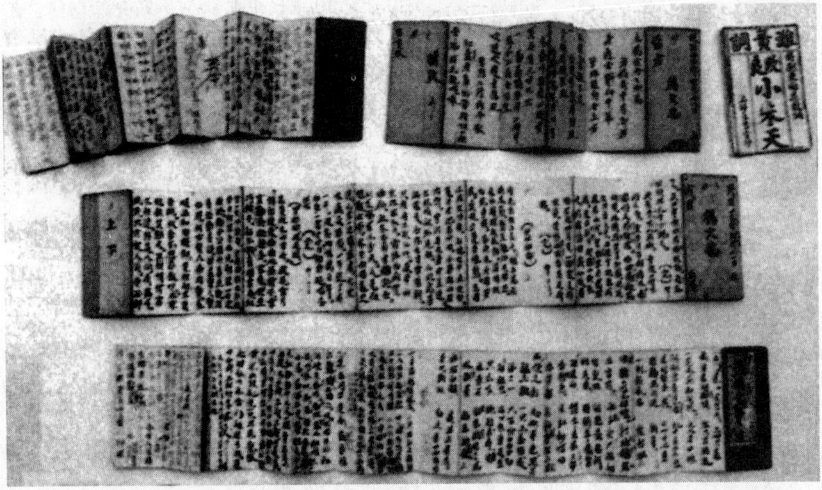

滩簧时期的戏折子和小唱本。右上角的滩簧调《改良小朱天》是沪剧最早的石印小唱本

20世纪三四十年代沪剧戏单及说明书

20世纪40年代发行的《申曲日报》

分悲惨。仅仅过了十几年，他们的学生却抓住机遇，成为黄浦江畔引人注目的宠儿骄客。拿一直被人称为“马夫阿六”的邵文滨来说，这个当初曾在跑马厅为洋人养马、后来拜本滩第一代艺人曹俊山为师学艺的小人物，居然靠唱滩簧出了名，步入青云。他身上再也没有他的师辈“敲白地”“跑筒子”时那种走投无路、愁眉苦脸的窘相，而是操起文明棍、口含雪茄烟、穿着西装革履、出门以车代步的阔人了。与“马夫阿六”齐名的施兰亭师从与许阿方同辈的胡兰卿，此时也是身穿长袍马褂，十分体面。他们除了在游乐场演出外，还开始唱电台、唱堂会、灌唱片，都忙得不亦乐乎。

作为入城后第二代的本滩艺人，施兰亭和邵文滨都有很强的职业敏感。

他们知道时代不同了，演出对象、演出场所都发生了很大的变化，再加上竞争激烈，如不审时度势，锐意进取，主动出击，本滩很可能被淘汰吞噬。1914年，施兰亭和邵文滨领衔，马金生、胡锡昌和陈秀山等有影响的艺人联名，发起成立了沪剧历史上第一个行业性的组织——振新集。他们亮出“本滩改良”的旗帜，首次倡议要以“申曲”的名称来取代以往的“花鼓戏”“东乡调”和“本滩”，并主动提出废演带有淫秽色情内容的剧目。这一行动大大改善了沪剧在观众心目中的形象。

作为领军人物，施兰亭和邵文滨都曾为沪剧艺术作出了重要贡献，但两人后来走上不同的人生道路，结局有很大的不同。

邵文滨是个在艺术上很有特色的好演员，可惜他晚年却走上人生歧路。邵文滨与青洪帮白相人素有来往，也经常到杜月笙、黄金荣、顾嘉棠和金廷荪这些流氓大亨家里去唱堂会。1926年，他鬼迷心窍，决定脱离舞台，另谋前程。他用自己唱戏的积蓄，买了一艘缉私用的兵舰，自任舰长，后来又开过三庆茶园和大富贵酒楼，还与人合伙开设花会赌窟。1933年因分赃不均，几个小流氓合谋，在邵文滨从远东饭店出来后就开始盯梢，一直盯到宁海路望亭路口时开了枪。第一枪打在邵文滨手腕上，他中枪逃跑，谁知踩到一块西瓜皮上，滑了一跤。行刺者追上来，朝他头上连开两枪。一代名优就这样命丧枪下，年仅54岁。他的学生筱文滨得知消息，不胜悲痛，连夜赶写《哭师开篇》，当时在电台热播一时。邵文滨的悲剧给后人留下很深的教训。

而比邵文滨年长一岁的施兰亭，一直被大家尊称为“兰伯伯”。他不仅演艺精湛，而且为人稳重，戏德高尚。他的从学者甚多，可以说桃李满天下。施兰亭的侄子施春轩得其真传，风格上颇为接近。他的学生丁少兰、王筱新、杨敬文和夏福麟都能独当一面，日后各领班子，驰骋沪剧舞台。

申曲四大家　竞争又团结

20世纪30年代上海的申曲演出活动日趋兴旺，当时活跃在申曲舞台的著名艺人，除了筱文滨外，还有施春轩、王筱新、刘子云等。他们分别带领的施家班、新雅社和子云社，和筱文滨为首的文月社同场献艺，交相辉映，非常红火。

申曲四大班社中，要数文月社班底硬扎、实力雄厚。他们起初在西藏路、延安路口的恒雅书场演出，四五百座位的场子居然天天客满。1931年，大新公司开设的新世界游乐场重新开放，经王筱新介绍，文月社进入新世界游乐场。由于观众踊跃，演出兴旺，第二年又被黄金荣请到上海最大、最有影响的游乐场"大世界"，合同期为一年，大获成功。

后来，在黄金荣的一再邀请下，文月社又于1935年和1936年两次到"大世界"演出。尤其是第三次，与前两次相比，"大世界"给予更优惠的条件，把四楼的一个大场子围起来，作为专门的申曲场子，进场还要另外买两角一张票，票款全部归文月社。虽然演员的工钱场方不再负担，但由于文月

1944年根据《罗密欧与朱丽叶》改编的《铁汉娇娃》在沪上演。邵滨孙饰演罗杰，石筱英饰演朱丽云

申曲在游乐场演出的情景

社牌子响，观众多，还是一笔不小的收入。这一次在演出剧目上也有新的开拓，不再一味演老滩簧剧目，弹词戏已经上升到主要位置，《珍珠塔》《双珠凤》《三笑》《十美图》《玉蜻蜓》和《火烧百花台》等都是常演的。

四大班社的艺术竞争中，文月社最强劲的对手无疑是施春轩带领的施家班。北上巡演的成功更使施家班声名大振，来邀请演出的人纷至沓来，其中聚宝楼和“大世界”坚持聘请，各不相让。施春轩与这两家商定，采取同日先后演出的方法，以报答剧场和观众的盛情。由于申曲观众多，王筱新、刘子云带领的新雅社和子云社也常来常往，客观上形成了四大班社同场竞演的局面。大家各打各的旗号，争相发挥各自的优势，尽力吸引更多的观众。文月社号称“儒雅申曲”，施家班标明“文化申曲”，新雅社叫“高尚申曲”，子云社则以“改良申曲”自居。从这些名称上，也能多少领略不同申曲班社不同的艺术追求。

除了在游乐场和戏院竞演，四大班社还把竞争的战场扩展到当时如雨后春笋般涌现的各家电台。筱文滨唱的第一家电台是设在西藏路上的三善堂电台，后来越来越多，每天六七档。电台为了扩大业务，又新设了听众点播节目。筱文滨觉得这是加强与观众交流的极好机会。过去他出了钱做广告，现在做广告不仅不要钱，还能有收入，这样的好事何乐而不为？唱电台成为文月社的一项重要业务，筱文滨一天最多要唱七家电台。在他带动下，不少演员通过唱电台逐渐成为市民熟悉和喜爱的明星。施春轩也积极推动，大有后来居上的架势，为施家班播放节目的电台不断增加，包括华东、亚声、国华等前后达十余家。亨得利钟表行、茂昌眼镜公司、老九纶绸缎局和华成烟草公司等著名商家，都出资专门请施家班做电台广告。华成烟草公司还想出在电台用美丽牌香烟壳子点唱申曲名家名段的新办法，结果点施家班演员的人最多。一个月后，施家班收到的香烟壳子多得没法搬，只能叫几辆黄包车送到烟草公司去换奖金。新雅社和子云社对唱电台也非常重视，通过电台宣传，王筱新的《游码头》到处传唱，舞台新秀王雅琴越来越走红，子云社擅长的时装剧也扩大了影响。

四大班社既有竞争，又有合作。有时客户摆阔，同时邀请几个申曲班社唱堂会，他们能相互谦让，同心协力唱好一台戏。在当时的戏曲界，申曲班社之间还是比较融洽的，很少发生恶性竞争的事。

经过一段时间的筹备，申曲界新的行业组织——申曲歌剧研究会于1934年11月成立，参加会员达300多人，大家推选筱文滨担任理事长，施春轩、王筱新和刘子云等为常务理事。研究会成立后办的第一件事，就是宣布停演《王长生》《何一帖》等八个带有黄色内容的剧目。接着，又先后在中央大戏院和新光剧场举行了旨在增强申曲界团结、扩大申曲剧种影响的四班大会串。会串演出的剧目有《陆雅臣》《借黄糠》《赵君祥》和《羊肚汤》等。从角色安排看，四大班社的名角确实互谅互让，表现了团结协作的精神。除了确保筱文滨儒雅小生的地位外，其他人缺什么配什么，几乎生旦净丑样样都演，而且上了台个个卖力，人人演得精彩。尽管票价提高到八角、一元（申曲在“大世界”演出票价仅三角），但观众仍争相观看，戏院外车水马龙门庭若市，出现了罕见的热闹景象。这次会串演出不仅影响大，收入也不少，研究会从中拿出一部分钱做了近百套棉衣棉裤，作为冬令补助发给年纪大、生活有困难的申曲艺人。

西装旗袍戏　首功宋掌轻

西装旗袍戏的兴起和发展，是20世纪上半叶上海戏剧舞台的一个非常引人注目的艺术现象。早在1921年，开沪剧表现现代都市生活先河的时装剧《离婚怨》就已在上海花花世界游乐场首演，演出后大受欢迎。而对沪剧西装旗袍戏创作贡献最大的，要算文明戏演员出身的宋掌轻。

宋掌轻生于1901年，江苏常熟人。他早年师从文明戏演员庄晓峰，擅长在台上演旦角。后在编剧江天空指导下学写文明戏幕表。1924年本滩表演团体花月社和文明戏班社同在小世界游乐场隔台演出，看到文明戏《恶婆婆与凶媳妇》很受欢迎，花月社艺人花月英和陈阿东出面邀请编这个戏的宋掌轻把它改排成本滩。宋掌轻开始觉得，文明戏和本滩是两条路子，不好排。同去的老艺人曹俊山说他有办法。宋掌轻就抱着试试看的心情去说幕表、讲故事，为本滩演员拉角度、走地位，而唱词安排和角色表演的把握，则主要由曹俊山等人自己解决。这个戏和《离婚怨》一样，也以家庭生活为题材，但两者切入点完全不同，《离婚怨》描写的是家庭中的

申曲早期古装戏《红楼梦》中石筱英饰演贾宝玉，顾月珍饰演林黛玉

夫妻关系，《恶婆婆与凶媳妇》则反映婆媳关系变化引起的家庭风波，在本滩舞台上首次塑造了“五四”时期女学生新的形象。

与《离婚怨》相比，《恶婆婆与凶媳妇》故事情节更曲折，人物形象更鲜明，也更贴近十里洋场上海滩的现代都市观众。花月社在小世界首演，花月英扮好媳妇，花月明扮凶媳妇，陈秀山扮婆婆，曹俊山扮娘舅，蔡萼梅扮弟弟，筱文滨扮哥哥，演出大受欢迎。由于本滩有唱有演，比只说不唱的文明戏卖座更好。此后各家班社竞相上演，后来本滩改名为申曲，这个戏仍久演不衰。

《恶婆婆与凶媳妇》演出的成功，使宋掌轻感到申曲演时装剧大有可为。同年5月，他又应王筱新和施兰亭领衔的新兰社的邀请，以幕表形式，把电影《孤儿救祖记》搬上申曲舞台，在新世界游乐场演出。这是沪剧历史上第一个直接根据电影改编的时装剧，宋掌轻也因此成为第一个使沪剧和电影结缘的剧作家。

1928年，宋掌轻改换门庭，专门从事申曲班社的幕表戏编创。他从当时发生的一些社会新闻中寻找素材进行创作，1935年取材于电影明星阮玲玉自尽的社会新闻，为福英社编写了由石筱英主演的申曲时装剧《阮玲玉自杀》。宋掌轻还根据其他戏曲剧种、话剧、电影和小说的作品进行移植改编，1930年他以幕表形式将张恨水刚发表不久的言情小说《啼笑因缘》改编为申曲时装剧，由石根福和石筱英领衔的福英社演出于中南剧场。他把电影《何处再觅返魂香》改成同名申曲时装剧，又把文明戏《新仇旧恨》改编为由丁是娥主演的申曲《女单帮》。

宋掌轻编的时装剧大多是幕表戏，情节紧凑，悬念迭出，扣人心弦，引人入胜，深受观众喜爱，有不少成为热演至今的沪剧西装旗袍戏的保留剧目。如《女单帮》这个戏一连编了六本，仍连演连满，欲罢不能。别的说戏先生说幕表，往往只笼统地讲一下大概的剧情，宋掌轻却集编导于一身，像说书一样，既谈故事情节，又剖析角色内心活动，连人物面部表情和细节动作都讲得十分细致，使演员觉得有戏可做。他知识丰富，满腹掌故，生活面又宽，能不断启发帮助演员，当时被大家公认为有真本事的说戏先生。

申曲改沪剧　走进新时代

随着时装剧的兴起，舞台演出需要大量的新剧目，一些申曲班社开始引进更多的说戏先生。筱文滨的文月社聘请的“三顶小帽子”在当时相当出名。所谓“三顶小帽子”，是申曲圈内给徐醉梅、王梦良和范青凤这三位说戏先生起的雅号。他们都是文明戏演员出身，老戏底子厚，各有自己的代表作品。后来，还有一些先搞话剧电影的人士也纷纷加盟，为沪剧创作了一大批优秀剧目，如《原野》《大雷雨》等。

在编导人员的努力下，申曲时装剧作品越来越多，演出越来越兴旺。1941年，申曲正式改名为沪剧，这标志着西装旗袍戏从此成为沪剧舞台演出的主流，开始进入了全盛时期。据统计，沪剧舞台先后上演的西装旗袍戏共

1950年施春轩主演《赤叶河》剧照

约250出左右，在数量上相当于沪剧老传统戏、古装清装戏的总和。

丁是娥在沪剧《芦荡火种》中饰演阿庆嫂

西装旗袍戏继承发扬了早期沪剧说新闻唱新闻的特色，在表现上海十里洋场现代都市生活方面进行了有益的探索，留下了不少风格迥异、几十年来久演不衰的时装戏剧目。它促进了沪剧现代剧场艺术的形成和发展，带来了沪剧音乐和沪剧舞美的变化和突破，还培育了王雅琴、石筱英、顾月珍、凌爱珍、丁是娥、杨飞飞、汪秀英、小筱月珍、夏福麟、邵滨孙、解洪元、赵春芳和王盘声等一批优秀沪剧表演人才，造就了石派、顾派、丁派、杨派、汪派、邵派、解派和王派等各树一帜、各具特色的沪剧流派唱腔，使沪剧舞台一度出现了前所未有的群星璀璨、流派纷呈的兴旺局面。更重要的是，它为新中国成立后沪剧大力反映新时代、塑造新人物积累了经验，打下了基础。沪剧之所以日后能在现代戏的创作和演出上取得非常辉煌的成绩，与当年编演西装旗袍戏的艺术实践是分不开的。这是一份其他戏曲剧种缺乏的弥足珍贵的艺术遗产。

解放后沪剧进入大发展的新阶段。党和政府重视沪剧艺术，1953年成立了国家剧团上海人民沪剧团。以丁是娥为代表的优秀沪剧演员，在现代戏演出中有不少新的创造。《罗汉钱》誉满京华，获奖连连。《星星之火》又在全国唱响。在全国300多个戏曲剧种中，沪剧独树一帜，走上了一条以现代剧作为主要演出样式的艺术道路，成为具有全国影响的重要剧种。

新时期以来，沪剧艺术显示了新的生机和活力。上海沪剧院于1982年组建。《璇子》《姊妹俩》《明月照母心》和《今日梦圆》好戏连台，又先后获得了全国最佳电视连续剧金鹰奖、文华大奖、五个一工程奖和上海优秀文学艺术成果奖等重要奖项。茅善玉、马莉莉、陈瑜等优秀演员先后获得中国戏剧梅花奖、全国文华表演奖和上海白玉兰戏剧表演主角奖。“沪剧回娘家”活动连续十年的举行，进一步加强了剧种和广大观众的联系。街道社区“沪剧大家唱”活动也热闹红火。

沪剧虽然起源于农村，但很快地在上海发展成长。这证明了上海这个城市不但是面向世界的，而且也具有深厚的江南传统文化底蕴，是可以培养、扶植、促使中国民族戏曲走向成熟的一个大都市。

沪剧反映的是城市生活，演绎的大多是上海滩的生活戏。在这一点上，它比其他任何剧种都更加开放，更加善于创新，像这座城市一样能够海纳百川。正因为这样，沪剧成为上海的一种文化标志，它以戏曲形式展示上海城市风貌和城市特点。保存沪剧一个很重要的意义就在于保持上海的语言特征，保持上海的文化记忆，保持上海城市特有的品位和风格。

沪剧作为海派艺术的瑰宝，上海优秀地域文化的代表，长期以来受到党和国家领导人的重视和关怀。历届上海市领导也十分关心沪剧艺术，多次强调对沪剧这样具有上海特色的地方戏剧种要多关心、多支持。有政府和有关部门的重视和关心，有社会各界、广大观众的爱护和支持，相信沪剧工作者一定会做好沪剧剧种的保护与开发、传承与发展，让沪剧艺术这朵浦江之花放射出更灿烂的光华。

（本文写作中曾参考周良材、文牧、余树人等先生的有关材料，特此感谢）

鲁庵印泥名扬中外

华振鹤

由张鲁庵先生创制的鲁庵印泥，是一种专门使用在书画篆刻作品上的高质量印泥，自创制以来，受到艺术界人士的普遍欢迎，知名度日益提高。2008年3月，鲁庵印泥申报国家第二批非物质文化遗产名录已获通过。笔者拜访了符骥良先生，请他就该印泥的前世今生作一介绍，让读者对此有更多的了解。

秦汉时期已有印泥

符先生介绍说，印泥又叫印色，原来是为防止公文、文件传递过程中作

张鲁庵先生在治印

伪、私拆而使用的。早在秦汉时期，发送公私文牍，往往使用由各种物质配制的黏土封缄，盖上印章，作为信验。这种叫做“封泥”或“泥封”的黏土，便是早期的印泥。

用朱砂制成的真正意义上的印泥，出现在什么时候呢？据《魏书》卷七六《卢同列传》记载，卢同为防止官吏伪造“勋书”（立功证明文件），建议发证部门和受证部门之间相互核对，“对勾奏按，若名级相应者，以朱印印之，然后印缝，各上所司”。所谓“印缝”，就是盖骑缝章，说明早在1 400年前，已经使用红色印泥（朱印）了。

不过那时的“印色”，或采用水和朱合成的“水朱”，或用蜜和朱合成的“蜜朱”。印章刚盖上去，色泽尚可，但时间一长，水分蒸发，朱色往往脱落。一直到清代康熙年间，才开始出现用朱砂、油剂、艾绒三种主要原料配制的“油朱印泥”。

子舆
笔歌墨舞
这四张印谱是选自张鲁庵仿刻完白山人印谱上卷，由鲁庵先生亲自钤拓，所用印泥也是他自制的
江流有声断岸千尺
意与古会

选自张鲁庵仿刻完白山人印谱上卷的印谱

清代的油朱印泥，以福建漳州魏丽华斋出品的“八宝印泥”最享盛名。该店主魏长青原来开设中药铺，所调制的“八宝膏药”治疗疮疖十分有效。魏长青也是画家，据说有一次，他画好画后找不到印泥，便姑且用又红又黏的膏药原料来代替。不料钤出来一看，居然非常鲜艳。消息一传开，书画家们纷纷前来求购。于是，魏长青歪打正着，索性做起了印泥生意。由此发展出了“八宝印泥”，不但价格昂贵，有“一两印泥一两黄金”的说法，而且配方严格保密，传子不传女。外界传说它是用珍珠、玛瑙、琥珀、珊瑚、红宝石、金箔、银箔、朱砂“八宝”制成，因此印文特别明亮，有凸起的感觉云云。

随着明代文人画的兴起，印泥也成了书画作品的有机组成部分。一件作品，用殷红的印泥盖印章，常可起到锦上添花的作用。尤其是篆刻作品，必须通过印泥钤盖，方能显现出艺术水平。他们当然希望所用印泥不烂不硬，不因气候变化而变化，使钤出来的印面字口清晰，精神饱满，厚实凝重，鲜艳夺目。这就对印泥制作提出了更高的要求。

由于这个原因，许多书画篆刻家都曾自制印泥，自己使用。即以近代来说，就有吴隐、吴振平、邓散木等人。可惜他们的经验没有流传下来，影响也不大。至于能系统而完整地流传下来，又为书画篆刻界所熟知的，当推篆刻家兼收藏家张鲁庵。

“小开”研制“鲁庵印泥”

张鲁庵（1901—1962）名咀英，字鲁庵，浙江慈溪人，定居上海。他家财力雄厚，父亲开设上海益元参行，又在杭州开设张同泰药行，同时经营房地产。鲁庵虽然是“小开”，却没有纨绔习气。不过，他对经商毫无兴趣，一直师从著名篆刻家赵叔孺，深得乃师心法，是西泠印社早期社员。他又精于收藏鉴赏，藏品极为丰富，有“海内第一家”之称。逝世后，他的家人遵照其遗愿，把全部珍贵文物捐给了西泠印社。

鲁庵印泥是张鲁庵留下的最重要的文化遗产，也是系统地整理了古代油朱印泥制作经验以后的结晶。他斥巨资从国外进口设备，又聘请复旦大学化学、物理学专家陈灵生教授等人，将史籍中有关印泥制作方法逐项进行科学的分析研究，定性定量地获得一系列数据，纠正了许多不科学的以讹传讹的内容。

就拿上述“八宝印泥”来说，他花了几个月时间反复试制，结果发现并不如传说那样有明亮感、凸起感，相反，时间一长反而颜色变黑，显然是银箔氧化所致，而红宝石则坚硬无比，根本没法研磨。由此他得出结论：所谓“八宝”，无非是宣传手法而已，其实并没有琥珀、玛瑙之类的成分。此外，他经过试验，也否定了古方中有关“蓖麻油日久会发黑”“芝麻油、茶子油日久泛黄”的记载；对古方中要添加某些中药也表示怀疑，认为并无实际作用。

1930—1948年，张鲁庵做了数百次试验，研究朱砂（用于显露印文的红色矿物质颜料）、蓖麻油（用于黏结朱砂）、艾绒（附托朱、油的“胎骨”）三种主要原料的质量标准及最佳搭配比例、有关辅料的合理添加、制作过程中的加工要求等，把其中53次比较成功的配方和加工方法作了仔细的记录。再经过进一步完善，终于制成了鲁庵印泥的三种品种——朱砂印泥、朱膘印泥、和合印泥。这些印泥都通过手工操作和自然氧化进行制作，工艺流程严密，有特定配方和制作工艺，这在印泥史上前所未有。

凡是到过鲁庵工作室的人，都可以看到里面有一只样品橱，陈列着各种原料和近百种印泥样品，每种都标明原料名称、产地和数量、加工过程、配制处方、成品的使用效果等。可以说，这只样品橱凝聚了张鲁庵的毕生心血。即使在他过世以后，也一直由家人完好地保存着。遗憾的是，这一珍贵的资料最终被毁于“文革”期间。

鲁庵印泥传承有人

1955年，上海成立中国金石篆刻研究社，社长王福庵，秘书长张鲁庵，秘书助理符骥良，会员大都为著名篆刻家。符骥良比鲁庵小25岁，不但精于书法、篆刻，还精于钤拓，由他经手钤拓的名贵原拓本印谱达1 000多部，因此深知印泥的重要作用。而此时的鲁庵，已是体弱多病，再无力亲自制作印泥，每逢有人来求，总是委托符骥良握杵代劳，并把几十年摸索出来的制作心诀，连同复杂的工艺一一传授。年富力强的符骥良，本来就勤奋好学，自然不肯轻易错过这个机会，悉心地学，努力地做，慢慢掌握了其中的精髓。所以，早在50多年前，符骥良已经成了鲁庵印泥的传承人了。

符骥良先生

符先生告诉笔者，鲁庵印泥质量标准很高，要求做到：① 颜色鲜艳，历久不变；② 钤出来的印文薄而匀净，字迹清晰；③ 泥质不发生油浮朱沉的泛油现象；④ 在4℃～30℃气温范围内，印泥稠度基本不变；⑤ 泥状细腻，有光泽，富弹性，纤维不黏附到印面上；⑥ 长期存放不发霉，不软烂，不硬化。为了达到上述标准，关键在于必须做到“三净”，即朱砂研细漂净，蓖麻油加工纯净，艾绒搓洗干净。这样做出来的印泥，才会柔和软熟，细润光腻，色如红缎，稠如面筋。

符骥良通过长期实践，在保持鲁庵印泥特色不变的基础上，对制作程序、制作方法、辅料添加等方面，作了某些改进。他还采用半机械化研朱砂，用物理氧化和恒温浓缩来制油，使产品更有弹性，质量也更好。尤其是他研制的藕丝印泥，对原料要求更高，工艺更复杂，因此其纤维更细柔，吸附力更强，犹如藕丝般细腻稠糯。

从此，由他制作的鲁庵印泥得到了书画篆刻界认可，沈鹏、亚民、唐云、刘海粟、王个簃、朱屺瞻、来楚生、陈巨来、钱君匋、高式熊等名家都用他的印泥，来为自己的艺术品增色。高式熊特地书写了《符制鲁庵

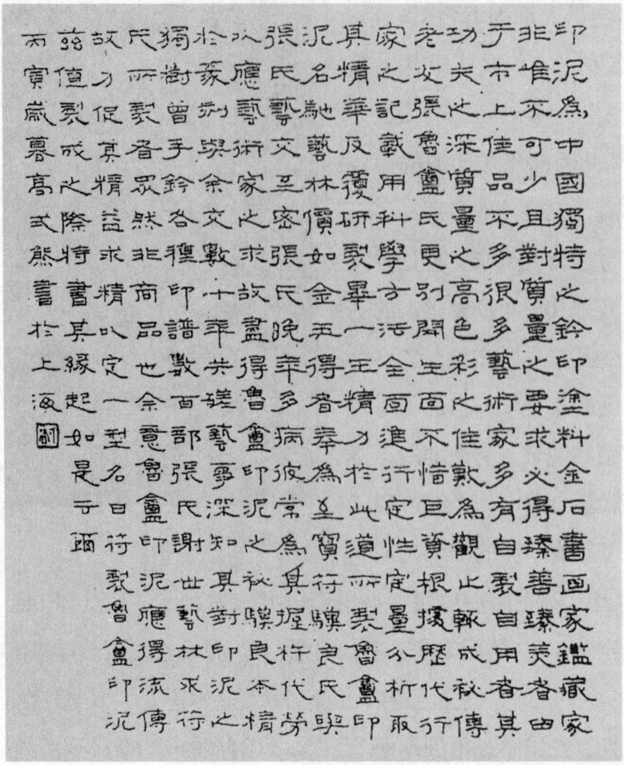

著名书法家高式熊高度评价符氏印泥的墨迹

印泥缘起》，把它定名为“符制鲁庵印泥”。唐云也撰文说：“（符骥良）善制印泥……以鲜艳明晰，为鲁庵印泥后第一。”连远在台湾的名画家张大千，也委托上海的好友陈巨来索求印泥。符制印泥声名还传播到日本、东南亚一带。1988年，日本篆刻名家松仓先生来访，用过符制印泥后赞不绝口。

为钱君匋钤拓9万页

1955年，钱君匋购得赵之谦印章114钮、吴昌硕印章190钮，通过张鲁庵委托符骥良钤拓宣纸线装本印谱各35部，这就是著名的《豫堂藏印甲集

（赵之谦印）》和《豫堂藏印乙集（吴昌硕印）》。为此，鲁庵专门配制印泥6两，果然效果极好，手工钤拓上万页，页页质量上乘，虽然已过去了几十年，今天它的色彩更加显得沉静古朴。符、钱两人从此成了艺坛密友。

1978年，符骥良又为钱君匋手工钤拓宣纸线装本《鲁迅笔名印谱》500部，共钤拓9万页，其工程之大，制作之精，色彩之艳，在钤拓史上堪称绝无仅有。而高质量的符制鲁庵印泥，对完成这一项目同样功不可没。

同年，上海成立了解放后第一家民间艺术社团——上海海墨画社。刘海粟、王个簃、赵丹等任顾问，富华任社长，符骥良任副社长兼书法篆刻部主任。在成立的那一天，符骥良用鲁庵印泥配方制成"海墨印泥"20缸，以志庆祝。这令画社众多行家喜出望外，大家争先恐后，很快一抢而空。鲁庵印泥在书画家心目中的地位，由此可见一斑。

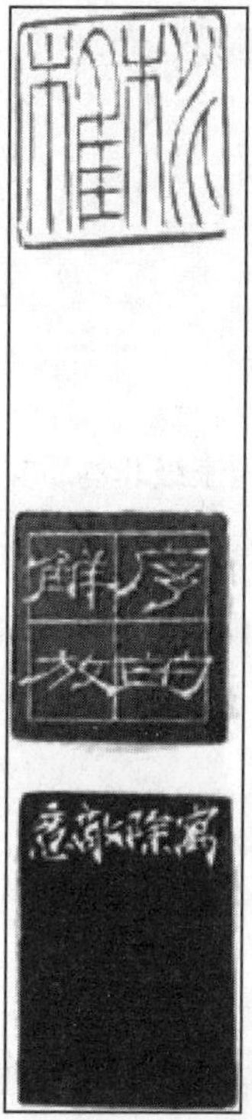

鲁迅笔名"桃椎"，边款"序的解放""寓除敌意"（选自《鲁迅印谱》）

鲁迅笔名"不堂"，边款"中华民国的新堂吉诃德们"（选自《鲁迅印谱》）

现在，为了进一步弘扬鲁庵印泥这一文化遗产，符骥良还着手将自己丰富的知识和技艺加以整理，形成文字，使之流传下去。同时，有关方面也在规划采取相应措施。由于传承人已经年迈，当务之急，是尽快招收一批有文化又热心印泥制作的年轻人，成立培训班和制作工场，在老传承人指导下，争取掌握鲁庵印泥的制作精髓。同时，落实所需资金。其产品除满足艺术市场需要外，还准备朝高档礼品方向发展，作为对外文化交流的馈赠物，以显示中国的悠久历史和灿烂文化。

话说嘉定竹刻

金　蓉

在首批公布的国家级非物质文化遗产项目中，嘉定竹刻赫然入榜。嘉定建县于南宋嘉定十年（1217），以宋宁宗年号“嘉定”为县名，距今已有约800年的历史，是名副其实的江南历史文化名城。这里民风淳朴，文风鼎盛，风光秀丽，人杰地灵，素有“教化嘉定”的美称。诞生在明末的嘉定派竹刻，更是名闻遐迩。

一次突发奇想　开创一门艺术

竹刻艺术是中国工艺美术史上的一朵奇葩，也是人类的历史文化遗产，其历史可追溯很远。在湖南长沙马王堆西汉墓出土了浮雕龙纹彩漆竹勺，日本正仓院藏传世唐代留青竹刻“尺八”，宁夏回族自治区西夏陵出土竹雕庭苑残片，表明竹雕早在汉唐时代就已流行。

明正德、嘉靖年间，国家物力昌盛，贸易发达，江南已成为手工业和艺术最为发达的地区。在这样的背景下，嘉定人朱鹤将镂雕工艺施于竹材上，制作文房用品，开启了嘉定竹刻艺术。朱鹤祖籍南直隶新安（今安徽省歙县），南宋建炎年间祖上迁徙华亭（今上海市松江区），至六世（即朱鹤辈）迁入嘉定县。据民间传说，迁徙嘉定时，他们走的是水路，在安徽扎制了竹排用于搬家，到嘉定后竹排也就一直扔在一边。一天他突发奇想，用竹子雕刻起来，后又把竹刻制品请文人欣赏，没想到这一无心之举，竟得到了大家的认可。由此，在中国工艺美术史上独树一帜的嘉定竹刻便诞生了。

朱氏三代传人　发展竹刻艺术

朱鹤不仅精通雕刻艺术，而且还拥有书法、篆刻、绘画以至诗歌等方面的精深素养，所创嘉定派竹刻有着浓郁的诗、书、画气韵，对后世影响深远。他传世作品绝少，南京博物院藏有朱鹤竹雕松鹤笔筒，采用天然生成的老竹根琢制，风格质拙古朴，筒身扁圆形，赭红色，笔筒雕老松巨干一截，密布鳞纹瘿节，其旁又出一松，虬松纷陈，围抱巨干，恍若附干而生。松畔立双鹤，隔枝相对。款识阴文楷书五行五十一字。该笔筒代表着朱氏初创竹刻之面目，技法上深浮雕与透雕相结合，雕刻细腻逼真，刀法透剔洗练，布局繁而不乱，层次分明，即所谓“因形造境，无美不出，洼隆浅深可五六层”，具有极高的竹刻艺术水平。

明朱缨竹雕香筒“刘阮入天台”

他的儿子朱缨（字小松），孙子朱稚美（字万松）、稚征（字三松）都继承此业。小松更多地从绘画中汲取营养，常常在竹刻上雕饰人物故事，每个画面基本上都有一个故事主题。1966年上海宝山顾村朱守城墓出土的朱小松竹雕作品“刘阮入天台”香筒，现藏于上海博物馆，是竹雕艺术最早范例，为明清竹刻最著名的代表作之一。朱小松个性非常强，看重自己的手艺，轻易不给别人雕刻。有人来买，他也不会轻易答应；即使答应了，也不会随便改变自己的风格来迎合市场。

朱三松把前辈的传统技艺又推进一步，所刻制的人物、山水、草虫、禽鸟，刀法精湛，无不精妙绝伦，浮雕层次丰富，布局成熟，圆雕形神兼具，刻法十分完备，具有新鲜灵动之感。题材更见广泛，作品有笔筒、臂搁、香筒，或蟹或蟾蜍之类的雅玩。如曾在上海博物馆展出的“竹镂文心——竹刻艺术特展”上，朱三松的竹雕仕女图笔筒，采用多种技法，将山石、苍松、花草和仕女的衣纹及神态举止刻画得恰到好处，刀法中见笔墨，树石皴法颇富画意。所制笔筒被收入宫禁，为皇帝所赏识。

鲁珍“薄地阳文”锡禄奇巧绝伦

“三朱”之后，有侯崤曾、秦一爵、沈大生，及清初，又有沈兼、周乃始、王永芳等不以竹刻为本业的竹人，倾心竹刻而不必赖以谋生，由此保全并延续了三朱一脉的正传。竹刻是民间性很强的手工艺，远离庙堂。文献有载的嘉定竹人，此际多以遗民自居，更不会迎合时风。正如李流芳所说“拜是一回事，不拜是千古事”。嘉定文人不慕富贵，品格清高可见一斑。至清康熙时，有吴之璠、封锡禄、顾宗玉、施天章、周颢、邓孚嘉诸家，各立门庭，远开风气，成为中国竹刻艺术高峰期的代表人物。作品形制繁杂，装饰题材丰富，无论是竹根圆雕还是竹笔筒雕中的浮雕、镂雕和阴刻，都发展到最高的艺术水平。吴之璠（字鲁珍）活动于康熙年间，早年师法“三朱”，多用深浮雕、透雕刻竹，亦精圆雕。清高宗于内府看到他的笔筒作品，见刻有“槎溪吴鲁珍”名款，询问鲁珍何人，侍臣据陆廷灿《南村随笔》记载入奏，从此名

清代吴之璠雕“刘海戏蟾”图笔筒

声大噪。他承袭嘉定“三朱”的高浮雕传统，研创出一种稍高出地子的浅浮雕技法，金元钰称之为“薄地阳文”。

稍后又有封锡禄，字义侯；封锡璋，字汉侯。“两封”及其兄锡爵同以刻竹闻名于世，当时号称“鼎足”。锡禄传世杰作之一竹根雕罗汉，采用圆雕技法，将罗汉刻成圆头大耳，坐于石上，罗汉的面部表情略显困倦，额头微皱，张口闭目，哈欠连作，耸肩伸臂，作伸展状，同时足翘指扣。作者在刻画罗汉的细微动作时颇费了一番心思，罗汉双手交叉用力下按时，由于用力较大，双臂胸肌凸显，肋骨根根可见，其伸臂展腰的一刹那表情，被刻者尽摄刀下，形象生动，惟妙惟肖。罗汉背面左下石上阴刻楷书“封锡禄造像”五字。作者能以废弃的竹根为材料，雕镂出如此栩栩如生的罗汉像，真是神斧之功。这件竹根圆雕像现收藏于上海博物馆。据金元钰《竹人录》记载，锡禄“性落拓不羁，天资敏妙，奇巧绝伦”，在嘉定地区名声很响，一时当地名流咸题咏以志其异。封锡禄后以技法高超为宫廷闻知，康熙四十二年（1703）与弟锡璋一同进宫，入值内廷养心殿造办处。后以病癫而归故里。

清代钱大昕竹刻臂搁

乾嘉学派代表人物之一的钱大昕也是竹刻高手，只是他的学问博大，而掩盖了其刻竹之名。今嘉定博物馆藏清钱大昕行书竹刻臂搁（该件作品著录于浙江省博物馆编《竹韵》第127页），且时代特征明显，流传有绪，填补嘉定竹刻收藏中无钱大昕竹刻藏品的空白。

20世纪50年代以来，嘉定竹刻日益受到社会各界的重视，乡邦贤达多有意图恢复，但总的来说处于停滞不前的状态。80年代以来，竹刻艺术与其他传统艺术一样，面临着生存与发展的重大选择。国内收藏市场对传统优秀竹刻作品充满关注，却遭遇传世作品的数量有限、优秀作品可遇而不可求的现状。1983年，全国人大常委会副委员长胡厥文先生为嘉定竹刻题词："嘉定竹刻有高超的艺术，风雅绝伦，宜加护持，俾垂久远。"嘉定竹刻的复兴势头逐渐显露，相继涌现出一批竹刻人才。随着国家对传统文化的继承和保护工作日益重视，以2005年"嘉定竹刻协会"成立和次年嘉定竹刻名列国务院公布的《第一批国家级非物质文化遗产保护名录》为标志，嘉定竹刻的历史正式开启了新的篇章。藏家们也开始将目光转向现当代竹刻名家，又无疑成为当代竹刻艺术的新机遇。当代重要竹刻作品在拍卖市场的屡创新高，不仅提升了当代竹刻的市场地位，同时也提升了其影响力与知名度。看到各界藏家在拍场上对竹刻艺术那么认可，就专项艺术的发展角度来说，是非常令人高兴的。我们有理由相信，竹刻这一古老而现代、高雅而通俗的文化艺术奇葩，又将迎来一个春天。

《十锦细锣鼓》：重放异彩的江南古曲

季　渊

“以‘细、柔、变’的锣鼓声，在变化多端的铜锣、琵琶、二胡等民间乐器的衬托下，击鼓之声时而如豆洒玉盘密如细雨，时而如平川奔马舒缓俊逸，悠悠鼓声如潺潺溪水，轻重缓急，翕张有致。”上述描述的极具感染力的锣鼓戏乐，源于古代，来自民间，这就是在松江泗泾地区流传了300多年的古乐《十锦细锣鼓》。这不同凡响的细锣鼓，从泗泾小镇传到京城，在2008年国务院公布的第二批国家级非物质文化遗产名录中有幸入选。

失传40年　一朝见天日

早在清代中期，泗泾地区的吹打艺人就在吸收昆腔艺术特色的基础上，经过长期的演奏实践，将古乐《十锦细锣鼓》不断打磨而形成了独具特色的民间音乐。此乐源自昆曲过场音乐，后来渐渐脱离昆曲并去掉唱词，成为纯粹的器乐音乐，在乾隆年间基本定型，此后一直流传于泗泾地区。据老人回忆，1924年泗泾镇上举行大型出灯游行时和1945年抗战胜利之际，都曾演奏过《十锦细锣鼓》。但从1947年泗泾镇晋大昌漆店老板家办喜事时演奏了此乐后，就再也没有人演奏过。直到1986年，在全国范围内开展民间文艺集成的普查与整理时，发现了《十锦细锣鼓》的乐谱。当时任泗泾镇文化站站长的吴雅英和民间文艺集成工作人员李德复，从当地老艺人曹德荣处听说泗泾地区有一套别具风味、独一无二的锣鼓乐曲。他们据此信息，深入到洞泾乡塘桥村，走访到一位姚伯华老先生。在交谈中获悉，姚老先生祖上也从事吹打业，家里曾收藏大量曲谱、唱本、乐器，可惜大多在抗战时期被日军

《十锦细锣鼓》传人在演奏

炮火焚毁，只剩一小部分仍被姚老先生珍藏着。经再三做工作后，姚先生从室内捧出一叠叠纸张发黄、斑驳脱落、边角有较大磨损的手抄本。经仔细翻阅，发现其中一本封面为《曲海如山》的工尺谱，上面所注是清光绪十三年（1887）的手抄本，其中写有曲名《十锦》字样。吴、李两人看到这本工尺谱手抄本很高兴，在征得姚老先生同意后，将它带回了镇文化馆。随后不久，他们邀请了上海市民间器乐曲集成副主编邹群和上海音乐学院民乐学打击专家李明雄、顾冠仁两位教授前来作鉴定。经鉴定认为：其一，这锣鼓经属于苏南乐器的范畴；其二，从以往流行的锣鼓经以及所接触到的各色曲谱中，还没有发现这部锣鼓经，它确有独特的艺术价值，可以确定这就是已失传了40年的《十锦细锣鼓》。

古乐演奏会　专家评价高

《十锦细锣鼓》经过初步鉴定后，专家建议立即请县民间文艺集成编辑王子展（早年上海音乐学院毕业的高才生）将此曲翻成简谱，然后组织力量排练出来，再进一步组织专家来鉴定其艺术特色和价值。1986年12月29日，松江县组织了由两乡一镇有关艺人参加的《十锦细锣鼓》联合演奏队，进行了一次初步的演出。邹群、唐文清等专家来到现场聆听了演奏，对此乐的特色给予充分肯定。同时，还请来泗泾镇上清代“阳春堂”吹打班第四代传人刘关元、沈书生、沈文武、刘补贤、沈春本、姚伯华等老艺人，认真聆听了《十锦细锣鼓》的演奏。刘关元先生等确认此为《十锦细锣鼓》真传，并作了具体的艺术指导，手把手地传授给张洪生、彭景良等人。这就是后来人们熟知的《十锦细锣鼓》第五代传人，由此组成了泗泾镇阳春堂民乐团。后经反复排练，先后参加松江县民间乐曲汇演、上海市民间器乐曲汇演等演出，进而引起了社会各方面的广泛重视。

关于《十锦细锣鼓》的出处，现在有几种不同的说法。大家比较认同的一种说法是，《十锦细锣鼓》本来是一出完整的戏，后来戏曲的功能逐渐退化，从而变成了纯器乐演奏。《十锦》中包括“三段唱”，现在仍然附有词，唱词分别来自三部戏曲作品：清张照的《思凡》、明汤显祖的《牡丹亭·硬拷》和明陈罴斋的《跃鲤记》。《十锦细锣鼓》的特点在于它的“三段唱”都用丝竹伴奏，然后由锣鼓衔接，过程中不留痕迹，有些部分丝竹锣鼓交相辉映，进而组成一个新的“折子”。这个作品变化多端，极具艺术感染力。2006年4月15日，第三届“长三角”地区民族乐团展演研讨会暨松江百年古曲《十锦细锣鼓》鉴赏会在松江红楼宾馆举行。研讨鉴赏会云集了上海音乐界、民间文艺界30多位著名的专家、学者，对如何继承弘扬《十锦细锣鼓》这一优秀的民族民间音乐，各抒己见，充分发表了意见。不管《十锦细锣鼓》是由戏曲而来，还是属于在民间化过程中的一个变异，就它所具有的独特音律和别具特色的演奏技巧，尤其它所特有的松江地域特色，无疑是中国民族民间音乐中的精品，其艺术价值是不言而喻的。“让更多人了解松江民间古曲，共同分享这一优秀的来自民间的艺术珍品。”这成了专家们不约而同的心声。

柔柔细腻声　古乐动人处

没有人会说锣鼓不“武”、不“闹”、不“粗犷”，可当听了《十锦细锣鼓》的演奏后，你便会改变这种看法——原来锣鼓也可以“细腻”。《十锦细锣鼓》为融打击乐与丝竹乐为一体、抒情而欢快的乐曲精品。《十锦细锣鼓》吸收了南昆中软、糯的艺术特色，因而变得比较“文”而不“武”，“雅”而不“闹”，“柔和”而不“粗犷”，一句话，就是变得“细腻”了。这种以细腻为特长的锣鼓经，正迎合了江南百姓的审美情趣。也正因为如此，民间才将这支古曲称为《十锦细锣鼓》。一个“细”字，说尽了该曲的艺术特色。

另外，《十锦细锣鼓》演奏时，其“特色锣鼓”更是不同凡响。同一面锣鼓，由于敲法、轻重不同，点板着落处不同，从而能敲出不同的音质、音色；再加它的锣梗的敲头可以勒上脱下，音质效果别具一格。由于节拍鲜明、节奏感强，停顿时犹如刀切似的一样齐。该乐演奏时人员不可过多，通常仅6至8人，因此乐手一个人要兼带几件乐器，敲一段锣鼓点板后，又得拿起丝竹来演奏，交替进行，一专多能。即使在敲锣鼓经时，也要同时会敲几样。如上街出灯游行时，京锣是挑在肩上的，小锣、汤锣是同时挂在一只手上的，半堂鼓、板鼓是放在一只网兜里背在背上的，旁边还要拉一面柴锣，吹笛子的人兼带掌钹，边走边演，非常好看，也非常热闹，极受人们欢迎。

灶花：崇明乡间艺术奇葩

柴焘熊　宋玉琴

1 300多年前，崇明岛开始形成，最初来定居的人，大多是登沙谋生的渔民樵夫、上岛躲避战乱的平民百姓和因吃官司而被流放来岛的囚徒犯人。五方杂处的居民，为崇明岛带来了各自原住地的名目众多的民间艺术。相对隔绝的地理环境也孕育了迥异于大陆的民间艺术，崇明灶画便是其中的一个品种。这种绘制于烧饭灶头的灶山及灶裙等处的图画，个性非常鲜明，描绘方法独特，被人们称之为“养在深闺人未识”的乡间艺术奇葩。

灶花

灶画流传已有800多年

在崇明，灶画又叫灶花。由于灶画是民间草根艺术，它的绘制者又都是民间的泥工瓦匠，因此现有的各种版本的《崇明县志》及其他有关典籍，均未见到过灶画的记载与描述，倒是在笔者下乡采风的过程中，从所搜集到的民间传说中，可让人对灶画的起始窥见一二。

灶画传说之一：最早上崇明沙洲定居的人，大都以打鱼和斫芦苇为生。江风海涛的侵袭，使他们的生活条件十分艰苦。他们住的都是一种以芦苇搭构起来的“滚地龙”或“环洞舍”，喝的是苦咸的东海水，炊膳用的是地上掘洞架锅的泥涂灶。崇明真正意义上的“灶”，是在南宋嘉定年间设置天赐盐场时才出现的。那时候，朝廷把大批囚徒押送到崇明沙洲上，令他们煮海烧盐。盐工的劳动强度大，烧盐生产的重要季节又都在三伏天和三九天，他们既饱受夏日的酷暑，浑身大汗淋漓，又累遭冬天的严寒，手足皲裂流血。煮海烧盐用的是荡滩上砍斫而来的芦苇。繁重的劳动之余，有人就以烧盐时未燃尽的芦苇余秆在盐灶上涂画自娱。日子一长，一些心灵手巧的人竟能勾画出各种图案来，灶民（旧时称煮海烧盐的盐工为灶民）便把这些灶头上的图画叫做“灶画”。当时的官话中，“画”“花”同音，于是灶画便被崇明人讹传成了“灶花”。

灶画传说之二：早先崇明下沙地区有一户人家，只有母子两个人相依为命。母亲靠替人家缝补浆洗衣裳为生，儿子则跟人学泥瓦匠活。因为家境贫困，一日三餐只能在屋内的泥涂灶上烧烧煮煮。长年的烟熏火燎，把母亲的双眼熏得红肿流泪，做起针线活来十分不便。儿子见状，便在学徒满师后，为母亲拆了泥涂灶，打造了一副砖块垒筑的灶头，以解烟熏之苦。这天灶头打造好了，一烧既不倒烟，又不回火，更是省柴。母亲见了心里虽然高兴，却又感无奈。因为她知道自己家庭状况，灶头砌得再好，也无大鱼大肉可烧，只能煮煮粗茶淡饭。儿子看出了母亲的心思，便动开了脑筋。只见他用烟煤调成颜料，拿起笔来在灶山上勾勾画画。不一会，灶头上便出现了肥人的鲤鱼、啼晨的公鸡、高高的粮囤。当母亲问儿子画这些东西派什么用处时，儿子答道，穷苦人家灶头上烧的只是野菜粗粮，我们就以画画来打打牙祭。这样，崇明民间便有了“画画牙祭”的说法，灶上画花亦由此流行开来。

据史书记载，崇明沙洲上的盐场始建于南宋嘉定年间；从民间传说中，我们可推断灶画的历史约有800多年。

张老虎技惊崇明岛

泥匠在灶头上绘制灶花

灶画在艺术表现手法上，旧时以黑线条勾勒为主。在粉刷得雪白晃眼的灶壁上，用黑色作画，黑白分明，效果明显，对比强烈。在画的四周，民间工匠还配之以黑色的裙边。这样一来，灶画更显得富有立体感。为什么旧时的灶花都以黑线条勾勒为主呢？究其原因，和作画颜料的短缺有关。旧时崇明岛受三面环江一面临海之苦，交通极不便利。岛上一般的日常用品全赖船运，常有短缺，更不用说用于作画的各种颜料了。于是，聪明的工匠们便就地取材。烧过饭菜的铁锅外面常常会产生一层薄薄的深黑色的灰粉（崇明人称其为镬锈），把它用刀刮下来，拿崇明老白酒调成黑色液体后作画，色泽鲜亮。新中国建立后，有的泥匠为追求艺术效果，开始摒弃单纯的黑色线条勾勒法，采用彩色作画，但其所用的颜料，并非购来的广告颜料，仍是就地取材。如红色，用砖块蘸水研磨而成；如绿色，用草头挤汁而成；如蓝色，用蓼蓝发酵而成。

灶画和壁画、墙画一样，绘制的载体都为粉饰后的墙面。但是，它用的却是一种类似于欧洲文艺复兴以前西方画家常画的画种——湿壁画的作法。湿壁画又叫“鲜画”，是刷底壁画。作画者在壁上泥灰土尚潮湿之时即开始作画，日后，壁上泥灰土中的水分渐渐蒸发直至干透，而上面的画却经久不

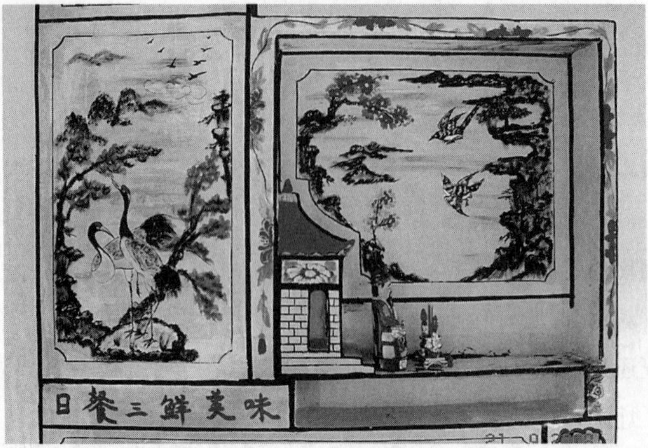

灶花（局部）

坏。灶画亦如此。灶头砌成后，其灶山上所粉的石灰还未干燥，工匠即在上面作画，以后随着灶头烘烤和自然挥发，灶山渐干，上面的画作能历经几十载寒来暑往而不变其形。

绘制灶画的工匠并非专业的画师，而是泥匠中的高手。他们都是无师自通者，凭着对美好生活的向往追求，对客观事物的领悟理解，以及对他人作品的反复观察，牢牢地记下山川景致、花鸟草木、人类生活的形态与本质，作画时用自己的记忆去构思谋篇。他们绘制时既不打任何草图，又不作任何修改，落笔为准，一气呵成，十分难得。其艺术手法多采用勾、描、捻、扫、垫等。

民间的许多艺术都是师徒相承、手传口示。灶画绘制却并不如此，它靠的是社会传承，既没有作品流派，更没有代表人物。囿于民间的灶头至多七八年便要翻修一次，灶画的精美之作也难于保存下来、流传开来。但不管怎样，早年到任何一处乡间走访，当地的群众都会掰着指头给你数出一两个灶画的高手，并讲出他们的一些逸事。

张老虎是20世纪五六十年代崇明中部新河、竖新、大新交界地的一个灶画高手。据称他擅画独角麒麟，其作品使农家的灶舍内充满祥瑞之气，很受当地群众的欢迎。笔者的一位朋友曾约他在自家的三眼头灶上绘制灶画。

那天他从下午两点半左右开始动笔，到傍晚五点多钟，两三个小时内，53岁的他竟一刻不停笔地画了憨态可掬的双狮抢绣球、由疾驰的梅花鹿和大大的一柄如意组成的快乐如意、肥硕鲜活的鲤鱼跃龙门、象征大富大贵的朵朵牡丹，还有寓意马到成功的扬鬃奔马。张老虎平时烟不离口，当天他在画灶画的几个小时内，竟一支烟也未抽；看的人平时爱议长论短，这天在现场无人敢出声，完毕后众人无不连连称赞。其作品绘制之快速，画面之精湛，若非亲眼看见，谁也不相信是出自一个目不识丁的泥匠之手。

在崇明东部地区的陈家镇，高阿邦也可算一个灶画绘制的能手。年近花甲的他，画牡丹尤见功力，笔触老到，线条流畅，技法娴熟，能在短短的一个小时内，画出一幅幅或绽蕾怒放、或枝头摇曳、或盆中展瓣的作品。尽管他的画都以黑线勾勒，但看后无不让人觉得所绘花卉风姿绰约、光彩夺目，充满了春光灿烂，洋溢着富贵之气。难怪在崇明近三年举办的灶画绘制大赛上，高阿邦的作品每次总是名列前茅。

在崇明目前尚能绘制灶画的泥匠中，施凤高大约是年岁最高的一位了。他从13岁开始跟人学习泥瓦匠手艺。乡间请泥匠垒架灶头，以烧起火来是否旺发不倒烟和灶头上的灶画画得是否好看为标准。施凤高在垒灶技术上正符合百姓的要求。几十年来，他在崇明的新河、新民、大同一带有着很响的名气。2005年，崇明县举办第一届灶花艺术大赛，他在家人的陪伴下，以90岁的高龄前来参赛，观看的群众无不啧啧称赞。2005年5月4日的《新民晚报》，曾对他作过整版篇幅的介绍。

正是在一个个像张老虎、高阿邦、施凤高等民间工匠的不懈耕耘下，崇明灶画才能在民间美术的园地里开得艳丽夺目。

重又展露出美丽的面容

改革开放以来，崇明农村和别处一样，早已起了翻天覆地的变化。灶头这一农家天天与之打交道的“老朋友”，已淡出了日常生活领域。尽管崇明的群众对灶头上的民间美术情有独钟，给它起了一个和别处“灶头画”“灶壁画”“灶画”完全不同且极富诗意的名称“灶花”，但随着液化气的普及，它在崇明农村也成了一种尘封的美丽。年轻一代提起灶画，更有恍若隔世的感觉。

近年来，国家对于非物质文化遗产日益重视，崇明灶画这一乡间艺术奇葩又重新进入人们的视野。崇明县的文化主管部门和向化镇人民政府专门组织了人员进行抢救挖掘，深入到全县各处，对乡间尚存的灶头上的作品加以拍摄建立档案；寻访懂得灶画绘制技术的人员，对他们的艺术经历进行调查；与教育部门联手，把灶画艺术编入乡土教材，在部分学校开设灶画艺术赏析课，对中小学生进行普及教育。

从2005年起，崇明县更是加大了对灶画的抢救与保护力度。县文广局、县旅游局、县农委和向化镇人民政府，每年都联合举办崇明县灶花艺术节，组织各乡镇的灶画绘制能手现场进行比赛，并在向化镇的南江村建起灶花长廊，设立灶花艺术展示馆，向广大群众尤其是市区远道而来的群众展现各类题材、各种风格的崇明灶画作品。崇明县还约请上海市社科院、复旦大学、上海市文联、炎黄文化研究会的有关专家、学者，对灶画艺术进行理论研讨。上海市非物质文化遗产保护中心的领导及民间文艺家协会的领导，也多次到崇明进行现场指导。《中国文化报》《文艺报》《解放日报》《文汇报》《新民晚报》等报刊以及上海电视台等对崇明灶画均作过报道，使这一已被尘封的美丽重又露出了靓丽的面容，受到越来越多人的青睐。2007年，它又被列入上海市首批非物质文化遗产名录。相信在市、具有关部门的重视下，在众多人士的关注下，在崇明民间文化工作者的努力下，崇明灶画——这一民间草根艺术将放射出更加绮丽夺目的光彩。

妙不可言的钱万隆酱油

庄　陈

2008年6月14日，第三个“中国文化遗产日”当天下午，国务院公布了第二批国家级非物质文化遗产名录，“钱万隆酱油酿造工艺”榜上有名。这是“酱”造工艺首次荣登国家榜，也是全国唯一荣登非物质文化遗产名录的酱油酿造企业。

钱万隆员工以传统方式生产酱油

浦东曾有俗语云：“一口香酥高桥松饼，妙不可言钱万隆酱油。”钱万隆酱油是烹饪红烧鱼和红烧肉等本帮菜肴的上佳佐料。1983年3月，钱万隆酱油首次远销国外，开了上海酱油出口之先河；1993年，钱万隆被国家内贸部命名为第一批中华老字号企业。

以冬暖夏凉的地下水酿造酱油

“钱万隆酱园”的创始人是钱锦南，他是当时奉贤、南汇、川沙三县的著名绅士，也是唯一的戴红顶子花翎、穿黄马褂经商的浦东人。钱锦南有一个开牛肉庄的朋友，叫张老五（巨富），他俩都是天主教徒，交情甚好。当时开酱园要有财势。钱张两人商定，取张老五之财，由其投入资金，再取钱锦南之势，由钱锦南出面向政府申请营业牌照。光绪六年（1880），两人合伙在上海磨坊街开设了“钱万隆酱园”。

钱锦南故世后，由其儿子钱子荫接掌酱园。光绪二十三年（1897），钱子荫与“牛肉老五”的合作解体。从此，磨坊街“钱万隆”改名为“万隆酱园”。钱子荫则回浦东张江栅开设了“钱万隆酱园”，园址在张江栅新街北首，四开间门面，占地约16亩。酱园大管家曾对身边人讲起老主人钱锦南生前留下两句话：“天圆地方一佛尊，四维隆中奠基业。温泉琼浆造物华，钱通万隆鼎兴时。”后辈对此理解为：要独立门户，选择有四利之地的川沙地理中心张江栅建酱园，守着“奉南川”，背靠大上海，进能出洋；上可入江，以冬暖夏凉的地下水酿造酱油，对家业兴隆念念不忘。钱子荫就是遵照父亲遗言，选址张江栅建酱园的。

钱子荫为人精明，懂得创业维艰、人才第一，故物色知己者袁耕堂为经理。袁耕堂本是原钱万隆酱园的学徒，跟着老东家学了不少本领，办事能力很强。他以勤俭办企业的原则，从酱园的基建到投产只花了半年时间，筹建之快在酱园业中是罕见的。钱子荫在酱园小洋楼后面，开出浦东第一口深井，用摄氏18℃左右的地下水来酿造酱油。钱万隆酱油是手工作坊式生产，制作流程复杂，采用精选东北黄豆为主料，优质江南小麦、大米为辅料，炒饴糖为酱油增色剂，经过12道工艺精工细作酿制而成。这12道工艺是搬料、汏豆浸豆、蒸豆、拌料、制曲、制酱醅、晒酱、榨油、炒酱色、配酱色、晒油、酿成出缸。它以自然晒制为主，春准备，夏造酱，秋翻晒，冬成酱；酱成后存放一年为陈酱，后再进行压榨出酱油，生产周期达两年之久。生产出的酱油色泽红褐，质地醇厚，味道鲜美，尤其是氨基酸含量高，是本帮菜肴不可缺少的调味佳品，深受百姓的喜爱。

“官酱园”牌照藏在刨花堆中

清政府颁发给钱万隆的“官酱园”招牌

钱子荫的钱万隆酱园始创于清光绪二十三年（1897），至今还保存着当时官府所发的木质执照。中国古代盐业的发展可以带来丰厚的税收，历来为封建统治者所重视。历史上，盐业及与盐业有关的商品经营权均由国家机构掌握，在专门机构发给执照后方可经营。在清代，由政府专设两浙江南盐运使司，以管理沿海地区的盐业生产和酱园经营。开设酱园者，多为达官贵人或有官场背景和经济实力雄厚的人。按照规定，须有巨商引荐（称为“引商”），要由有信誉、实力的商人担保（称为“保商”），这才有资格向“盐道”衙门缴纳“盐贴”（即申请牌照的银子），之后才能领到金字招牌——木质的营业执照。

钱子荫回到浦东张江栅开设钱万隆酱园时，就是经巨商吉允升“引商”，顾浩“保商”，向两浙江南盐运使司缴纳了“盐贴”后，经巡抚盐漕部院批准，两浙江南盐运使司向“南汇县张江栅铺户钱万隆”颁发了木质营业执照。这块营业执照长67厘米，宽35厘米，厚2.5厘米，柚木，红底金字。上海现仅存这一块，在全国也属罕见，弥足珍贵。

钱万隆酱园到了第三代园主钱安伯手上，生意进入兴旺发达时期，酱园推出了“晒街油”精品，年产量达10万斤。在以后的几十年里，“钱万隆”历经风雨，几经沧桑，仍立足于原址艰难地发展着。

到了1966年，“文化大革命”爆发，要破“四旧”了。“钱万隆”的这块营业执照自然被归于“四旧”之列。就在这危急关头，酱园的一位老工人颇具眼光，认为这块营业执照历经清朝、民国到新中国，是不可多得的文物，应该保存下来。于是，他冒着风险偷偷地把这块木质营业执照藏在木匠间的刨花堆中。红卫兵、造反派几次来破“四旧”，均没有发现它。这块营业执照终于幸免于难，保存至今。

南极科考队的专用调味品

新中国成立之初，由于第四代酱园主抽调资金去海外，酱园仅剩200来只酱缸，14名工人，生产条件简陋。很长一段时间内，钱万隆酱油年产仅2 000吨，市场占有率较低。

党的十一届三中全会后，“钱万隆”请回了退休的酿造老师傅，与科技人员一起组成攻关小组，从制“小曲”到出油，10多道工艺流程都采取严格的管理和科学检测，在“晒街油”“晒卫油”的传统工艺上再创新，研制出“特晒酱油”。1983年，作为沪上首批出口的调味品，远销丹麦、挪威、澳大利亚等10多个国家和地区，年出口量达到1 200吨。“特晒酱油”还作为国家南极科学考察队专用调味品，那些被请来品尝“中国菜”的欧洲南极站科技人员，在领略了本帮红烧菜肴独特的风味之后，禁不住连连称赞，甚至提出要带几瓶酱油回去。奥地利科考人员还别出心裁地用“特晒酱油”烧出色香味俱佳的红烧菜饭。

1993年，国家内贸部授予钱万隆“中华老字号”称号，其产品曾荣获中国首届食品博览会银奖，被评为上海市名优产品、放心产品。

浦东开发开放以来，“钱万隆”通过吸纳外资、内部兼并、工贸一体，企业规模得到扩大，企业拥有固定资产2 940万元，年产酱油15 000吨，还先后研制开发了酿红、原汁红、特酿、佳酿等16种系列产品。

“钱万隆”在浦东新区供销总社的扶持下，2005年在浙江平湖建造了钱万隆平湖分厂，建有天然露天晒场1 000平方米，年产酱油5万吨、米醋3 000吨。2006年，公司在浦东外高桥建设科研、生产、销售物流中心，提升了竞争能力，并保持发扬传统晒制这一纯天然发酵的酱油制作技艺与特色。

我们坚信，被列入国家级非物质文化遗产名录后，在各级领导的关怀与扶持下，“钱万隆”一定会得到有效的保护、传承和发展。

益智图：一位清官发明的智力玩具

柴焘熊

近年来，随着国家对于非物质文化遗产保护工作的重视，许多地方都将优秀的智力游戏列入了保护名录，引起了人们的空前重视。在这类玩具中，有崇明人发明的一种玩具，它就是“益智图十五巧板”，由晚清一位清官童叶庚在1862年首创。

为官清正遭革职

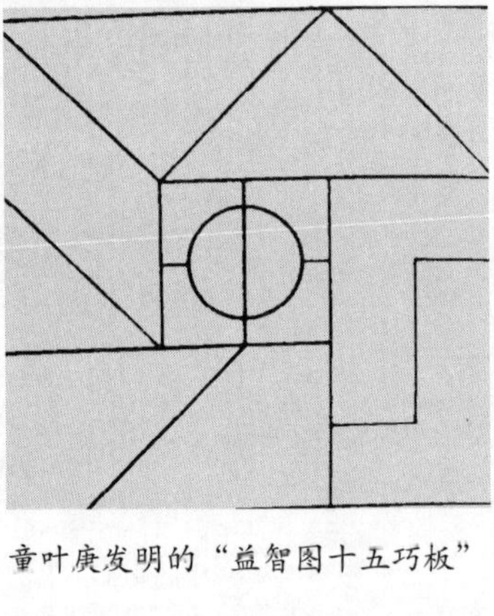

童叶庚发明的“益智图十五巧板”

童叶庚（1828—1899）字松君，号友莲，别号睫巢、睫巢山人，室名百镜斋。

关于童叶庚其人，崇明县档案局的编史修志科科长徐兵先生曾写过专文介绍。在此，笔者转录他提供的一些史实：

童叶庚的父亲是嘉庆二十一年（1816）的举人，曾先后在浙江象山、萧山、青田仟过知县。在其任内，他为官清正，深受士民称颂。象山、萧山的百姓建立过生祠纪念他，青田的百姓誉他为“童青天”。后亡殁在去乌程县任职的路上。

父亲在官场清正廉洁的作为，给童叶庚留下了深刻的印象。他发誓自己将来要成为一个像父亲一样的人。因此他刻苦努力，勤奋读书，经过“三更灯火五更鸡”的苦熬，终于在道光二十五年（1845）考中了秀才。此时正值晚清社会大动荡的时期，他通过捐纳，踏上了仕途。但是他为官清廉，不会巴结奉承上司，几年下来因得罪了上面掌权之人而获罪，最终遭革职。离开所任之地时，据当地的地方志记载，百姓流着眼泪送别他，长长的送行队伍排至郊外三里多。

童叶庚画像

光绪十四年（1888）冬，去职后的童叶庚来到了他丈人家的所在地——苏州城内吉庆街，在旁边的朱家园找了一块地方筑起了小楼，开始其暮年的生活。他喜欢收藏古铜镜，将自己的书斋取名为“百镜斋”“百镜楼”。最值得称道的是，他还曾发明过“益智图”。这是一种被在北京大学工作的美国传教士称之为“最富独创性的”拼板玩具。

潜心发明益智图

说起童叶庚发明益智图，崇明民间流传着这样一个故事。

有一天童叶庚忙完了公务，信步外出游玩。在衙门附近的一家店铺门口，他偶然见到有两个小姑娘在玩一种“挑花绷”的游戏。她们中的一人把细细的绳线撑在两手的各个指间，然后由另一人“翻过”到自己的手指上，来来回回，变化无穷，煞是好看。两人玩得十分投入，童叶庚在一旁看了多时，不由受到启发。既然事物可以无穷地变幻和转换，自己何不动动脑筋，在喜爱的玩具上搞一些花头，创造出一些新东西来？于是，他回到家就动起了脑筋。

其时七巧板在民间很流行。它用正方形的薄板制成，分裁为7块。其中有大、小三角形各两个，中三角形、正方形和平行四边形各一个。玩的时候，用它可以拼排成各种图形，如人物形态、动植物形象、亭台楼阁、车船山岳等。七巧板制作简单，设计巧妙，能激发人的想象力和创造力，有助于开发智力。童叶庚虽然也玩过多次，总觉得它还太简单，限于块数，能够编排出的花样比较少。几经考虑，他决定在七巧板的基础上，进行再创作。说来容易做到难啊。他昼思夜想，在方寸之间，用精确的数学比例，一次次尝试着切割各种各样的几何形状块，最终遴选出15块的一种，将这15块板排列组合，竟然能拼出各种造型，摆出各种各样的事物图样及文字。在友人中演示赏玩后，大家一致将其起名为“益智图十五巧板”。

新的游戏器具十五巧板，由两块全等的小等腰直角三角形、两块全等的大等腰直角三角形、两块全等的带直角拐角的六边形、两块全等的直角梯形、一块平行四边形、四块全等的带内弧的直角五边形和两块全等的半圆形共15块图板组成。由于这些图板具备了方、圆、曲、直、尖、斜等各种图形，便于不断组合，因此比七巧板更能吸引人，更能启发人们的想象力。

“益智图十五巧板”设计制成后，童叶庚曾率其五子，天天在一起拼排把玩。经过几年的努力，父子六人竟用它拼出了数以千计的文字。后来经过悉心整理，由其幼子童大年逐笔勾画，编创出《益智图千字文》。书中详细描述了“益智图”引人入胜的精妙玩法。当时的文人学士一致公认他的发明构思巧妙，能启发心智。就连恭亲王也十分喜爱童叶庚发明的益智图，曾拥有一套精巧的象牙制益智板，置放在一个小铜方盒里。1893年，他还为童叶庚的《益智图千字文》题写了“操觚新格”四字。据徐兵先生研究称，孟森、鲁迅、瞿秋白、张恨水等白话文名家，在他们的著作中也均提到过“益智图”和“益智图千字文”。

童叶庚还用十五巧板拼排出了不少令人惊异的图形，然后将其写成《益智图》一书，向人家推荐。以后，益智系列成了他的专利。1878年正式刻印出版了《益智图》和《益智图续图》，将这一机巧万变的游戏记录下来。

1890年他又出版了《益智燕几图》，此书记载了他发明创造所传承的脉络。在《益智续图》中的下册，童叶庚还对用益智十五巧板拼出的一些字词作了详细的介绍。1891年，童叶庚又开始用益智十五巧板拼《阴骘文》。《阴骘文》也叫《文昌帝阴骘文》，是当时社会上流行的劝善篇的一种，在中国历史上颇有影响。让人扼腕叹息的是，童叶庚在编成《益智图阴骘文》后，仅仅做了修订，并没有出版发行。这套书的修订稿，据说现正静静地躺在国内的一个图书馆古籍善本部里。真希望有关部门能够找到它，将其付印，让读者特别是少年儿童尽快读到这本益智的图书。

走出国门列“非遗”

跨进21世纪后，益智图又开始重现它靓丽的面容。北京的设计家韩思慎在2002年8月召开的“世界数学家大会”上，向来自世界各地的专家作现场表演，摆玩一种多变的益智图，引起国内外人士的关注。他还根据益智图的原理，创造了一种多变益智娱乐装饰画，可在底板上拆分固设若干块拼图板块。与此同时，他还利用益智图的原理，研制出了一种可拼装的框几架。它既可做博古百宝阁，又可做拆合玩具，亦可收藏于精雅的方盒内配之玲珑玉器做礼品，集实用与欣赏价值为一体。

浙江乐清的许升龙，也利用益智十五巧板拼制出了《新编学生新华字典》中的汉字5 583个。这位居住在雁荡镇白溪街的近九旬老人，是一个地道的农民，年轻时在耕作之余，还兼着村里的会计。虽然他只有小学文化，但对笔墨却比别人多了份热爱，平时没事就写写画画。60多岁时，他在一本小说上看到了益智十五巧板，就迷上了它。至今，他玩益智十五巧板已有20余载。走进许升龙的小屋，无论卧室、客厅，只要家里有空的位置，都挂满了以益智十五巧板拼排成的作品，不仔细看，还以为挂着的就是一幅幅书法作品。在拼完了《千字文》《百家姓》《三字经》之后，他又动起脑筋拼排《新编学生新华字典》，终获成功。

浙江温州的陈方更是下了一番苦功，用益智十五巧板拼制出了《中国百代人物故事巧板百图》《百鸽迎回归》《百鸽迎奥运》等。尽管他将这些图案以自己的号“梅园”，命名为“梅园巧板图案”，但是谁也不能否认，它源自童叶庚的益智图。

2009年冬，童叶庚的曾外孙、第三个孙女童启祉的儿子刘慈俊博士（加拿大华裔科学家），将他的母亲和姨母传给他的“原刻初印”《益智图》《益智图千字文》和《睫巢镜影》刻录成光盘，分别赠给了崇明县台办、档案馆、文化馆。崇明县文化部门当即启动了非物质文化遗产的申报工作，并于2012年成功地使益智图被列入智力游戏类的上海市非物质文化遗产名录。刘慈俊博士则成为益智图的代表性传承人。

我们呼吁有关部门能大力开发推广“益智图十五巧板”的玩具，因为它对于开发孩子智力、延缓老人智力衰退、传承优秀传统文化都是有好处的。

上海历史上的四大才女

吴永甫

笔者在编写《沪上诗境》《沪上明清名宅》时，深感上海地区自古以来就是人文荟萃之地，涌现了一批文人学者。有的已载入史册，众人皆知，有的知者不多，尤其是一些闺阁才女，更是鲜为人知。这些才女，有的是土生土长在上海地区，有的是从外地迁居上海的。她们的家庭状况各不相同，有的是高官学者，也有的是普通平民。总体而言，人数也不少。据《嘉定县志》记载，嘉定古代女作者有61人，计有70种著作传世。笔者浏览其中一些作品，风格各异，有的色彩素雅，意境幽美；有的深婉隐微，凝练精工；有的用典精当，引人深思；有的激情流畅，恣肆淋漓。本文讲述的上海历史上的四大才女，只是她们中的代表。

识见非凡的郑夫人

郑夫人是林则徐的妻子。她贤淑善良，知书达理，史书上都尊称她为郑夫人。郑夫人，名郑淑卿（1781—1848），福州闽县（今福州市）人，为该城进士郑大漠之女，出身书香门第。林则徐在江苏任职时，曾在上海地区兴办水利工程。郑夫人是否到过上海，史书上没有记载，但是，她的长媳是青浦县进士陆我嵩的女儿。看来，她与上海还是有亲缘关系的。至今尚有林则徐后裔居住在上海徐汇区天平街道。福建省社科院原院长、林则徐五世孙女林子东就曾来电，请求我们关心一下她在上海的亲人。

笔者翻阅众多史书，如林则徐日记、书信集等，未见郑夫人随侍左右，只是林则徐被革职发配之后，才见夫人的行迹。这是患难与共，同受磨难。

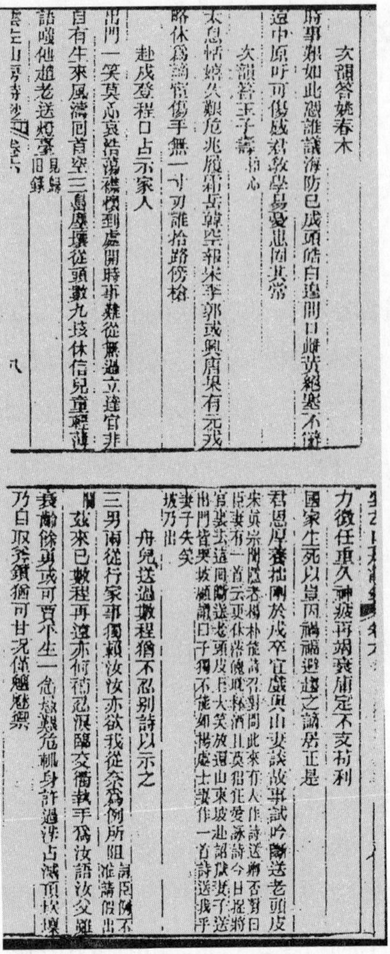
次韻答姚春木

時事艱如此誰議海防已成頭皓白遑問口雌黃絕塞不辭遠中原吁可傷感君敦學易憂患涸其常

次韻答王子壽 柏心

太息恬嬉久艱危兆履霜岳韓空報宋李郭或興唐果有元戎略休爲謫宦傷手無一寸刃誰拾路傍槍

赴戍登程口占示家人

出門一笑莫心哀浩蕩襟懷到處開時事難從無過立達官非自有生來風濤回首空三島塵壤從頭數九垓休信兒童輕薄語嗤他趙老送燈臺 見歸田錄

力微任重久神疲再竭衰庸定不支苟利國家生死以豈因禍福避趨之謫居正是君恩厚養拙剛於戍卒宜戲與山妻談故事試吟斷送老頭皮 宋真宗聞隱者楊朴能詩召對問此來有人作詩送行否對曰臣妻有一首云更休落魄耽杯酒且莫猖狂愛詠詩今日捉將官裏去這回斷送老頭皮上大笑放還山東坡赴詔獄妻子送出門皆哭坡顧謂曰子獨不能如楊處士妻作一首詩送我乎妻子失笑坡乃出

舟兒送過數程猶不忍別詩以示之

三男兩從行家事獨賴汝汝亦欲我從奈爲例所阻 詔原阻不准請假出關 茲來已數程再追亦何補忍淚臨交衢執手爲汝語汝父……衰齡餘勇或可賈不生一念與凝危軀身許過涉占滅頂坎壈乃自取斧鑕猶可甘况供魑魅禦

林则徐作诗赠郑夫人

最为感人的是，在赴戍途中，路经江苏，传来河南黄河泛滥讯息。因灾情严重，道光帝下谕旨："林则徐着免其遣戍，即发往东河效力赎罪。"林则徐毅然决定，让眷属折回南京侨寓，自己即往汴中，并在治水救灾中呕心沥血，多有贡献。

在河工现场直接指挥的军机大臣王鼎，充分肯定林则徐治水救灾的成绩，奏报道光帝，希望对林则徐论功行赏，重新起用，赦免流放。谁知道光帝出尔反尔，下旨："林则徐着仍遵前旨即行起解，发往伊犁效力赎罪。"众官员闻之忿忿不平。王鼎送行，老泪纵横，涕泣不已。林则徐反倒作诗劝慰："塞马未堪论得失，相公且莫涕滂沱！"

河南送行虽过去，但不少人仍感不平，尤其是林则徐的老友和门人，拟为他鸣冤叫屈，但见林则徐"谈笑自若，不敢言"。随即见郑夫人告之。夫人劝说："子毋然，朝廷以汝师能，举天下大局付之。今决裂至此，得保首领，天恩厚矣。臣子负国耳，敢惮行乎？"林则徐知悉，即写家书赞扬夫人之言，说："尔之答语，深惬予心。""夫人识见，莫说巾帼中鲜有其匹，只恐当世士大夫能具此明白心肠者，也几如凤毛麟角之不多见也。"可见，郑夫人胸怀宽广，果断表态，见识非同一般。

林则徐赴戍去新疆途中，最为动人的时刻，是在西安与郑夫人分手离别时。天苍苍，路茫茫，何时再相聚？林则徐留下了《赴戍登程口占示家人》诗两首，其中有两句："苟利国家生死以，岂因祸福避趋之？""戏与山妻谈故事，试吟断送老头皮。"前一句表达了不顾个人安危而全力以赴的坚定态度，后一句是劝慰夫人吟诵"这回断送老头皮"的诗。断送老头皮，事出苏轼《志林》："宋真宗闻隐者杨朴能诗，问：'此来有人作诗送卿否？'对曰：'臣妻有一首云：更休落魄贪杯酒，亦莫猖狂爱咏诗。今日捉将官里去，这回断送老头皮。'上大笑，放回山。"林引用这一典故，意为让夫人宽心，不久便能再见。读罢此诗，我便想到，郑夫人一定是一位能文善诗的才女。

后来，我在《林则徐诗集》中见到有关记载，说"夫人系出名门，知书识礼，亦能诗"。接着，又在《记郑夫人》一文中读到："不仅知夫人之极有根底，而其医理甚深，酷嗜碑帖，则人鲜有知者。嘉庆己卯（1819）冬，夫人随林则徐北上，路出浙江，有舟妪携女相依为命，女久病垂危。夫人为滞行程，细心诊察，终则药依为命。母女叩谢不已，一时远近传闻，疑为女神医。"这个故事说明郑夫人年轻时（28岁），已是文籍满腹，能诗擅词，且知医理。该文又为我释疑，说是"林公遣戍伊犁途中，夫人寄七律四首，林公依韵和之，虽原诗不传，而读林公章，可略知其概"。果然如此，林则徐在道光二十五年（1845）七月，从新疆致信郑夫人，和诗《感怀》，商讨音韵。史书还认为："郑夫人雅好吟咏，与林公时有唱和，林公且为之商略。惜其集未梓。"看来，如今要见到郑夫人的诗稿已很困难，但郑夫人具有文名才略却是不争的事实了。

劝夫回乡的管夫人

赵孟頫是元朝著名的书画家、文学家，其妻管道升也善书画，元代仁宗皇帝赞她为"善书夫人"，世称管夫人。

在介绍管道升书画诗词墨迹之前，先说一说她与上海的地缘关系。据1990年出版的《青浦县志》记载，管道升，字仲姬，青浦小蒸管家弄人，

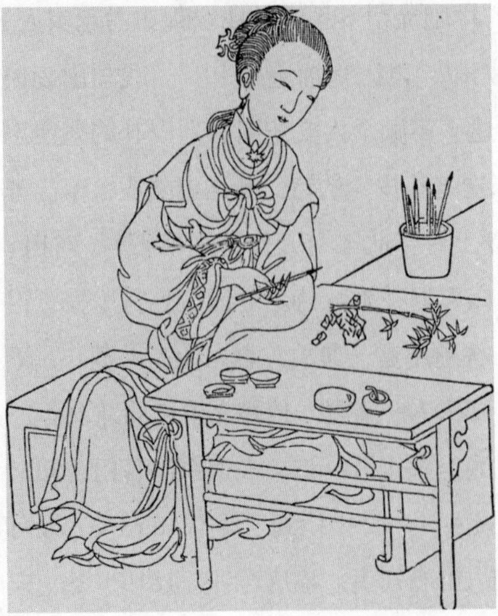

管夫人像

嫁吴兴（长兴）书画家赵孟頫为妻。笔者见此记载，就按图索骥前去寻找遗址。进入小镇，见有一条古意盎然的河流，名为小蒸塘，又名贞溪，至今流水不断，清幽淡雅，两岸苔青，颇有诗意。元末明初的诗人邵亨贞曾以《贞溪初夏》为题作诗云："雨后林深竹笋肥，渡头风急柳花飞。柴门不掩绿阴静，人在闲窗试苎衣。"现在虽然房室已变，但是韵味未减。在镇之西端，还能见到"林深""绿阴"的景色。小蒸之行，很有收获，但也有不解。在众多书籍中，都说管夫人是浙江长兴人，"小蒸"两字未曾提及。最有权威的记载，是赵孟頫写的《松雪斋外集·魏国夫人管氏墓志铭》说："夫人讳道升，姓管氏，字仲姬，吴兴人也。其先是管仲之孙，自齐避难于吴兴，人皆贤之，故其地至今名栖贤。"此言明确管夫人是吴兴人氏，而且有情有节，别无他说。那么管夫人生于小蒸的依据是什么？其中定有奥秘。于是，我追溯历史，翻阅了清朝乾隆年间编纂的《青浦县志》，写得也明明白白："管道升，字仲姬，小蒸人，归赵孟頫，封吴兴郡夫人，神志秀朗，工诗善画。"但是没有提及她是小蒸人，却怎么成为吴兴夫人？随之进一步探其根源，果然有所得。清代光绪年间，叶世熊编写《蒸里志略》时剖析了原因：管道升，"父伸，母周氏。本吴兴栖贤里人。宋宝□（祐）初，避地来蒸，后生道于小蒸，管家弄其生长地也"。又说，赵孟頫"娶管氏道升。管，家蒸里，乃筑室大蒸，读书其中，以故頫往来。峰泖间寺院碑记，多出其手。今大蒸寿宁桥畔，尚有松雪读书台遗址"。此说合乎历史状况。笔者查阅史料，管道升与赵孟頫结合大约在1286年左右，而在1276年，蒙古军已进入临安，吴兴也在战乱之中，赵、管两家避居泖河之滨，合乎史实。何况小蒸有其独特的文化背景，它地处九峰脚下、泖河之滨，正是一些文人墨客喜爱隐逸之地。当时，小蒸有位本乡本土的文人曹知白，自己喜好诗文绘画，家有“书数千百卷，书法墨迹数十百卷”，还有园池花木，常邀文化名人到此抚琴吟唱。长住在他家的有画家王冕、黄公望、倪瓒等。喜爱音乐的刘世贤、王知本避乱寓居小蒸，亦与曹知白为友。可见，到此避难的并非只有赵、管两家。

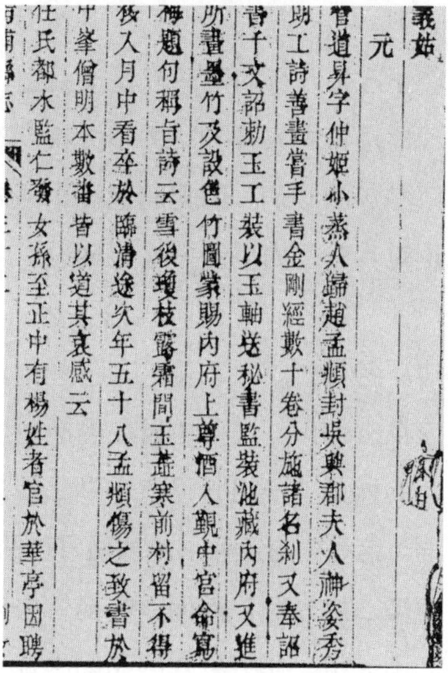
義姑
元
管道昇字仲姬小蒸人歸趙孟頫封吳興郡夫人神姿秀
朗工詩善畫嘗手書金剛經數十卷分施諸名刹又奉詔
書千文詔勑玉工裝以玉軸送秘書監裝池藏內府又進
所畫墨竹及設色竹圖蒙賜內府上尊酒人覲中宮命寫
梅題何稱旨詩云雪後瓊枝霜間玉蕊寒前村留不得
後入月中看卒於臨清途次年五十八孟頫傷之致書於
中峯僧明本數番皆以道其哀感云
任氏都水監仁發女孫至正中有楊姓者官於華亭因聘

清代《青浦县志》中关于管道升的记载

管道升自幼生活在浓郁的文化氛围中，必然受到熏陶。史书评述：“道升幼甚聪慧，既长神智秀明。”“亦能书，好词章，作墨竹，笔意清绝。”画坛有人认为：“晴竹新篁，是其所创。”她画的《水竹图》《墨竹图》，现藏于北京故宫博物院，还有一些作品流散于国外，如慕尼黑国立人类学博物馆收藏的山水图、科隆远东艺术博物馆收藏的墨竹图册页、斯德哥尔摩远东古代文物博物馆收藏的竹石图册页、日本东京国立博物馆收藏的墨竹图、美国哈佛大学W.海斯·福格艺术馆收藏的若兰小像卷，她的墨迹几乎遍及

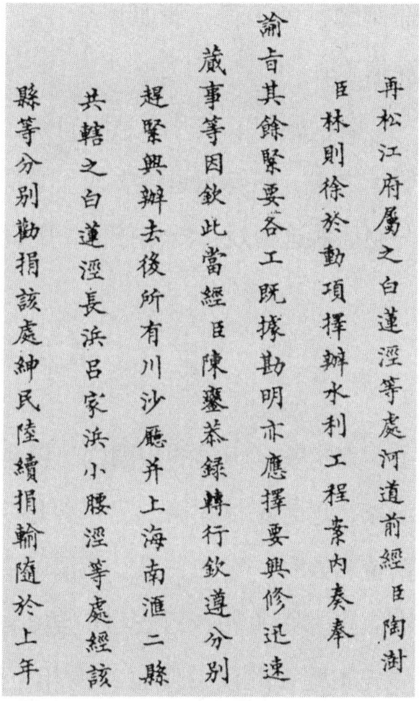
再松江府屬之白蓮涇等處河道前經臣陶澍
臣林則徐於動項擇辦水利工程案內奏奉
諭旨其餘緊要各工既據勘明亦應擇要興修迅速
蔵事等因欽此當經臣陳鑾恭録轉行欽遵分別
趕緊興辦去後所有川沙廳并上海南滙二縣
共轄之白蓮涇長浜呂家浜小腰涇等處經該
縣等分別勸捐該處紳民陸續捐輸隨於上年

朱批林则徐在上海治水的奏折

天下。

管夫人写的诗词都是上乘之作，最有代表性的是管、赵两人的一组和词，是管夫人开导丈夫不为官、不为名，卸职归里做个自由人，以解除积郁多年的心病。因为赵孟頫本是宋朝皇室的后裔，却为元朝效劳，社会舆论对其有压力。管夫人写词说："人生贵极是王侯，浮利浮名不自由。净得似，一扁舟，弄月吟风归去休。"又说："南望吴兴路四千，几时回去霅溪边。名与利，付之天，笑把渔竿上画船。"夫人劝丈夫不为名不为利，回到家乡去钓鱼，过自由自在的渔翁生活。2007年11月，我去浙江长兴观赏金色的秋景，一出长途汽车站，就见高楼上挂有"赵孟頫回家了"的大幅标语。这是为赵孟頫书画展做宣传的。触景生情，我想如果今日赵孟頫回家该有多么风光啊！然而，当初管夫人劝他回家时，他心里却是忧虑重重，心态不寻常，在给夫人的和词中说："侬在东吴震泽州，烟波日日钓鱼舟。山似翠，酒如油，醉眼看山百自由。""渺渺烟波一叶舟，西风木落五湖秋。盟鸥鹭，傲王侯，管甚鲈鱼不上钩。"这是一场心灵之间的交流，真切而深情。

清代剧作家洪升，慧眼有识，把他俩的和词搬上舞台，列入杂剧《四婵娟》之中。四婵娟是管夫人、李清照等四位才女，一人一台折子戏。管夫人与赵孟頫这台戏，游湖抒情，唱词精美，煞是动人，给人留下许多遐想。

善用典故的王夫人

嘉定安亭中学的校园内，绿色丛林中有两座巍峨的雕像：一尊是清代政治家、思想家林则徐；另一尊是明朝著名文学家归有光，又称震川先生。这两位名人有一定的关系。在清朝道光十四年（1834）七月，林则徐到安亭视察震川书院（即今日安亭中学），同时，拜访了明代震川先生的读书处。震川先生曾在此读书授业20余年，但不在清朝所建的书院内，而是在他的夫人王氏家中。

归有光是江苏昆山人，为何要到夫人家里读书，原因还在于科举考试不顺。他8次参加会试，皆落选。直到60岁时，参加第9次会试才考中了三甲进士。正因为较长时间会试不中，所以他在36岁时就卜居安亭夫人王氏家中。因为这里“宅中闲靓”“可以避俗”，利于读书。

王氏是归有光的继配夫人，在嘉靖十四年（1535）嫁到归家，卒于嘉靖三十年（1551），夫妻俩同甘共苦17年。王夫人是一位温淑贤惠、识大体、顾大局的女性。待归有光到她家时，王家已趋败落，但是其妻“终亦不以有无而告之”，而是勤俭治家、孝敬老人，支持丈夫勤读治学，为全家所尊重。王夫人去世十年后，家中老小都还时常怀念她。归有光在《世美堂后记》中讲到一件十分感人的故事：“一日，家君燕坐堂中，惨然谓余曰：‘其（王夫人——引者注）室在，其人亡，吾念汝妇耳！’余退而伤之。”其实，听了此言，有伤感的何止是归有光一人，而是全家人。

王夫人的高尚情操，源自她的知书达理与深厚学养。有一次，归有光会试又不第，郁闷而归，夫人备酒相迎，慰问辛劳。归有光问夫人：“得无有所恨耶?”夫人说：“方共采药鹿门，何恨也。”王夫人的言辞出自《后汉书·逸民传》的故事，说是东汉末年，南郡襄阳人庞公拒绝刘表的招引，携妻子入鹿门上山采药不返。王夫人引用此典故，表示愿与丈夫共渡难关的决心，以此来鼓励丈夫不要灰心。夫人用典，炼意传神，明白晓达，很有成效。丈夫听之深为感动。古人说，成功用典有三条：“易见事”，“易识事”，“易诵读”。王夫人对这三条都做到了，她是位勤学能用的读书人。

托孤殉难的赵夫人

在上海地区，虽有不少女性文人，但在一个家庭中，婆媳、姑嫂、妯娌都能吟诗作文的却不多。然而，嘉定抗清英雄侯峒曾之家，却是文人会集，有的还是诗坛名人，所创作的作品流传至今。

先说侯峒曾之妻赵氏，在其夫及两个儿子被清兵残害后，写了《殉难前谕遣婢仆书》和《托幼孙泣谕老仆柳恩书》，字字句句动人心弦，催人泪下，很有感情。她劝慰众仆“速行，各善事新主，毋以余家为念”。同时又托孤老仆，“藉延侯氏一脉”，还叮嘱老仆，今后“幼主即姓尔姓，将来勿令其取功名，为一耕佣，是即尔之重极余家也”。众仆读完两文，无不潸然泪下，无限伤感。在这生离死别之时，个个难舍难分。

侯峒曾的大媳妇姚妫俞是位诗人，其夫侯演也受清兵之害，她削发为尼，曾写《冬日》一诗，其中有诗句："凄凄庭院悲风急，漠漠江天朔雁翔。""登楼望远迷乡树，又见寒夜送夕阳。"她以"悲风""朔雁""望远""寒夜"等词汇来表达思念丈夫之情。

三媳妇盛韫贞也是女诗人，其夫侯瀞因清兵追捕而早逝，她未及过门，就出家为尼。写有《村居杂感》，表达"孤坟应宿草"的遭遇。

侯峒曾的二侄媳夏淑吉、三侄媳章有谓姐妹六人以及侯峒曾的女儿侯怀风、侯岐曾的女儿侯蓁宜都是著名女诗人，皆有作品问世。

出自平民之家的女诗人

上海地区的才女，并不全都出于豪门望族，也有从平民之家走出来的。例如现在出版的不少古代诗选中，都有明代女诗人陆娟写的《代父送人之新安》。诗的前两句，描写了在桥堍码头旁送客饯别的情景，表达了一种依依惜别之情。后两句描写了水上起航行舟，所见春意盎然，前程美好。前后相连，有着悠扬的音韵，明丽的色彩，描绘了一幅情景交融的送客图。所以，清代评论家沈德潜肯定此诗是"温柔敦厚"的佳作。

陆娟是何许人也，几乎所有书中只提到一两句，而《明诗别裁集》中也只有寥寥八个字："娟，陆德蕴女，马龙妻。"她的家乡松江区有关部门编写的《松江历代诗人诗词选析》一书，介绍就详细一些。书中说："陆娟，明末女诗人，生卒年不详。松江华亭人。父亲陆德蕴，字润玉，学问渊博，善诗。丈夫马龙，也有文名。"后来我又从《列朝诗集小传》中得知，其父陆德蕴，隐居云间北郭，好古博学，被招致苏州相城沈家作家塾。虽常与好友和诗，但“不妄言动”，爱好隐居生活，实是一位教书先生，也是一般平民，因而在史书上少有痕迹。

松江还有一位平民女诗人，名叫袁寒篁，生于清代。其父袁玉屏无儿子，且早丧妻子。袁寒篁未曾出嫁，在家侍奉父亲。父女俩住在穷巷之中，过着简朴的生活，而她酷爱诗词，有集子《绿窗小草》。代表作是《虞美人·春感》，这是一首即景抒情的作品，格调清新，优美娴静。

上海地区历代才女和故事还有很多，笔者知之有限，不免挂一漏万，还请专家学者指正。最后，我想以陆娟的诗句作本文的结束语，那就是“万点落花舟一叶，载将春色过江南”，好景还在前面。

上海的状元

王健民

上海地区古代出过多少状元？这个好统计。今上海市区，是由清代的松江府（含今松江——时称华亭、娄县、上海、青浦、金山、南汇、奉贤、川沙）及嘉定、崇明、宝山等县组成。在历史上，这十一个县共出过八个状元，外加一个武状元。他们是南宋绍熙十一年（1185）得中状元的华亭人卫泾，明弘治三年（1490）得中状元的华亭人钱福，万历十四年（1586）得中状元的华亭人唐文献，万历二十九年（1601）得中状元的华亭人张以诚，清康熙三十年（1691）得中状元的娄县人戴有祺，康熙五十二年（1713）得中状元的嘉定人王敬铭，乾隆二十八年（1763）得中状元的嘉定人秦大成，同治元年（1862）得中状元的嘉定人徐郙。此外，万历四十年（1612）华亭还出了一名武状元顾凤翔。

上海地区古代的八位状元和一位武状元，官运亨通的只有卫泾（官至参知政事，即副宰相）、徐郙（官至协办大学士、礼部尚书）、顾凤翔（官至四川总戎，即总督）。等而下之的是唐文献，官至礼部侍郎。另几位状元，官运欠佳，连中两元（会元、状元）的钱福，因不善奉迎附阿，穷翰林一干七年，没有升迁，最后借口有病，辞官回家。状元公名声是好听的，但家境不佳，甚至不得不去江阴为大户人家当家庭教师，居家多年，贫病而死；死后竟无力营葬，赖朋友赞助，才得以下葬。张以诚、秦大成都是著名的孝子，张以诚任了几年翰林修撰，父死亲营丧事，守制如仪，最后竟累得吐血而死，年仅48岁。秦大成事母至孝，中状元后，母亲留在江南，孤苦无依，经批准，接到北京，又水土不服，后要求南归，先后主持钟山（在南京）、平江（在苏州）、娄东（在嘉定）书院，后事如何，志书无载，估计不会富裕顺适。戴有祺在穷翰林任上，一干十年，后外放任知县，他借口有病，辞官回家，在松江蒋泾桥盖了一所小型园林住宅，后因家穷又卖了。他是因字写得好，被康熙由第二名提为第一名的，康熙两次南巡到达松江，戴有祺还健在，可万岁爷竟两幸王顼龄、王鸿绪私宅，却未想到这位状元公家中去看看。大概他的宅邸不那么吸引人，地方官就把他排除在外。

这些状元，不少精于书画，如王敬铭、徐郙，都是当时著名的书画家，徐郙常为慈禧太后的绘画题字。他们的作品，有的流传至今。

誉满天下的青浦中医

曹伟明

自唐朝到近代，上海医家荟萃，流派纷呈。有文献记载，上海地区的名医大家自唐代到宋代有13人；明代有医家71人；清代有144人；而到了民国时期，由于开办了中医教育，中医人数迅速增长。据1948年3月登记在册的上海市中医师公会的会员，就达3 000多人。青浦中医的历史更是源远流长，最具代表性的是何氏中医，历经860多年，29代而绵延不绝，成为上海乃至全国中医家族事业的经典案例。

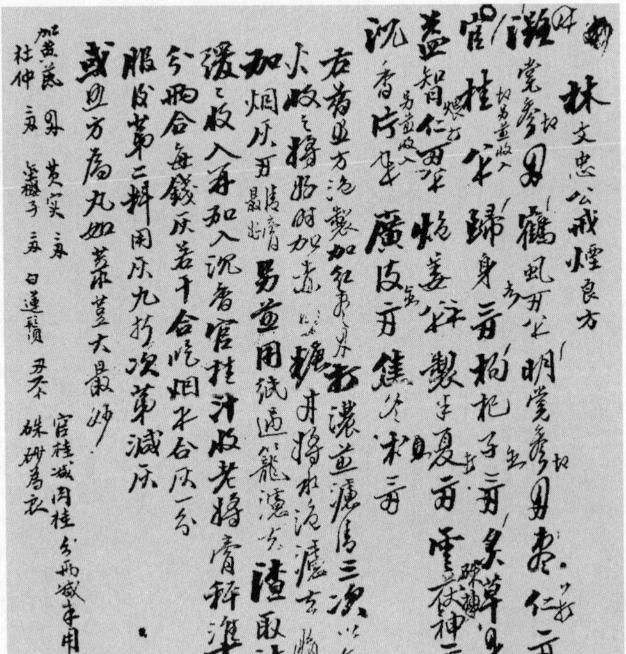

何书田致林则徐戒烟良方

“林则徐智囊”何书田

何书田（1774—1837），名其伟，他是何氏中医的第23代传人，早年居住于青浦北竿山，号北竿山人，晚年迁居于古文化遗址重固福泉山麓。他幼解四声，长通六义，工诗善文，医术高超，方圆百里就医者众多。他开诊所的竿山草堂门前，常被车舟阻塞。世称“起疾如神，为嘉道间吴下名医之冠”。何书田以医家的仁爱之心写诗，以仁爱之心为病家治病，赢得了医学界良好的声誉。

《何书田医著四种》书影

当年，林则徐在苏州任江苏巡抚时，因患软脚病，曾请何书田为他诊治，不久即痊愈。从此，何书田成了林则徐的座上客，常被邀请到苏州小住，在小沧浪馆里与林则徐吟诗唱和，畅谈国事。后来，何书田曾多次为林则徐及家人治病，最终成为至交。一次，林则徐向他垂询治国安邦之策，他费时四天，写出了《东南利害策》十三条，被林则徐采用了九条。林则徐在吴淞江治水时，何书田收集了家乡的水情资料，呈送林则徐，并帮助林则徐出谋划策。林则徐到虎门禁烟，他又精心研制戒烟药物，撰写了《救迷良方》。他认为：“烟乃有气无形之物，随呼吸而渐积五脏之内。鸦片味涩，故滞；性热，故毒；色青黑而入肝肾；其气香，走而不守，吸则入筋骨血髓之内，呼而达于皮毛毫发之中，故遍体上下内外无处不到。”他创造的著名戒烟方，由生洋参、白术、当归、黄柏、川连、炙黄芪、炙甘草、陈皮、柴胡、沉香、木香、天麻、升麻、附子、烟灰等十八味组成，被命名为“林文公戒烟丸”，世称“林十八”，名闻遐迩。他俩长期默契配合，彼此欣赏，相互了解，成为难得的知音。林则徐曾先后给何书田题赠过两副对联。其一是:“桔井活人真寿客，干山编集老诗豪。”上联称颂何书田是位救人无数的良医，下联则传递了他作为诗人的另一面性格。其二是:“读书有怀经世略，检方常著活人书。”此联是何书田70岁生日时，林则徐特地派人从苏州送抵青浦的。林则徐盛赞何书田既有妙手回春的“活人”之道，更有谋划水利的“经世”之略，评价甚高。何书田晚年与其弟何其超在重固福泉山麓联手建造了住宅，门前有七棵榆树，因而自封为“七榆草堂”。这草堂的匾额，也由林则徐亲笔题写。

道光七年（1837）何书田病故，林则徐闻知噩耗后，写下悼念何书田的七言古诗一首：

先生精医不言医，
酒酣耳热好论诗。
小沧浪馆昔联袂，
题笺斗韵相娱嬉。
韵华弹指逾五载，
我历荆襄青鬓改。
别来未寄尺素书，
只道灵光巍然在。
今逢姚君（姚椿）共泛舟，
始知君作蓉城游。
欲招黄鹤一凭吊，
楚天木落空悲秋。
惟君推解遍乡里，
鸿雁哀鸣少流徙。
清门累世泽孔长，
何况克家多令子。

云旗摇飏泖水东，
竿山山色长葱茏。
岂徒方技足千古，
盛业应归文苑中。

这首诗，生动地描绘了林则徐和何书田的深厚友谊，并对何书田亦医亦诗、文武兼备的智慧人生作了高度的概括。

巧治“菱铁症”的何鸿舫

何鸿舫（1821—1889），名长治，晚年自号横泖病鸿、淞南医隐，系何氏中医世家的第24代传人。他5岁时，就开始接受经学、音韵、训诂等文化教育，奠定了古文诗词的扎实根基。

何鸿舫人到中年，才攻研中医，悬壶于家乡重固。当时病员云集，致使舟楫首尾相接，妨碍当地居民洗衣、汲水和上街赶集。何鸿舫不仅医术高超，在医德方面更为后世楷模。作为一名中医，他对每位患者都关怀备至。每天的诊病时间从辰刻起直至亥刻止，长达16小时，持续不断。他经常乘小舟出诊，往返于上海颛桥、宝山罗店等处。他还自备药罐和炭炉，免费出借，博得病家的赞赏。在他重固诊所的桌子旁，设有一只钱斗，里面放着成串的铜钱，每当遇到贫苦的病家，他不但免收诊疗费，还贴钱送药，帮助患者渡过难关。

俗话说，处处留心皆学问。何鸿舫在钻研中医的过程中，非常注重观察和学习，很有悟性。有一次，一个老人带着八九岁的孙囡，来到何鸿舫处求医。只见这个小囡面色墨黑，皮肤澄亮，肚皮绷硬，坐在椅子上气喘吁吁，性命交关。何鸿舫望闻问切后，才知道小囡经常喜欢采红菱吃，便断定其得的是“菱铁症”。于是，他毛笔一挥，把药方开好，吩咐病人连吃三帖，保证太平无事。谁知小囡回家接连吃了三帖，病情反而加重了，肚皮硬绷绷，

何氏中医主要传承人之一何承志（前排右三）与同事合影

像只铜鼓，睡在床上喘个不停。何鸿舫闻讯后，十分内疚，连忙登上小船登门复诊。没想到小船经过附近菱塘的时候，岸上的一位老者突然对船家喊道："喂，请绕江走，不要把船摇进我的菱塘。"船家问："为什么？"老者说："你的小船刚抹桐油，油花进了我的菱塘，菱是会烂光的。"此刻，只见船上的何鸿舫会心地一笑，对着岸上的老者连声道歉。他马上叫摇船人调转船头，绕道而走。原来，悟性极高的何鸿舫已从老者的话语中得到启发：桐油与菱是相克的。他心中顿生一帖妙方：用桐油去攻克"菱铁症"！船到病家，何鸿舫再次诊脉开方，并嘱咐病家在药汤里滴上几滴桐油。这样一来，果真灵验，病孩一服汤药，立刻倾泻块散，身体很快痊愈。"何一帖"的名声，从此远播大江南北。

何鸿舫不仅医术精湛，更兼能画善曲，于诗词兴趣尤浓。他勤奋写诗，其诗作时有新意，佳句天成，如"香树鸦为叶，疏林霜作花""清绝半湖月，萧然独夜舟""情随孤月远，梦与白云深"等，犹如一幅幅富有江南风景的特写画面。何鸿舫的书法，立基于颜真卿，得法于王羲之。他的字体秀逸峭利，到晚年更见雄浑苍劲。所以，他的药方墨迹，为病家、医家和书法爱好者所追捧，甚至连日本人士也多方搜求，装裱成册，一时有“江东独绝”之称。何鸿舫每一张处方必亲手书写。由于他书法高妙，获其处方珍若拱璧，当年日本人来沪收购，一纸值银圆10枚。名医程门雪曾为《何鸿舫编年药方墨迹》一书题诗：“每于灿漫见天真，草草方笺手自亲。不独医林仰宗匠，即论书法亦传人。”

为光绪皇帝治病的陈莲舫

陈莲舫（1839—1916），名秉钧，出生于医药世家，祖父陈焘、父亲陈垣，皆为沪上名医，至陈莲舫已传到19代。祖居青龙镇，自陈莲舫起，迁至朱家角。陈莲舫自幼承继父业，精研经方，熟晓脉理，矢志从医，不断总

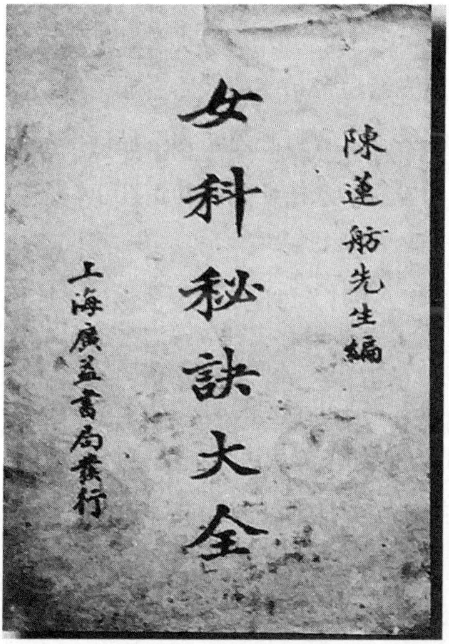

陈莲舫编《女科秘诀大全》封面

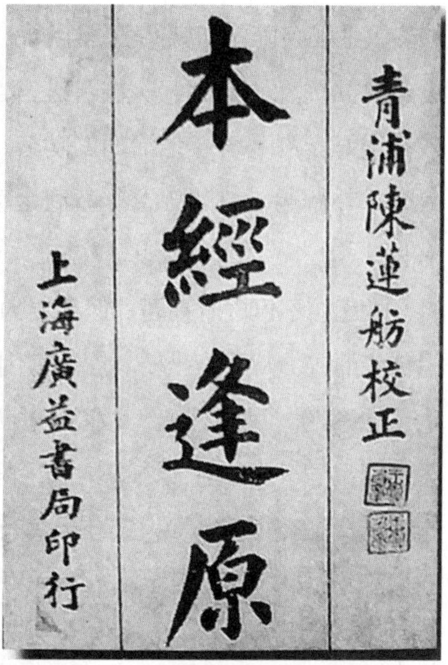

陈莲舫校正《本经逢原》封面

结创新，形成了独到的医学见解。

1898年，光绪皇帝患病久治不愈，下诏征召天下名医。经内务大臣盛宣怀推荐，湖广总督张之洞和两江总督刘坤一共同保举，陈莲舫进京为光绪治病。陈莲舫把脉后，看了太医院原来开的方子，心里感到十分为难。其实皇帝的毛病并不重，而是滋补过度，消化不良，太医院的方子错在加进了人参等滋补药。原来，光绪迷信补药，每张处方须经过他过目后，才能通过。陈莲舫以为光绪的病再补人参，必然会雪上加霜，越吃越重，然而不补，又通不过。陈莲舫左右为难，经过一番思量，突然灵机一动，计上心来。他把人参的剂量不但不减少，反而还加量，只是要求煨成炭。皇帝一看心中高兴，认为这帖药的作用更大。其实人参煨成了炭，药用一点也没有了，处方中还添加了一些消化开胃的药。光绪吃了这帖药后，病体迅速痊愈。陈莲舫手到病除的名声，一时成为《申报》的新闻热点。在此期间，《申报》曾多次刊登北京来电"紧要新闻"，以"陈御医请脉近闻"为题作了跟踪报道。光绪皇帝的病情和陈莲舫的诊断情况，像新闻直播那样，成为当年公众街头巷尾的热议话题，陈莲舫就此名扬全国。从此，光绪皇帝对陈莲舫更加信任，在十年时间内，他先后五次被召进宫，为光绪皇帝和慈禧太后看病，每次疗效都很好。为了表彰他治病的功劳，光绪不仅敕封陈莲舫为三品刑部荣禄大夫，并御赐"恩荣五召"蓝底金字的匾额，悬挂在陈府的正厅上，予以嘉奖。

陈莲舫不仅医术高超，医德更为高尚。平时，每逢病家要求出诊，他总是徒步而去，从不肯坐轿。遇到穷困的病人，他常免费施诊，甚至还帮助他们垫钱赎药。风雨之夜，渔民的小网船上，他也登舟把脉，从不搭御医架子。据民国《青浦县续志》记载，陈莲舫曾为江苏武进巨商盛宣怀治过病，与盛氏父子交往甚密，盛氏在上海有住宅，"尝推宅以舍秉钧"，然而，陈莲舫坚辞不受。

1903年，陈莲舫作为名医，与乡绅李平书等人联合创办了上海医会，成为上海最早的中医社团组织。在上海医会的影响下，又相继诞生了中医研究会、上海医务总会、中西医学研究会、神州医药总会、中华医药总会等。这些医会组织办报刊、建学校、设医院，争鸣学术，传播中医，为中医各家各派相互之间的学习交流，为中西医学的交融汇通搭建了平台，促进了近代上海中医的发展和繁荣。

《礼记》曰“医不三世，不服其药”，医学成就与家族传承紧密相关。青浦的何氏中医等流派，往往通过子承父业，代代相传。它历经宋、元、明、清、民国直到当代，是上海乃至全国传承最久的医学世家。何氏中医从南宋初年到现在，860余年间产生了350余位医生，绵延不断，世代相承，这不仅是祖国医学史上难能可贵的文化遗产，更是国际医学史上罕见的奇迹。

2011年5月，根植于青浦古文化和水文化土壤的何氏中医，经上海市非物质文化遗产项目专家的评审，入选上海第三批市级非物质文化遗产名录。它博大精深的中医理论、独到深邃的学术思想、丰富领先的临床经验和道德高尚的家训家风，必将代代相传，成为上海城市海派文化的标志符号、中国医学文化的珍贵财富。

柳如是与云间第一桥

范奕中

云间第一桥横跨古浦塘，俗称跨塘桥。它是宋代建筑，明成化年间知府王衡重建。全桥三孔，高8米，长30米，拱圈部分用青石砌成，桥面石阶与桥沿用的是花岗石。桥顶东侧石下镌刻“云间第一桥”五字。数百年来，此桥保留着端庄、典雅的风貌。宋代诗人陆蒙曾题诗一首：“路接张泾近，塘连谷水长。一声清鹤泪，片月在沧浪。”

关于这座云间第一桥，民间还流传着一段才子佳人的故事。

明崇祯十一年（1639）秋天，柳如是化装成一位风度翩翩的公子，独自乘坐一条名为“兰舟”的小画舫来到松江。当兰舟驶向云间第一桥时，恰巧碰上陈子龙为复社的知己杨龙友送行。陈子龙站在桥上目送朋友远去，秋风撩动他的袍襟，越发显得气宇轩昂、英姿勃发。柳如是与陈子龙四目相对，却有似曾相识之感，陈子龙便邀柳如是到松江南园一叙。

南园是座幽静的园林，是复社成员会文的场所。也许是志趣相投，柳如是一进南园就喜欢上了这里的一切。她翻阅陈子龙的诗文手稿，爱不释手。晚上两人秉烛对酌，谈诗论文，抚琴弈棋，十分投缘。

几天下来，面对情意绵绵的柳如是，陈子龙心中滋味复杂，最终他还是不愿因儿女之情影响复社的事业。

于是，柳如是决定离开，陈子龙陪她乘上兰舟，从南园送到云间第一桥。两人各怀离愁别绪登上石桥，相对无言。陈子龙解下腰间的祖传宝刀赠与柳如是。柳如是当场回赠一首诗：“苍然万木自苹烟，摇落鱼龙有岁年。人似许玄登望怯，客如平子学愁编。空怀神女虚无宅，近有秋风缥缈篇。日暮飘零更何所，翩翩雁翅独超前。”

9年之后，即顺治四年（1648），一直在反抗清政府统治的陈子龙不幸被捕，他宁死不降。清兵押解他去南京，途经云间第一桥。陈子龙披枷带锁独立船头，凝视石桥，9年前互赠宝剑和诗篇的往事历历在目。而如今石桥依旧，自己却壮志难酬。于是，他趁清兵不备，纵身跃入江中自尽。

翌年，又是秋风萧瑟时，柳如是全身缟素来到云间第一桥。只见她跪在桥上，手托香盘遥祭子龙。一对烛光摇曳，三炷清香袅袅，桥下流水呜咽，桥上哭声哀哀。

这个缠绵悲壮的故事一直在松江民间流传，为云间第一桥增添了更多传奇色彩。

清代猜谜遍申城

——老上海猜谜轶事琐谈

江更生

上海的猜灯谜活动，大概在明代已十分流行了。据明代都穆所撰写的嘉定方志《练川图记·风俗》记载：

上元，采柏叶结棚门外，放灯甚盛。有楮、绢、琉璃、麦秆、竹丝诸品，皆绘人物故事及花果禽鱼之状。又有楮剪人物，以火运之者，曰“走马灯”。藏谜而商之者，曰“弹壁灯”。

《图画日报》中的《打灯谜》图

都穆（1458—1525），字元敬，明代弘治进士，金石学家、藏书家，乃海上名士陆深的岳丈。由此可见，至少在明代弘治年间（1488—1504），猜射灯谜已经成为上海地区元宵灯节期间，人们所喜闻乐见的娱乐活动了。似乎当时仍是沿袭着宋时留下的习俗，在灯节的花灯上粘着谜条，供人猜射。也许是为了让观灯的游人的活动空间更大些，这才想出了将灯贴在壁上再粘谜条的“壁灯”来。于是产生了“弹壁灯”的名目（其形制请参阅本文配发的“打灯谜”图）。我想，“弹”，在此应作为动词，是“射”的同义语，也就是猜射灯谜的意思。因为灯谜比较难猜，因此博得了“文虎”或“灯虎”的雅称。

到了清代，猜灯谜更是成了各种节日里不可或缺的娱乐活动。为了助兴，出谜的人常在谜灯之下放置各种“彩头”（即奖品），大多为笔、墨、纸、砚、巾扇、香袋、果品、茶食等物，如果猜中则可当场检取。这些情况，在上海图书馆藏的康熙刻本《嘉定县续志》里记载得明明白白。

有关清中叶沪渎猜谜的盛况，我们可从前辈谜家叶友琴的《沪城射虎记》一文中，领略一二：“自咸丰十年（1860）至同治十三年（1874）间，上海泉漳会馆火神庙，时有灯谜，每岁一二次。邑庙（即老城隍庙）‘一轮月’笺扇店，每年元宵，亦挂谜征射。光绪纪元，沪城豫园之‘玉泉轩’中，灯谜最盛，可称谜坛谜社。……嗣后在光绪中叶，时有悬谜。邑庙每逢元宵及城隍夫人诞辰，即三月廿八日，悬谜征射。平时花朝月夕，或有一二次悬谜。城内外他处亦有悬谜，如在陈公祠、豫园、玉泉轩茶馆、老文元笔店、东乔家浜郁宅、佛阁酒酿摊、曹家湾等处。……又，每逢七月半，在四明公所悬谜。”彼时举行猜谜活动的时间，已不限于在元宵佳节了，延伸至“城隍夫人诞辰”（农历三月廿八日）、“百花生日”（农历二月十二日）和中秋节（农历八月十五）的“花朝月夕”和“中元节”（农历七月半），地点更是遍及沪城街巷市肆了。

更有甚者，当时有许多爱谜的人士，推波助澜，踵事增华，纷纷自备奖品在各处设谜，供市民取乐。叶氏文中还列举了他们的名字，如“顾霖周昆

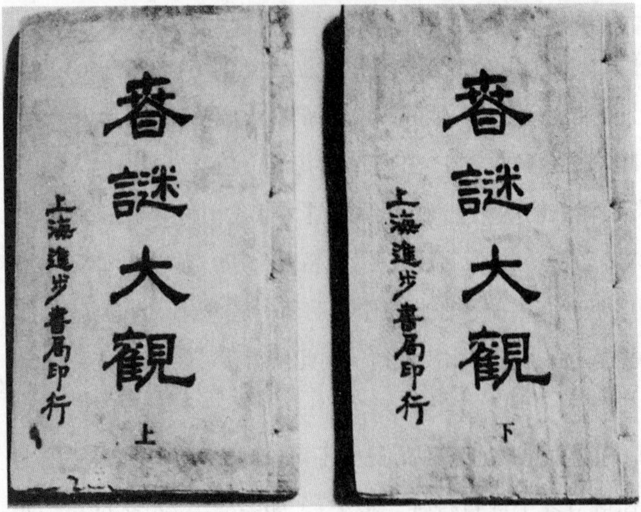

萍社社员作品集

仲之在得月楼项飞云笺扇店等处，徐岫云之在徐园、点春堂等处，徐君贯云昆仲之在布业公所……王君引才、王君焕功、杨君聘渔之在西乔家浜，倪载君之之在三马路某笺扇店，王君小竹之在侯家浜寓中，林步青之在斜桥西园”等地悬谜征射，彼时海上的谜事活动真称得上猗欤盛哉！特别值得一提的是上海名园徐园的第二代主人徐贯云（仁杰）、徐凌云（文杰）昆仲，他们都是雅好灯谜的书画家，每逢春秋佳日，常在叉袋角康脑脱路（今康定路）5号徐园新址举行射谜之戏，以娱宾客。清末出版的《图画日报》第四十八号上的《上海之建筑·徐园》，还特地刊出了徐园猜谜的新闻图画。上海《文虎》半月刊上，叶友琴尚有一篇《徐园射虎记》，就详细地记录了他当年躬逢盛会的情景。

叶友琴还在文中列举了许多他射中的谜条，幸亏此文让我们得以一睹海上谜坛前贤们佳构的风采。例如：“再醮”，卷帘格，打《诗经》一句，谜底为“室人入又”（注：按格法，逆读作“又入人室”，作“又嫁入人家”解）；又如：“平原君选上客十九人”，打成语一句，谜底为“一毛不拔”（注：别解为“就一个毛遂不选拔”，事见《史记·平原君虞卿列传》）；再如有一条底藏谜格的集锦式灯谜，谜面别致，以书启形式：“受业赓环致书教习，星期之夜髡语（即隐语，灯谜）候光”，打昆曲剧目十，谜底为“《胖姑》《寄信》《送女》《学堂》《请师》《相约》《七夕》《观灯》《虎寨》《脱靴》”。这条谜的谜面的意思是：一个叫“赓环”（别解为“杨玉环第二”；环肥，故扣“胖姑”）的学生，送信请老师在牛郎织女星期盼相会的夜晚来猜灯虎。谜底应读作“胖姑寄信/送女学堂/请师/相约七夕观灯虎”扣合谜面。其中的“脱靴”，别解为格名，按此格法，须将谜底末一字“寨”脱去。据称，这谜被《海上繁华梦》的作者孙玉声猜破。

由于历史的局限，当时灯谜的内容多为四书五经、唐诗宋词、西厢曲文，间或杂有古人名、书名、物名、字谜以及新名词等。清季上海环球社编辑出版的《图画日报》第一百八十七号的《上海新年之现象·打灯谜》里，有四首竹枝词，较为具体地对“弹壁灯”涉及的内容作了叙述：

春灯谜语耐人猜，斗角钩心细射来。
却笑糊涂门外汉，瞎猜绝不怕坍台。

广陵十八格新奇，妙手成来格格宜。
谜面果能多贴切，定知谜底不能移。

新名词谜最鲜新，科学方言难煞人。
枉却身旁多夹带，翻来检去没来因。

古文不熟五经荒，若系唐诗更尽忘。
还是四书容易想，一猜一着喜洋洋。

据笔者所知，创刊于晚清的《申报》上也载有不少扣合贴切、谜味浓郁的作品。例如“囊中不费一文钱，赏尽清风与明月”，打唐代诗人别称一，谜底为“白乐天”（注：别解为“不花钱白赏天上景色”）；“道德经”，打三国人名一，谜底为“李典”（注：李耳撰的经典）；“拖油瓶”，打中药一，谜底为“附子”（注：别解为“附来前夫之子”）；“游人缓步下山来”，打战国人名一，谜底为“高渐离”；“雁过无人汉影斜”，打字一，谜底为“瘫”（注：“雁”中少去“人”后，再将“汉”字斜插其间）；“蟹眼初生”，打聊目（即《聊斋志异》篇目）一，谜底为《头滚》（注：古人称煎茶时，初沸时的水泡叫“蟹眼”；“头滚”别解为“起先滚起”）；“吊桥”，打《三字经》一句，谜底为“头悬梁”（注：梁，作桥梁解）等。这些都浑成自然，饶有风趣，堪称“海派灯谜”的前驱之作。

吴淞江畔的神祇

许洪新

自古以来，吴淞江（后又称苏州河）畔，曾建有许多供奉各种神祇的庙宇。我自幼生性好奇，遂利用工余闲暇时间，对这些神祇的史料作了初步收集与粗略考证，发觉他们都与吴淞江有着密切关系，而且许多传说又很生动有趣，故简述于下，以飨读者。

建庙为镇霸王潮

据说，吴淞江畔建造如此众多的神祇庙宇，是与西楚霸王项羽有关。最早对此作出解释的是明万历《嘉定县志》。该志载：宋元间，吴淞江江潮汹涌，人称“霸王潮”，便立汉初功臣庙以镇之。所以，在吴淞江河道最曲折、水患最严重的一段，即今青浦盘龙、嘉定黄渡、闵行纪王、诸翟（古称紫隄）一带，汉初功臣庙最为集中。

吴淞江是太湖三大泄水道之一，另两条是娄江（今浏河）和东江（后演变为今黄浦江）。古代吴淞江的走向也与今天有所不同。今吴淞江自潭子湾以下段原为宋家浜，古吴淞江河道，后称旧江，即虬江，直通浦东至黄家湾入海，今高桥镇北界浜即虬江的残存。而今黄浦江是明代永乐到嘉靖年间历经治理才形成的格局，古代东江南流杭州湾，上海市区黄浦江江身，则是范家浜、上海浦、下海浦等几条吴淞江的支流于治理中并合而成的。据史载，古代吴淞江与今钱塘江一样有杭州湾那样的喇叭口，称为沪渎海、华亭海，吴淞江江身极宽，唐代为20里，宋代有10里，那喇叭口就更宽了，上海市区在唐以前绝大部分是在这喇叭口中。外宽内狭的喇叭口形状，必然形成大

曹王庙图

项羽与虞姬画像

潮，口外水涨一尺，口内潮涌一丈。于是，每遇涨潮，特别是天文大潮、东南季风、上游洪峰交汇，所形成的汹涌狂潮，更是泼天而来。当时，人们不明科学原理，就认定了这是霸王潮，并从霸王潮又落实到历史上那位西楚霸王项羽身上。其依据大致有两点：一是项羽不服失败，有股怨气；二是他起兵于江东，而古代上海恰属“江东”之列。因为秦汉时的“江东”是对今芜湖、南京段长江以南地区的泛称，民间将其移植为一了。这样，就似伍子胥死后魂化钱塘江江神、不服屈杀而不时掀起泼天大潮一样，人们认为项羽自刎后，上苍念他失败得确有点冤，便让他魂归江东，成了吴淞江江神。

这一传说大约起源于唐代，长于考证的清乾嘉年间学者王初桐曾说：“昔项羽为吴淞江神，屡有风波之警，唐时立汉七十二功臣庙以镇之。”因缺乏文献佐证，究竟是建了七十二座奉祀功臣的庙呢，还是建了奉祀七十二位功臣的庙，今天已无法弄清了。

不过，对建庙镇霸王潮这一解释，也有不同说法。如康熙《紫隄小志》撰辑者汪永安认为建奉历代名人寺庙，“或曰崇忠义以驱疫疠，或曰祀英杰以镇江涛，皆未有确据”。他说：“幼闻长老云，金人敬信神佛，目中国为汉人。靖康、绍兴年间，倾兵南下，韩蕲王令所在祀奉高祖功臣，借以服之。”也就是说，那是韩世忠抵御金兵而采取的一项心理战举措，与镇霸王潮无关。

独多汉初功臣庙

翻开一些旧方志，可以发现，沿吴淞江及其支流两旁奉祀的汉朝功臣的寺庙庵祠，独以汉初功臣为多。比如，有祀纪信的慈济庵、郧城庵、小庙、纪将军庙，祀彭越的天仙庵，祀张良的张芳庙，祀萧何的萧王庙，郧城庵中还奉祀郦食其；黄渡有祀彭越的华潮庙，祀张良的天仙祠、张留侯庙，祀樊哙的舞阳武侯庙，祀纪信的纪王祠，祀韩信的淮阴侯庙，祀曹参的问津庵，舞阳武侯庙里还奉祀吕雉；方泰有祀曹参的葛江宋王庙、小土地庙、八字桥土城庙、房十八家土地庙；真圣堂有祀萧何的真圣堂庙，祀陈平的西来庵、土地堂，祀灌婴的仁寿庵、阳灌泾庙；钱门塘有祀英布的永宁庵、里社香火祠；南翔有祀纪信的纪王信祠，祀萧何的萧公祠；真如有祀陈平的东里社祠、西里社祠；江湾有祀陈平的高境庙；法华有祀英布的英瑞庙等。

在我所查阅的史籍中，奉祀纪信的庙祠特别多。公元前204年的荥阳之战中，刘邦兵败诈降。纪信掩护刘邦从西门逃走后，坐了刘邦的车出东门“投降”，结果被项羽烧死。这是一位替君赴死的忠臣，自然受到历代朝廷褒扬，自唐代起就被许多州县奉为城隍，有传说华亭最早的城隍也是纪信。考《云间志》，言之不明，难以确定。但诚如清钱以陶在《厂头镇志》中所说：“纪将军诳楚一事，尤足以夺霸王之气。”所以，沿江奉祀纪信的庙祠就特别多。后来在今闵行区的吴淞江边形成了一个叫“纪王镇”的名镇，这是一个以纪王庙而得名的市镇。相传在宋元之际，今纪王镇旁有一座小村庄，住了

戏曲《取荥阳》中的纪信

张良画像

七户人家，主要靠捕鱼为生，人称七家村。村里有座小庙，奉祀的是汉初功臣纪信，人称纪王庙。随着村子的扩大，纪王庙的香火也愈来愈盛，村名也改称纪王庙了。

元明年间，相距不远的黄渡镇上一度设有主管海上贸易的市舶司，还设过主管渔业的河泊所。一时间，海舶渔舟各类船只停泊，商人渔民各色人等会聚。纪王庙村大得辐射之利，渐成市集，成为吴淞江畔的一个水陆码头。至明代后期，已是徽商云集，百工俱兴。有明代徽商郑紫琳手抄《商贾便览》一书为证，书中记载："苏州娄门外（五十里），俊［正］义（三十里），王［黄］渡镇（十里），犯［纪］王庙（十五里），南翔（廿里），江湾……"，足见当时纪王庙已是上海与苏州间的一个重要商市。至迟在清乾隆年间，已正式称纪王庙镇了，并从此成为嘉定、青浦、上海三县接壤地区的一个物资集散中心，交易着土布、靛青、粮食及其他各种生产生活资料。

“纪王”之名，一直沿用为乡、区、公社和建置镇的名称；纪王集镇也一直是乡、区、公社和建置镇的机关驻地。近两年，才撤销纪王镇建置，并入了华漕镇。

平水救溺护善人

沿吴淞江的这些汉初功臣庙，性质大体属于里祠，即土地庙，是为一方祈福消灾的保护神而奉祀的香火。但其规模、神像的服饰等却又远非一般土地庙可比。在人们心目中的地位，那就更高大了，也因此产生过不少传说。

民间广泛流传的是这些神祇平水、救溺和佑护善人节妇的传说。如传说清顺治年间，南翔戴子楼园宅一带居民，每夜都听到大队人马的行路声。有位叫吴圣照的人，一天由城晚归，在戴氏园旁见到一支队伍，前有“汉酂侯”（萧何）字样的灯笼导引，后随两行执火者。戴子楼也亲眼看到过，他的夫人彭氏就提议捐地重建了一座萧公祠。戴子楼病故后，彭氏守节园中。20年后的一天，祠人梦见萧酂侯命部下保护彭氏。第二天，戴家发生盗劫。当盗贼冲进彭氏居室时，仿佛有人叩门告诉“盗将来矣”，彭氏惊醒逃出，迎面而来的盗贼却像看不到她似的。当时天极黑，门户路径难辨，彭氏却感到有人扶她而行，直到家人闻声赶到。盗离去时纵火焚屋，也是不救自灭。紫隄萧王庙还有神祇调任的传说。该庙原祀萧何，有人梦见神来告调别处去了，继任者为曹参。第二天，他告诉别人，别人也说做了同样的梦，于是便改写了庙中神名牌，改祀了曹参。

不过，另有些萧王庙、韩王庙，民间也传说奉祀萧何、韩信，那是讹传。如松江永安桥侧和今控江路1671弄内两座萧王庙，奉祀的都是南朝梁代萧氏；江湾景德观，也称韩王庙，奉祀的是韩世忠；真如城隍庙，又称韩侯庙，奉祀的是明代韩晟。这些都与汉初功臣无涉。

最怜项羽虞姬庙

项羽既被奉为吴淞江江神，江边自然也有他的庙祀。

项羽是我国历史上一位著名的悲剧性英雄。他在楚汉相争中，先胜后败，终被刘邦围困垓下，突围时仅二十八骑，于乌江边长叹“此天之亡我，非战之罪也”，遂举刀自刎，时为公元前202年。

在沿江先民的眼中，作为吴淞江神，他既予人们灌溉舟楫之利，却也常常因为冤魂不散掀起发泄心头之忿的巨潮，对百姓既赐福又降灾。人们希望通过岁岁祭祀，能慰其灵、止其忿，这就是嘉定黄渡沪渎龙王庙的来历。

与奉祀项羽有关，嘉定江桥还有一座虞姬庙。虞姬，项羽爱姬。兵困垓下时，项羽夜闻四面楚歌，曾边饮边歌：“力拔山兮气盖世，时不利兮骓不逝；骓不逝兮可奈何，虞兮虞兮奈若何！”虞姬也拔剑起舞，边舞边和。为

新建的虞姬庙

不使自己成为项羽突围的累赘，歌毕她就自刎了。

这座虞姬庙约建于明代，庙旁南宋韩世忠所建的烽火墩也因此名为虞姬墩。性格刚烈的楚霸王，对虞姬又宠爱又内疚，似乎很听虞姬的话。据说从华漕到北新泾的吴淞江段，从未发生过沉船之类的事故。在风雨之夜，人们传说常在隐隐约约中看到一位白冠白裙的女神游弋江面，佑护可能遇险的船只和旅客。

对虞姬庙和虞姬墩，还流传着这样的传说，说虞姬平时宽厚待人，深得卫士、侍女的爱戴。她自杀后，一名小校收起了她的头巾披风，于战乱中逃回家乡，就是今天的江桥。后来他为虞姬筑了一座衣冠冢，埋入的就是那头巾披风，这就是虞姬墩。明初，朝廷闻知了这一段事迹，便在墩西建了这座虞姬庙。不过嘉庆《法华镇志》中却另有说法，称墩名野鸡墩，庙为吕雉庙，奉祀的是刘邦的妻子吕氏，属于镇克项羽而建的汉初功臣庙之一。

治水功臣亦入祠

吴淞江的镇水之神中还有一批有福于民的治水功臣，因而为百姓自发奉祀，其中少数也受到敕封列入官祀。这些由人化神的历史人物，原本就是推动上海经济与社会发展的功臣，受到上海人民纪念是当之无愧的，那些为奉祀他们而建的神祠，实际就是人民群众为他们树建的历史丰碑或纪念堂。属于这一类的主要有：

钱镠（852—932），字具美、巨美，临安人。少擅拳勇，曾贩私盐，后为镇将董昌部裨将。昌反，被他执杀，拜镇海镇东军节度使，受赐铁券。在唐末割据战乱中，他拥兵两浙十二州。天复二年（901）封越王，天祐元年（904）封吴王，后梁开平元年（907）封吴越王兼领淮南节度使。后自立吴越国，在位41年，始终奉中原朝廷为正朔，保境安民，尤重筑海塘、修水利，人称“海龙王”。他发展农业、盐业、商业和海运，对苏南浙北社会经济发展贡献极大，殁后谥“武肃”。他曾设主持水利的都水营田使和专治水

三元宫内的周中铉塑像

利的潦浅军。其中一半潦浅军用于治理上海水利，修筑捍海塘，浚疏吴淞江，并从苏州至海口疏浚36纵浦，于浦间凿塘、辟沥，构筑圩田，形成江浦塘沥圩田水利网络；浚淀山湖、柘湖；在上海至常州的沿长江各河浦皆筑堰闸。从而使上海和太湖地区“低地堤常固，旱田港常通”，为长江三角洲经济发展超过中原地区奠定了基础。为了纪念他，华亭有钱明宫、金山卫城建钱武肃王庙。雍正五年（1727）还敕封其为“诚意武肃王”。

海瑞（1514—1587），字汝贤，号刚峰，广东琼山（今属海南）人，回族。嘉靖二十八年（1549）举人。自知县官至南京右佥都御史、吏部右侍郎。为人刚正不阿，为官清廉，多次犯颜直谏，以致系狱多年，是历史上著名的清官，殁谥“忠介”。隆庆三年（1569），巡抚应天、行部苏松，开凿黄渡艾祁至宋家桥（今福建路桥附近）河道80里，引吴淞江水入宋家浜河道，从今外白渡桥处汇入黄浦，实现以浦代淞，从根本上解决了吴淞江故道两侧水患。人颂以“海龙王”，于黄渡等地建庙，或名海公庙，或称海忠介庙，民间自发奉祀的就更多。

周中铉（1680—1728），字子振，山阴（今绍兴）人。历任崇明丞，署上海华亭知县，至松江知府，是为上海发展而殉职的最高行政官员。雍正六年（1728）三月二十九日，乘小舟，在今陈渡附近指挥吴淞江大坝合龙，覆舟殉职。雍正闻报泪下，追赠太仆寺卿。百姓在其落水处自发建祠奉祀。乾隆年间，正式建立周太仆祠，列入地方官祀。新中国建立后该祠改设陈渡小学，有关碑记藏上海市历史博物馆。周氏为官清廉，平反冤狱，为民请命，缓征赋粮，分立奉贤县，故被奉贤士民奉为城隍，那是别话了。配祀周太仆祠的是陆章，太仓人，河标把总，与周中鋐同在小舟上，协助指挥，与周一起殉难。

因治水得祀于名宦、乡贤各祠的还有不少，如宋代叶清臣，元代任仁发，明代夏原吉、周忱等，不过未见专祠。

古府新城松江镇

练　川

上海的城镇，若论起历史，也许得首推松江城了。虽然上海地区还有比松江城更早的城池，如秦代的海盐城，南朝的胥浦城、前京城等，都在现在金山区的范围里，可惜都早已经渺无影踪了。

陆士龙妙称家乡为“云间”

“云间”“茸城”，都是松江美丽的名称。

“云间”是陆云对家乡诗意化的称呼。西晋文学家陆机、陆云兄弟家在今松江小昆山以北，又相传松江城内普照寺旧址即在二陆旧宅基础上建造的。太康十年（289），陆云和哥哥陆机北上京师洛阳，为当时身居高位、名满文坛的张华所赏识，一时竟有“二陆入洛，三张减价”之说（“三张”指文学家张载、张协、张亢兄弟），可见陆机、陆云进京产生的轰动效应。一天，陆云和荀鸣鹤恰巧同时去拜访张华，张华要求他们不用常语介绍自己，陆言“云间陆士龙”，荀曰“日下荀鸣鹤”。陆云字士龙，古意龙从云，“日下”意指皇帝所居之京都洛阳，两人的妙语成为文坛佳话。“云间”遂成松江的别称，名扬四海。现存上海地区第一部方志诞生于南宋绍熙年间，就是以“云间”为名的。

陆机、陆云能文善书。陆机所书《平复帖》是我国存世最早的书法真迹，距今已有1 700余年，是由汉、魏向唐过渡期间有代表性的优秀作品之一。董其昌在《画禅室随笔》中说：“吾松自陆机、陆云，创于右军之前，以后遂不复断响。”

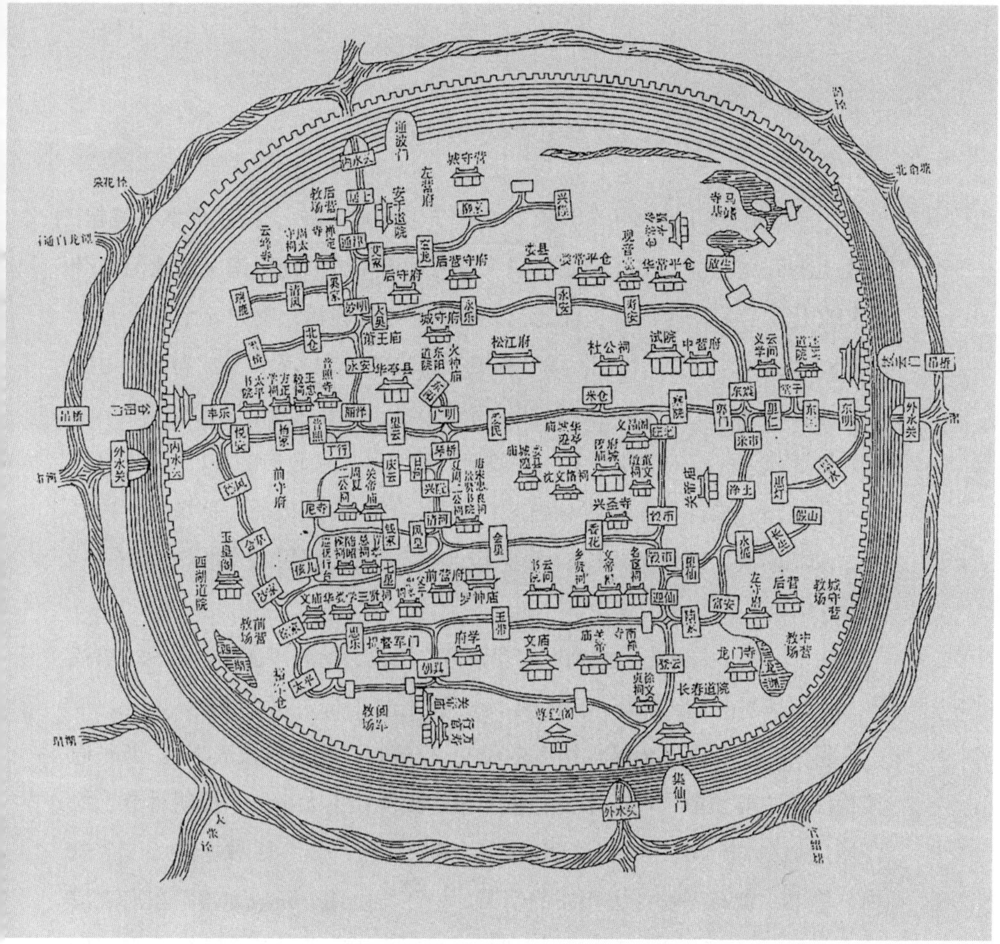

清代嘉庆年间松江府城图

如果说，“云间”一词源于文人丰富的想象力，那么“茸城”则与松江古代的自然条件有关。北宋《华亭图经》等记载：三泖九峰之间，有多片肥沃草地，野鹿奔驰，故称“五茸”，位居此间的松江城也就被称作“茸城”。

松江城雄踞东海之滨

松江城最早的大名叫“华亭”。自唐天宝十年（751）设立华亭县城起，直至上海开埠之前，松江城始终是今上海地区（吴淞江以南）的政治、经济和文化中心。华亭府、松江府、娄县先后在此设治，其中元至元十五年（1278）设立松江府，“松江”第一次成为行政区名。之后，又成为民国时期的松江县政府及江苏省第三、第四区专员公署，解放后的松江行政区专员公署、松江市人民政府、松江县人民政府、松江区人民政府的驻地。民国初，镇名华亭市、松江市，后改城厢区、城区。1949年解放后，称城区。1963年，改城厢镇。1980年始称松江镇。2000年，常住居民37 798户，106 554人。2001年，松江镇撤销。

南宋绍熙《云间志》提到城中有廨舍、场舍、场务、仓库、学校、坊巷等，可见华亭古城已具有一定规模。元代，松江府棉纺织业崛起。

明代，松江成为全国棉纺织业中心，“绫布二物，衣被天下”。当时通往松江的主要航道上商船来往穿梭不绝，松江镇上大小码头樯帆林立，松江城内城外布号相连，有谚道：“买不尽松江布，收不尽魏塘纱。”《金瓶梅》等书中都有到松江去贩布的情节。松江城由此一跃成为雄踞东海之滨的全国33个工商业城市之一。当时，松江城内拥挤不堪，只得沿市河向东西两侧延伸，东至华阳桥，西达“云间第一桥”（俗称跨塘桥），故有“东到华阳西跨塘，十里长街”之说。市河两岸与十里长街形成繁华的商业带。

松江城不但是漕运集散地，也是民间米粮贸易集散地。松江城西端沿古浦塘的“三滩”（秀野桥滩、仓桥滩、跨塘桥滩），米行、米厂林立，买卖转运的粮船来往不绝。其中跨塘桥滩最为集中，镇上三分之二的米行开设于此，从清代至民国时期，一直是上海地区最大的粮食交易市场之一。

数百年兵祸战乱，曾使松江城元气大伤，但古城有着异常顽强的生命力。20世纪30年代，松江镇商业十分繁荣，纯商业分为60多个行业，形成大米市场、日用品市场、娱乐消费市场三个各具特色的商业区，店铺有1 000余家，其中松江西门至岳庙段成了整条商业街的中心。令人痛惜的是，抗日战争中日军对松江城进行毁灭性轰炸，古城繁华景象丧失殆尽。直到20世纪80年代，松江的城市规模也不曾超越明代全盛时期。

松江的“五个半状元”

自隋、唐实行开科取士制度以来，全国共出过100来个状元，松江一府占有5人。其中明代276年间，全国共出89个状元，松江有3人中状元。松江府先后出过500多名进士，其中明清两代共出进士457名，明代松江所出进士数（287名）居全国第一。

然而民间却说松江有“五个半状元”。哪会有半个状元？据《云间志》载：南宋“绍兴三十年（1160），许克昌用拱州籍贯，字上达，状元”。原来许克昌应是华亭人，用拱州籍考中了状元。但后来查实他已经在官，根据当时规定在职官员不能当状元，被降为第二（榜眼），所以被松江人说成“半个状元”。

许克昌为松江做过一件大好事。自北宋政和年间海水倒灌酿成大灾后，柘湖通内陆各河口大都筑堰捺断，独留新泾塘以通盐运。至乾道初塘口被冲阔至30丈余，海水延及嘉兴、苏州等地，危害民田。南宋乾道七年（1171）八月任职右正言的许克昌，奏请朝廷，兴修华亭地区运港大堰，以挡水害。经秀州守臣查勘后，据文献记载，在亭林镇东北建成了“阔三十丈、深三丈六尺、厚廿一丈九尺”的运港大堰，挡住了海潮，使华亭及苏、嘉地区民田免遭海潮之害。

其余5个状元为卫泾、钱福、唐文献、张以诚、戴有祺，均为华亭、娄县籍人（华亭、娄县于1911年合并为松江县），他们均在松江城镇内居住过。5名状元中间最早夺魁、官职最高的是卫泾，南宋淳熙十一年（1148）中状元，官至参知政事（副宰相）；中状元时间最晚、最清贫的为戴有祺，于康熙三十年（1691）补行殿试时中状元，辞官回家后卖宅园，居“慵斋”；状元中最有成就、最有才华的当数钱福。

程十发精心题写“云间第一楼”

松江镇名胜古迹荟萃，地面文物“唐宋元明清，从古看到今”，数量之多居上海各镇之首。其中有唐陀罗尼经幢、宋兴圣教寺塔（方塔）、圆应塔（西林塔）等，而“云间第一楼”更为世人所瞩目。“云间第一楼”又称门楼、谯楼、鼓楼，是元、明、清三朝松江府治所在地。该楼始建于宋代，原

醉白池

为华亭县署门楼，历代毁建多次。顺治十六年（1659）重新营建，楼高约17米，楼基宽约25米，面宽5间，楼上悬横匾“谯楼”，楼下城墙上持竖匾“松江府”。该楼分上下两层，门上鼓楼，下似城门，高耸雄伟。鼓楼里每天报时鼓声嘹亮。道光十年（1830）大修后因其雄伟壮观，甲于一郡，始称“云间第一楼”，可谓江南之名楼。正如清唐天泰《续华亭百咏》诗赞：“画栋排云出，晴窗对日开。秋来咏明月，谁是庾公才。”“云间第一楼”真有朝观日出、夜赏月华之美。

1929年，因该楼年久失修，日渐倾圮，又重加修整。1950年楼毁于强台风，仅存的台基于1994年由松江县人民政府拨款5万元进行抢修。1999年1月，松江区人民政府决定拨款180万元，修复“云间第一楼”，由复旦大学建筑研究设计院负责设计。精心规划后，采用楼向北平移3米重建的方案。2000年6月18日举行了“云间第一楼”修复竣工仪式。

重修后的“云间第一楼”匾额出自松江籍国画大师程十发的手笔。程老对此极为认真，先前几稿均不满意。庚辰元日又在公寓里写了一幅楼匾，准备请人带到松江区文化局。几天后，将书写的楼匾放到客厅桌上细细品赏，他又摇头了，对在场的人说：“字写得太小、太细，‘一’字力度不够，慢送！”他还讲述了明代请大书法家董其昌题写“一览楼”匾的故事，据传其中“一”字是由一位长者用草鞋写的。他边说边走进画室，铺开宣纸，将笔吸足墨汁，自在地写下了“云间”二字，将写“第一楼”三字时，手向上抬了一下，敏捷地先写了个“第”字，吸了口气，口里念道“用草鞋写‘一’字”，蘸足墨汁，用力将笔按下，把“一”字写得粗壮有力，接着又一鼓作气写了“楼”字。只见程老一边换气，一边换了支小笔，落款署名，执章盖印。生怕大家对落款不解，他笑嘻嘻地说：“还是按上一幅‘庚辰元日，程十发书’落款为好，我们都是龙的传人，那是龙年第一天呀！”接着郑重地将题写的匾额折叠后装入信封，递信时又风趣地说：“‘云间第一楼’五字考试，通过初试、复试、正试考毕交卷，不知是否及格，请乡亲父老们阅卷。”

施蛰存要看“天下章草第一碑”

现存松江博物馆的《松江急就章》碑是件宝贝。据称《急就章》原为三国吴皇象所书，于北宋宣和二年（1120）加以传摹，释文为叶梦得所增，而松江碑根据的是皇象摹本，又经著名书法家宋克补写脱佚文字，在明正统（1436—1449）初年上石，为传世《急就章》足本中的最古者。《松江急就章》草法波拂遒逸，沉着痛快，给松江书风带来婉丽纤秾的艺术基调。

松江籍学者施蛰存对此碑有很深的研究，他在《北山谈艺录》中评道：“独明刻《急就章》，足以傲睨宇内，盖皇象书迹、阁帖外仅传此刻，而《急就章》石本，天下惟此一通耳。”20世纪60年代，施翁嘱拓碑名师邱竹泉拓下10本，除自己鉴赏，余者赠予知己。“文化大革命”初期，为防遭不测，施翁托人告诉松江博物馆速将在新松江社（即在松江一中宿舍）内的《松江急就章》石刻，转移至安全处妥为保护。迎来新世纪，年过九旬的施蛰存先生念念不忘这块珍稀古碑，听说《松江急就章》碑已置于松江博物馆碑亭内，他翘起大拇指，高兴地说：“松江为抢救国宝做了件大好事！”接着又激动地说：“等我养好身体，一定要去看看这块‘天下章草第一碑’。”

康熙下令“飞递时鲜”四鳃鲈

动物世界里唯一以“松江”命名的就是松江鲈鱼，俗称“四鳃鲈”。

其实与一般的鱼一样，“四鳃鲈”也是两个鳃，只是两鳃的鳃孔前各有一呈鳃状的凹陷，与鳃孔的形状相似，其颜色在生殖季节呈橙红色，与真鳃孔颜色一样，乍看起来，仿佛有四个鳃孔。别看它只是长度不到20厘米的迷你鱼，却位居中国四大名鱼之首（另三种为黄河鲤鱼、松花江鲑鱼、兴凯湖鲌鱼），名声远扬。由此，松江又有“鲈乡”之誉。

最早在《后汉书·左慈传》里就有一则关于松江鲈鱼的故事：一次，曹操在许昌大宴宾客，他手下有一名叫左慈的方士，能施用“空中钓鱼”的幻术，便叫下人备了一盆清水和一根钓鱼竿，当着曹操及众人的面，顷刻间从盆中钓出几尾松江鲈鱼来，并同紫菜、姜一起烧后食用。这个故事后来被编进《三国演义》，妇孺皆知。

影响更深远的是《晋书·张翰传》里的故事：张翰（字季鹰，号东江步兵）在洛阳为官，见秋风萧瑟，想起了故乡泖湖里的雉尾莼和四鳃鲈的美味，于是弃官回乡，并写了一首《秋风歌》：“秋风起兮佳景时，吴江水兮鲈鱼肥。三千里兮家来归，恨难得兮仰天悲。”之后，历朝历代的诗坛曲苑中，常用“莼羹鲈脍”“莼鲈”“张翰鲈”“季鹰鱼”“步兵鲈”“东江脍”等词以抒思乡之情或归隐之意。四鳃鲈和莼菜既有此等意蕴，不出名也难了。

据《南郡记》载，隋炀帝下江南时，吴人献松江鲈鱼，炀帝品尝后赞道：“金荠玉脍，东南佳味也。”苏轼曾过吴中宿于松江，与李引中秀才饮于醉眠亭里，以鲈脍下酒，吟诗云：“京洛归来真梦里，秋风无复忆鲈鱼。”尤其是苏轼的名文《后赤壁赋》中“状如松江之鲈”，成了流传广泛的松江鲈鱼宣传语。康熙皇帝二次下江南时曾到松江，品尝鲈鱼佳味，赞不绝口，并下令松江官员每年向朝廷进贡四鳃鲈，“飞递时鲜，以供上御”。官府专门派人将鱼放入装有砻糠的篮中，上面覆以湿布，保证砻糠的湿度，使四鳃鲈一昼夜间不会死亡，晚上至驿站将鱼放入水中还阳，第二天清晨再以原法运送，靠骑马历时数十天运送到京，入厨时松江鲈鱼还在活蹦乱跳呢。上贡的都是在秀野桥一带捕获的四鳃鲈，那里的鱼儿特别肥美。

1917年，著名昆剧大师俞粟庐携17岁儿子俞振飞从苏州回家乡松江寻根拜祖，席间品尝了家乡名菜四鳃鲈。1930年俞粟庐在苏州仙逝，俞振飞命人回松江买四鳃鲈，将红烧四鳃鲈祭于灵前。

1979年11月8日，荣毅仁设家宴欢迎基辛格，主菜为一品大砂锅，锅内有四条松江鲈鱼，全部夹给四位外宾。基辛格品尝后觉得鲜嫩无比，高声说道：“味道太美了！”1972年2月，美国总统尼克松来我国签订“中美上海公报”时，我方亦以松江鲈鱼盛情款待。

由于近数十年来水质污染，松江“四鳃鲈”日益稀少。为让珍稀的“四鳃鲈”能重新回到百姓的餐桌，1973年4月，薛镇宇先生会同复旦大学、华东师范大学生物系和松江畜牧水产局的科技人员，联合组建了科研、教学、生产三结合的四鳃鲈研究课题组，几番努力，人工繁殖终获成功。当时因投入与产出无法平衡，而未能大面积推广，实为憾事。但我们相信，在不久的将来，四鳃鲈鱼一定会重新端上上海市民的餐桌。

七月十四家家户户喝豆浆

清顺治二年（1645），多尔衮派他的弟弟和硕豫亲王多铎统清兵下江南，南明弘光政权土崩瓦解。多铎取苏州后，东进松江。

南门守将章简被俘，不屈而死。东门守将李待问见府城已落入清军之手，正待下城，手下有一位百户挽住他的手说：“我知道您读烂《四书》，今天将怎么办？”李待问说：“为臣尽忠而死，这是常事。我不过想与家人作最后的诀别罢了。”百户说：“您能这样，我先断头以待。”就拔刀自刎而死，李待问凭尸痛哭。仓猝抵家，众人都劝他快逃走，李待问笑着说：“死，是我分内之事，不死，怎么能对得起那位百户呢？”说毕，他即引绳自缢，气未绝，被清兵俘获，拒降被害。清军破城后，松江军民两万人被屠杀。不少居民不愿受辱，宁愿自缢、自焚或投水自尽。

李待问死后，松江民众怀念他，奉他为府城隍，塑像奉祀。在他七月十四日诞辰那天，府城隍庙例有盛大庙会。晚上，松江城镇家家户户喝豆浆，以纪念他的生辰，几百年习俗相沿。

古今并重建设新松江

晚清民国以来，松江依傍上海而发展，逐渐成为一个江南重镇。光绪三十四年（1908），铁路通车至松江，次年，沪杭铁路全线开通，到上海，去杭州，客货往来，日见便利。1932年，松江镇至上海县汇桥的松汇路筑成，松江自此始有汽车，可经北桥转沪闵路通达上海市区。当年10月，公共汽车开始营运，对开16个班次，日均载客200人次左右。1990年12月22日，莘松高速公路建成通车，使松江至上海市区的公交运营时间由原来90分钟左右缩短到35分钟左右。

2000年，松江按照上海市政府城镇发展的规划，决定大体上以沪杭高速公路为界，分为旧城区和新城区两大部分。旧城区将保持江南古城的风貌，新城区则体现现代化城市的特点。

2000年，松江实施庙前街改造工程。庙前街原是松江镇一条小吃店、小杂货店、果蔬批发零售、集市贸易及小商小贩集中的地区，是松江镇最热闹的地方。当年年底工程完成。街区南北长150米，东西宽130米，总建筑面积1.4万平方米。建成后的庙前街是松江镇首条具有明清建筑风格，集美食文化、娱乐休闲于一体的步行街区。此后，长桥街改造工程、中山西路改造工程先后开工。长桥街与庙前街相邻，改造后与庙前街连为一体，也是具有明清建筑风格的特色商品、小商品街区，改造工程已基本完工。中山西路东接中山中路，西邻松江西部旧城，改造工程将以清真寺、西林禅寺以及原有的一批名宅老宅为中心，建成一个配有大量绿化，点缀亭台楼阁，以休闲观光、旅游购物为主的文化旅游区。

与此同时，在松江老城区的北侧，一座现代化的松江新城正在蓬勃崛起。

2000年7月29日，中国首座由多所大学抱团组成的高校园区——上海松江大学城在松江新城区破土动工。松江大学城北依佘山国家旅游度假区，总规划面积3.06平方公里（约合4 600亩），其中3 600亩用于兴建校区，1 000亩用于生活园区建设。在松江区无偿提供土地并完成征地、动迁和“七通一平”市政配套设施建设的基础上，项目总投资约25亿元。上海外国语大学、上海对外贸易学院、立信会计高等专科学校和上海旅游高等专科学校等5所大学，整建制或部分重点学科进入大学城。大学城学生总量规划为4万人，教学科研设施和生活设施建筑面积100余万平方米。2001年10月，上海外国语大学、上海对外贸易学院、立信会计高等专科学校如期开学。

明代松江城曾辉煌一时，名震中华。当代松江人正以智慧和汗水，创造出一座充满活力的新城。

北区首镇“金罗店”

吴 言

2002年9月28日，沪上媒体报道市郊北部将建设一座北欧风情的现代化中心镇，它就是位于郊区环线和沪太路交汇处的罗店镇。

历史上的罗店，又名罗阳、罗溪，也是鼎鼎有名。“金罗店、银南翔、铜江湾、铁大场”的顺口溜，在上海地区广为流传。罗店镇排名第一，可以想见当年繁盛的景况。

“金罗店”的由来

也许读者会想，罗店是否与姓罗的有渊源？这倒猜对了。据说元至元年

罗店镇大通桥

间有一位叫罗昇的人来此开设店堂，并附设招待客人的窝铺（即旅馆）。商贩一来二去，“罗店”便叫开了，成了这个大集市的代名词。清人范连曾作《罗溪杂咏》:“练水西来清且涟，波光近与界泾边。不须更访罗昇宅，烟火今经五百年。”练水即穿镇而过的练祁河，是罗店镇的母亲河。

罗店因位处冈身以东，而成陆较晚。宋以前，罗店只是一个较大的渔村。大约在开挖顾泾、大川沙、黄白泾等河道后，农业才渐渐发展起来。

和周边集镇一样，罗店也是凭借棉花种植业和棉纺织业的发展而兴起的。当地出产一种特别的棉花叫“紫花”，结实大如桃，中间是白棉，用它织成的紫花布，细洁美观，即使价格较贵，销路仍很好。此外，还有套布、斜纹布、棋花布等品种也颇受人们欢迎。罗店镇崛起速度惊人，明万历年间“比间殷富”“徽商辏集，贸易之盛，几埒南翔矣”，繁盛程度与邻近的巨邑南翔相差无几。清康熙年间，罗店更趋富饶，贸易之盛，后来居上，胜过嘉定县各大镇（当时罗店属嘉定县，雍正三年析宝山县，属之），遂有“金罗店、银南翔、铜江湾、铁大场”之说。

罗店集镇，东西三里，南北两里，街衢错综，河道蛛密，拥有“三湾、九街、十八弄”，主要街道是亭前街、塘西街、南街、塘东街等，闹市区的桥梁即有大通桥（始建于明成化八年，重建于清雍正八年）、丰德桥（建于清康熙四十八年）、来龙桥、新安桥、坍石桥、永福桥等。商家六七百家，典当、花行、米行、银楼、布庄、酱园等百业俱全。每日三市，贸易繁荣，四乡来客，车船络绎。民国《宝山县续志》记:“罗店市镇最钜，为全邑冠……清季……全区人口在五万以上……其地东贯练祁，输运灵便，百货骈集，故虽处腹里，而贸易繁盛。”此外，罗店以设基金、存典生息的方法，举办慈善事业，也为世人所赞誉和效仿。镇上见诸志书记载的善堂就有怡善堂、同仁堂、栖流所、保婴局、敬节局、恤茕局、惜谷会、育婴堂等。譬如惜谷会，给每家送筐一只，在灶头积下稻上谷粒，年终汇总，碾米济贫。基金动息不动本，收谷交保婴局人代理，每收一斤酬钱六文，每月集收一次，筐坏换新，账目公布。

正因为罗店具有超出一筹的集镇规模，附近十里内没有邻镇。

别具一格的龙舟赛和元宵灯会

罗店龙舟，闻名沪郊。过去每年端午时，镇上绅商就会发起“划龙船”盛会，先由各街绅商集资建造龙舟，再分别议定龙色，添制旗帐，预备划手、艄公与乐队。全镇清末有龙舟5艘，至民国初年曾增至7艘。龙舟节开始，分别由各色龙舟，轮流任领队做庄一天。

罗店龙舟，小巧玲珑，船长6米左右，高昂的龙头鳄鱼嘴、虾眼、麒麟角，口衔明珠，颔下长须拂水，十分威武。龙舟吃水浅，驶行轻快，旋转灵活，适应不很宽的市河。各龙以本色为底配以其他色彩。龙颈置铁架，由两少年扮演戏剧，其一坐、其一单足立于坐者手上，其实他们是被绑在了铁架上，俗名“台角”“出彩”。戏名有《白蛇传》《桃花扇》等。它后边是牌楼，宫殿模型，歇山式屋顶，雕梁画栋，旗牌銮驾，分列两旁，俨然王者殿堂。再后为船体中部，有木框架供插旗之用，两侧插上描龙绣凤的五彩旗帜。旗架分上、中、下三层，上层插八面长方旗，中层八面蜈蚣旗向外斜插，下层是十面三角旗，外观层次井然、光彩夺目。木架中坐着一个丝竹班子，按龙舟速度演奏不同曲调。木架两边船舷旁，各4名桨手身着一式背心，掣桨划行。木架后有一绸布亭子，亭内一人手执当作船舵的大刀，老艄公用脚踏板，发出不同信号，龙舟便时而缓行，时而疾驶。先由领头龙舟带头，各船依次鱼贯而行，每过一条龙舟所在码头，各船由艄公指挥旋转，名叫“打照”，凡人多处有人出赏钱，则亦一同“打照”。也有头船在一线前进时，突然调头与后随龙船呈“8”字形共同穿花而行，别有情趣。“划龙船”日，四周乡民纷至沓来，桥头、两岸，人山人海，一些殷实人家索性雇船在河内追随龙船前行，一时大小船只挤满了河面，鼓乐震天，欢声如雷。

旧时罗店的元宵灯会，也极其热闹。镇内闹市挂上荷花灯、兔子灯、鲤鱼灯、元宝灯等各式花灯，满城灯火，流光溢彩，赏心悦目。尤以一些大村宅用竹编成的龙灯最为人叹赏。逢到大丰年，更有士绅牵头，聘请能手，在大竹架上布置焰火，有字、有画、有戏文，一卷卷地缚在架上，有药线连通。当药线引燃至某一卷时，该卷会自动展开，由火药制成的花卉、鸟虫、人物就会发光显现，栩栩如生。此卷熄灭，下一卷又展开，此起彼伏，比花灯更吸引人。

龙舟会、元宵灯会解放初还曾有过，但不久就绝迹了。直至1983年1月28日至30日，罗店精心准备“年会”，作为上海市迎接“十二大”以后第一个春节大型活动的29个演出点之一。久已绝迹的龙舟，一时不及制造，就把汽车饰成船形，旗帐装饰，划手、乐队俱全，叫做旱龙船（后韩家湾张姓三兄弟怕龙舟失传，自行出资建造一艘，在罗溪公园重又举行过活动）。

年会期间，热闹街头如汽车站、西巷街口、塘西街南北两端，均扎上彩牌楼，家家挂灯，户户结彩。原有的民间文艺如龙灯、马灯、台阁、秧歌、连湘、荡湖船、蚌壳精、江南丝竹、武术舞叉、耍火，名目多达五六十种，白天台上表演，晚上用游行方式展示，成为全国瞩目的艺会。不独本镇万人

1983年罗店举行的民间文艺年会

空巷，还引来了市郊各镇群众共约25万人次，全镇大街小巷几乎全站满了人。《人民日报》《中国青年报》、中央电视台均作过报道。

惊天动地的“血肉磨坊”

1937年“八一三”淞沪会战，罗店为双方必争之地。它近距吴淞、长江口，离大场、闸北不远，连接嘉定与浏河。守住罗店，嘉定、浏河一带就可以保全，也等于守住了苏州和上海的门户。但此处一马平川，没有山岭，也没有特殊的设施可资利用，连个像样的战壕也来不及修筑，不利我军据守，更可怕的是其处在日军舰炮射程内，又毫无制空权。我军官兵激于民族义愤，士气高昂，在敌军重炮和坦克的疯狂进攻下，只有拿血肉之躯硬拼，前仆后继，英勇奋战。罗店争夺战为时37天，战况惨烈。中国军队夺回罗店达13次，牺牲营长以上军官24人，歼灭日军近万人，日军惊恐地称之为“血肉磨坊”。

8月23日清晨，日军6架飞机飞至罗店上空轰炸，先后投掷硫磺弹多枚，同时，日军企永、永鹰和知三3个联队在罗泾小川沙强行登陆，攻向罗店。罗店争夺战开始了！8月25日，罗店镇已四度易手。日军第一师团龟田骏部3 000余人侵入罗店东北陆家宅、沈宅，再攻罗店。我18军67师110旅少将旅长蔡炳炎率尖兵夜袭陆家宅，歼敌两个排，击毙日军少尉成田三并缴获日军用地图等。之后日军又增兵来攻，蔡炳炎身先士卒与敌作战，下令“本旅将士誓与阵地共存亡，前进者生，后退者死，各其凛遵”。激战中蔡旅长不幸胸部中弹，牺牲前还扬手高呼：“前进！前进！”那时，镇守罗店的56军刘和鼎部，力量单薄。中翼第9、21两集团军指挥张治中调11师、98师增援，接着罗卓英也率18军的11师、14师、67师、98师等4个师增援，日军用飞机大炮连番猛轰后，又施放烟幕，以坦克开道，掩护步兵冲锋。团长胡连就组织敢死队，计十八勇士，身绑集束手榴弹，主动扑向敌坦克，拉动导火线炸瘫坦克，用火力封住进攻路线，还相机出击，展开肉搏战，一昼夜打退敌

1937年淞沪会战时进攻罗店的日军

1937年淞沪会战时进攻罗店的日军坦克

人十几次进攻。

激战中的罗店一带，往往是日军围住守军后，我军增援部队即包围上去，日军再包围，敌我阵地犬牙交错，陷入惨烈的拉锯战。9月12日至18日，日军采用锥形进展法，在双方重围中冲杀，形成逐街、逐巷、逐屋的争夺战，双方伤亡惨重。最后罗店镇成为一片焦土，守军无险可守，准备撤退。67师401团中校团副汪化霖亲率步兵一个排，在金家宅附近占领前进阵地，掩护全团构筑工事。汪化霖临出发前，团长朱志席心情沉重地对汪说："任务艰巨，希望你多坚持一点时间。"汪化霖斩钉截铁地回答："成功不敢预期，成仁我确有决心，不坚持到日暮，决不生还。"敌军在飞机、舰炮连续轰击的支援下，一再向金家宅进攻。汪化霖率部反复搏斗，终于坚持到黄昏。任务完成了，而汪化霖和他率领的一个排全体官兵均壮烈牺牲。

第15集团军司令罗卓英回忆道："我在罗店作战，赖诸将士用命，大战七天七夜，敌人进犯三次，三次都被我军击退。在第二次争夺战时，本军旅长蔡炳炎、团长李维藩壮烈殉国。今以诗记其事：三来三往力争持，十荡十决扫虾夷。淞沪风云罗店血，大书蔡李是男儿。"

经13次拉锯战，罗店镇街区本来"三湾九街十八弄"之盛的棋盘方格形闹市区，成为一片瓦砾。罗店镇原有房屋12 573间，被毁损12 009间，损失95%。不仅繁荣市肆化为平地，一些私人花园如塘西街李慎言家、花园弄朱秋樵家、西巷汪姓乾康南货店家和孙诞石家花园及许多大小寺庙、祠堂、教堂也均被夷为焦土，观澜中学、罗阳小学、勤敏小学、竞秀小学也全遭毁坏，繁华的罗店古镇荡然无存，市面萧条，直至解放前夕也没能恢复。

独腿优生学家潘光旦

清代大学者、嘉定人钱大昕为《罗店里志》撰写序言："自析县而后，罗店户口繁滋，士夫益砥砺于学，往往掇取科名，遂为宝山巨镇。"区区一镇，明清两代有8人中进士，27人中举人，可见人才之盛。

民国以来罗店镇亦是人才辈出，如教育学家曹孚、儿童文学家陈伯吹、细菌学泰斗杨敷海等。当然，最知名的应推国际级的优生学家潘光旦先生。

潘光旦生于1899年，在清华学校念书时，因运动致腿伤，由于结核菌侵入膝盖而不得不锯去一条腿。潘光旦意志坚强，虽行走不便，却热爱旅行。他写道：中国的地方这么大，地理环境的变化这么多，历史的背景又这么悠远，而各地的背景又这么的不同，要是专靠一些书本的知识而不旅行，要了解祖国的史地是不可能的。因此，凡遇有旅行的机会，他是没有不利用的。

他每次出行，往往带着《徐霞客游记》或设法配备当地志书，把前人的记载和自己的观察相对照，并且写下一些知识丰富、文笔生动的游记或日记。作为残疾人，他会比别人遇到更多的困难，实际上确曾发生过爬山落马及滑跌等一类有惊无险的事故，但在他的笔下，都成了有趣的事情了。

潘光旦在清华高等科学习时，博览群书，求知若渴。听国学大师梁启超讲授"中国历史研究法"课时，他应用英国人蔼理士的性心理学理论，结合文献资料写了论文《冯小青考》，敢给名重天下的梁导师送上这么一篇"离经叛道"的文章，还真是有些初生牛犊不怕虎的味道。结果梁启超先生颇为赏识，批曰："对于部分的善为精密观察。"梁启超对这位思维活跃的学生留有深刻印象，后来在他的另一篇文章后面写道："以子之才，无论研究文学、科学，乃至从事政治，均大有成就，但切望勿如吾之泛滥。"爱才之情溢于笔端。

潘光旦从清华毕业后赴美留学，1926年在哥伦比亚大学获硕士学位，归国后历任光华、大夏、沪江、东吴、暨南、复旦、西南联大和清华教授，著有《优生原理》《中国之家庭问题》等，并翻译了达尔文的《人类的由来》及赫胥黎的《自由教育论》等。潘光旦在家中辟有一室专藏家谱，潜心研究，有朋友送上一联："寻自身快乐，光他姓门楣。"1941年，潘光旦参加组织中国民主政团同盟，即后来的中国民主同盟，先后担任民盟中央委员、中央常务委员；解放后出任政务院文教委员会委员、全国政协委员等职。1952

年起在中央民族学院担任教授，直至1967年在“文革”中被迫害致死。

农业现代化先行镇

罗店的园田化建设很有名气。1978年罗店公社实施《农村十年规划》，从月罗路起向北，每500米挖一条河道，每250米铺一条明沟，每125米筑一条机耕路，纵向亦以潘泾为准，开挖获泾并修筑罗溪路、集贤路、罗泾路、罗东路、毛家路，还搬掉259个自然宅，填没旧有宅沟河道，平整旧有水道，使22.97平方公里内农田尽成方格形，成万亩地联成一片，全部由泵站控制水位，涝则排入河内，旱则灌入田内，成为旱涝保收的良田。农民均迁入就近安置在河路交汇处的新村内。集镇建设也开始启动，镇区面积也不断扩大。

1991年，罗店镇被评为“农业现代化先行镇”。1996年3月1日，宝山区蔬菜现代化园艺场开始在罗店建造，同年8月即运行，它是上海市工厂化农业示范基地之一，是生态农业示范区。这里，大型禽畜场的粪尿经过处理，发酵后转化出沼气，再用这些沼气为蔬菜温室加温。一万头猪的猪场，可日产沼气1 200立方米，可供该场生活用气及温室使用。园艺场种植以无土栽培为主，建造了系列化温室，包括初级的“环棚”“单栋温室”及“联栋温室”以至“大型薄膜温室”，后来又添置了韩国的“节能式无支柱多层膜覆盖温室”。除通过沼气加温与机械排风调节温度外，还采用微细塑管注水和喷雾式注水，以对作物供水和保温。施肥与供水同步，肥料即混入供水中，在科学控温管理下，作物生长在同一环境中，就会同步成长，达到农业工业化要求，同时还可以蓄水池承接温室顶上的雨水，作温室供水用。该园实现生产、加工、销售一体化，设有800立方米冷库一座、40尺低温冷藏集装箱两个及2 000平方米蔬菜加工车间一所，进行蔬菜加工，所产蔬菜主要供应国内市场及日本。无土栽培温室保证了蔬菜的无毒，是令人满意的放心菜。

罗店镇上的小巷

1993年，罗店镇办起了占地60亩的太和特种动物繁殖场，引进肉用孔雀及非洲鸵鸟。孔雀药用价值高，李时珍在《本草纲目》中说："孔雀肉辟囊能解大毒、百毒、药毒，食孔雀肉可以滋阴清热、平肝息风、软坚散湿。"经过两年，孔雀已繁殖到1 546只。每年上市300只孔雀供应锦江、国际饭店等。鸵鸟也已长大成熟，还有水豚等。

罗店镇早在1985年国内生产总值就闯过了亿元关，成为郊区较早的"亿元乡"之一。全镇80%以上的村委会已实现了林化网农田，镇区绿化覆盖率达26.3%，有花园单位4家，为"上海市绿化示范镇"。2001年，罗店镇入选上海市试点建设的中心镇——"一城九镇"之列，将重塑"金罗店"的辉煌！

“小上海”周浦

练　川

今天，浦东已成为全世界瞩目的一片热土，旧貌变新颜。然而，历史上的浦东也是底蕴深厚，耐人寻味，周浦镇更是如此。

南宋即有“周浦”名

据说，“周浦”即“四周皆为河道”的意思。长江三角洲河网蛛密，有“五里一纵浦，十里一横塘”之说，叫“周浦”的地方，河流自然更加稠密。

“周浦”是个古老的地名，明《弘治上海志》地图上标有“周浦镇”字样，说明这时已经成镇。形成聚落的时间则更早了，南宋绍熙《云间志》记载:“永定禅院在周浦村。”永定寺可不是一座小寺庙，淳祐十年（1250）邑人高子凤为西林（浦东三林塘西）南积善寺撰写碑记：“西林去邑不十里（疑为八十里），东越黄浦，又东而汇北，其南抵周浦，皆不及半舍。寺之在周浦者曰永定，在黄浦者曰宁国，而西林居其中，盖所谓江浦之聚也。”800多年前，周浦一带想必很热闹了。

严禁脚夫碑

现今的周浦属于浦东新区，距人民广场仅13公里。和许多名镇一样，周浦也有不少别名，如储里、华谷里、七家村、杜浦等，每个名称均有一段来历和故事。

“储里”或“华谷里”，与南宋著名诗人储泳有关。储泳（约1101—1165），字文卿，号华谷，随宋室南迁隐居周浦。储泳《思归》一诗曰：“客楼高处望，独立对斜阳。负郭有田在，故山何日归？秋深杨柳薄，水阔鹭鹚飞。风景正萧索，何堪闻捣衣。”情景交融，为人传颂。储泳还是一位学者，研究了东汉著名炼丹家魏伯阳的《参同契》和北宋张伯端的《悟真篇》等重要的道教著作，写成《参同契解》和《悟真篇解》两书。储泳死后葬在周浦汇龙桥南，墓形似木鱼，俗称“木鱼坟”。过去，“木鱼古冢”被列为“周浦八景”之首。骚人墨客时常来此凭吊，留下很多诗作，如孔衡《宋诗人储泳墓》诗：“寺侧溪流静，桥边木叶飞。离乱怀往哲，惆怅步斜晖。抔土先生重，说诗此日稀。人烟稠杜浦，欢息古风微。”当地文人颇以此为荣，把家乡叫做“储里”或“华谷里”。

“七家村”是说周浦初成村时，只有姚、平、高、沈、储、冯、居七姓。其中“姚”姓后裔、明成化年间任太常寺卿的姚埙，对周浦镇繁荣昌盛，功不可没。他曾组织开凿“义井”，解决居民饮水问题，集资兴建周浦第一座石桥积庆桥，又在咸塘市河上建永兴桥。故民间流传“先有姚家厅，后有周浦镇”的谚语。

“杜浦”也是有渊源的。相传德清主簿杜元方在周浦置有别业，他的侄孙杜尧夫住在这里的时候，建尧夫桥，致有“杜浦”之名。“杜浦”倒是官方的名字，元时在此设有下沙盐场的杜浦巡检司。该地所产特色土布也因之叫做“杜布”。

古代“浦东第一镇”

清中期，周浦镇商贾云集，经济发达，名胜众多，有“浦东十八镇，周浦第一镇”之誉。

宋元时期，浦东以盐业闻名。因周浦塘与近海的各条灶港河相通，周浦市镇成为下沙盐场盐运中心。元末，盐运通道由周浦塘移向闸港，周浦镇曾一度式微。明代以后，盐业渐衰，棉粮业兴起，周浦镇依然靠着便利的运输条件独步浦东。

清雍正年间，首任南汇知县考虑到农民赶往县城惠南交粮路途遥远，就在周浦设立便民仓，占地30余亩，堂仓300多间。每年冬春之际的三个月，县官驻守周浦征收漕粮，周浦塘、咸塘港交汇处的学士桥一带，大小船只连绵有数里之遥，市河两岸布满茶馆酒肆、赌场戏院等，成为一个“街道回复，绵亘四五里，东西街夹咸塘，南北街夹周浦塘，民居稠密”的“通邑巨镇”。

从清末周浦镇的传统行业中，不难看出昔日的辉煌。清宣统二年（1910），当地商会选送一批手工织缎工艺品参加南京第一届南洋劝业会展览评比，荣获金牌5个和优质奖11个。创设于清道光三十年（1850）的“万新”酱园，主要产品有白酒、黄酒、酱和酱油等，还生产米醋、自制酱菜，兼营各种食油及铁锅等，生意兴隆，产品畅销；清道光五年（1825）开设的百年中药老店“良利堂”，精制的八珍糕颇有名声。南北货业是周浦历史上有影响的商业行业。著名的南北货店有“三阳泰”“恒昌”“鼎大”等，其中又以“三阳泰”名气为最。“三阳泰”的前身叫“厉三阳”，同治三年（1864）在周浦衣庄街13号创设，该店以自制茶食闻名，品种繁多，有小鸡蛋糕、杏仁酥、云片糕、桔红糕、椒桃片、交切糖、寸金糖、豆酥糖、状元糕等数十种。其中状元糕为特色产品，价廉物美，老少咸宜，不仅销往邻近地区，还远销国内其他省市及东南亚地区。1924年，该店改组后名为“三阳泰”。

竹枝词唱“小上海”

咸丰三年（1853）三月，便民仓被饥民烧毁，周浦镇漕运中心地位旁落；同治元年（1862），太平军在此抗击“洋枪队”，镇破后英军22团纵火焚烧，据说远在上海租界也可见冲天火光，繁华之地顿为瓦砾。经此劫难，周浦镇元气大伤。

更主要的是向来称盛的棉市，也受到了冲击，沪上纱厂多向农民直接买棉，致使周浦棉市一落千丈。

进入民国后，倚靠上海市区的繁荣，周浦镇的街市又热闹起来，特别是1922年筑通上南路（4年后又改通小火车）后，与上海往来方便多了，周浦的经济也得以迅速发展，以致有“浦东小上海”之誉。当时曾任周浦镇镇长的朱梅溪先生写有竹枝词多首，描摹了镇上的变化。兹列一二：

说书引动听书人，初到先生似绝伦。
独是上场三日后，微嫌腔调不翻新。
（书场）

义园茶馆大排场，远客偕来泡茗尝。
老虎汤儿开满碗，谈谈说说润中肠。
（茶馆）

郎中招纸满墙头，另有新奇注意否。
包看人家花柳病，少年夫妇两无忧。
（医寓）

八圈麻将定输赢，叫出谁家大少名。
照例头花加赏使，此风到底误苍生。
（赌局）

其他还有警局、学堂、花烟间、命相馆、照相馆、浴堂和面馆等，种类堪称齐全。

得风气之先，周浦的近代工业起步较早。光绪二十七年（1901），胡明甫等在周浦镇南八灶合股首创机动轧厂南昌公司，拥有轧米机14台，轧花机40台，总动力为80匹马力；1919年，赵楚惟、徐祝三在竹行街北段创办大明电灯公司，用柴油机发电，总容量为76千瓦，周浦镇开始用电力作为工业动力和照明。

实业家胡篦铭艰苦创业的历史，尤其值得一记。胡篦铭，南汇县坦直乡胡家宅人，后迁居周浦。1912年，21岁的胡篦铭肄业于南洋中学。其父在日本神户经商，让胡去帮办。10月，胡篦铭带了6台手摇织袜机回到家乡，先后在坦直镇、新场镇开办安定袜厂，经营有方，"象球牌"丝光袜在南洋很是畅销。胡又与人合办昌华碾米厂。当地豪绅王某因嫉生恨，以"污染水源"为由将其告至苏州府，胡篦铭在法庭受询时，将随身带的一瓶河水当庭喝光，以证明无毒，讼案不了了之。王某不肯善罢甘休，又纠合当地豪绅，多方刁难作梗，迫使安定厂停业。但胡篦铭并不气馁。1929年，他参与筹备中华火柴公司，并在周浦镇北市创设中华火柴厂，就任厂长，苦心经营15年，使中华火柴厂成为当时浦东地区著名近代企业。他还创办了大中农场。

上海沦陷后，驻周浦的日军宪兵得知他通晓日语，且在地方上有一定名望，迫其出任周浦维持会会长。胡篦铭坚辞不就，悄然出走，在定海出家为僧，艰苦度日，直至抗日战争胜利，才还俗回周浦。1975年农历十二月初一，他在周浦家中无疾而终，享年83岁。

周浦的近代文化事业随之兴起。1903年创立的同仁小学，是南汇（2009年并入浦东新区）最早的小学之一；1917年创立的周浦图书馆，是南汇最早的公共图书馆；1924年在周浦创立的南汇县初级中学，是南汇最早的中学。

米粮业是周浦地区主要的商业门类，长盛不衰。清末民初，周浦米行中最老的店号是"胡三省"，资金最雄厚的是"顾恒泰"，"胡三省的牌子，顾恒泰的银子"成为人人皆知的顺口溜。

抗战时期，因为军事封锁，市区大米紧缺，周浦镇检问所是封锁线的一道重要关卡，为谋生计，不少人冒着生命危险偷运粮食进市区。一时间，本地和松江、金山的大米流入此处，北市梢吴家行桥到南市梢姚家老石桥，五六里长的市河两岸粮船云集，全镇米行增至48家，日成交量1 500余担。抗战胜利后，已成气候的周浦米商把市面做得很大，架设直达市区的电话专用线，保持信息相通，还备有私家车，等周浦米市收盘即可赶往南米市参加交易。如此巨额的业务自然促进了金融业的发展，一时竟有汇昌、大华、万利等9家银行，永昌、大发等10家钱庄，还有2家信托公司，汇集于镇上。

傅雷也是周浦人

近代以来，周浦人才辈出。

清末著名学者张文虎（1808—1885），居周浦旗杆巷（城隍庙东侧）。所校“守山阁丛书”共18种，60卷。其中“小万卷楼丛书”等多种，世称善本。他还精通天文、数学知识，曾与英国学者艾约瑟和伟烈亚力一起探讨数理问题，两位英国学者十分钦佩。

数学家贾步纬（约1840—1908），幼年即好学不倦，对天文和数学尤感兴趣。师从著名数学家李善兰，和伟烈亚力成为好友，研习代数、微分、积

傅雷故居

分、对数等西学知识，造诣颇深。后受聘江南制造局翻译《航海通书》，参加完成了黄河全图的测绘工作。

知名度最高的当数一代翻译巨匠傅雷（1908—1966）。他几乎译遍伏尔泰、巴尔扎克、罗曼·罗兰等大作家的重要作品，著译33部约500万字，这些作品是中国译界的宝贵财富，形成“傅雷体华文语言”。

1908年4月7日，傅雷降生于南汇县周浦镇渔潭乡西傅家宅（下沙乡王楼村五组）。因为出生时哭声洪亮，且带着怒气，被取名为雷，字怒安。傅雷的祖父傅炳清，拥有四五百亩土地、30多间房子，在当地算得上是一家大户。傅雷之父傅鹏虽继承了家族的全部财产，但他不谙理家生财。在傅雷未满4周岁时，在周浦镇扬洁女子中学任教的父亲，被人诬告入狱，受了三个多月的折磨，等到用巨款把他保释出来，他已病入膏肓，不久就去世了。

傅雷的母亲李欲振是位贤淑能干、有主见的女子，人们尊称她为“鹏少奶奶”。族中或邻里发生了纠葛磨擦，往往请她出来评理调解，只要有她说上几句劝说的话，双方就能心平气和下来。因四处奔走营救丈夫，以致无暇

巽龙庵

照料孩子，傅雷的两个弟弟、一个妹妹先后夭折。屡遭打击，母亲的悲伤可想而知，她期望傅雷能出人头地，就以一种近乎残酷的方式督促学业，也养成了傅雷严谨认真、一丝不苟的风格。

傅雷童年在周浦镇小学念书。1920年考入上海南洋小学，次年转至上海徐汇公学读初中一年级。1924年，傅雷因反迷信反宗教，言辞激烈，被徐汇公学开除，仍以同等学力考入上海大同大学附属中学。五卅运动期间，他上街游行演讲，创作短篇小说《梦中》。1926年，在北伐战争节节胜利的鼓舞下，与同学姚之训等带头参加反学阀运动，大同校董吴稚晖下令逮捕，母亲为安全起见，强行送子回乡。8月写短篇小说《回忆的一幕》，发表于次年1月《小说世界》第15卷第4期。秋后以同等学力考入上海持志大学读一年级。1927年冬，傅雷赴法留学。4年后返回祖国，受聘在上海美术专科学校主讲美术史和法文。1934年罗曼·罗兰的《弥盖朗琪罗传》译作第一次由商务印书馆出版。此后，他每年有译作由该馆出版。抗战期间，傅雷一面从事外国文学译著工作，一面积极参与各种抗日文艺活动。

傅雷与妻子朱梅馥两人青梅竹马。朱梅馥原名“梅福”，因其出生之日正是农历正月十五，蜡梅花盛开。结婚时，傅雷嫌她名字中的“福”字太俗，改为“馥”字。朱的父亲朱鸿是位前清秀才，以教书为业。

1957年傅雷被错划为“右派”，他深居简出，闭门著译。其时，他的长子、钢琴家傅聪在波兰留学，为了免受父亲的牵累，乘飞机出走英国，使傅雷遭受了双倍的压力，但他仍不断地写信给伦敦的儿子：“我相信：祖国的大门是永远向你开着的。”

1966年9月2日，傅雷和夫人朱梅馥被迫害致死。令人感动的是，即使在临终前，傅雷也没有忘记托付内弟朱人秀代为缴付当月55.29元的房租，还给保姆周菊娣留下一张600元的银行存单作为她过渡时期的生活费，特意关照“她是劳动人民，一生孤苦，我们不愿她无故受累”。信的落款是他们夫妻的签名，还有傅雷的一枚殷红的图章钤在信尾。

1979年4月26日，上海市文联和上海市作协为傅雷夫妇彻底平反昭雪，终使傅雷夫妇的在天之灵得到安宁。

“人书俱老”苏局仙

2000年5月，周浦镇被文化部社会文化图书馆司评为“中国民间特色艺术之乡”。历史上周浦的书画篆刻就很有影响，尤其是清代嘉庆、道光年间，周浦的知名画师一时竟有数十人之多，如蔡湘、冯定伯等，构成了一个活跃的艺术群体。

解放后，书画传统依然保持。1986年，周浦书画协会成立，先后开办漕溪书画社、周浦画廊、书画陈列室等，建立老年书画、少儿书法兴趣小组，在新加坡以及中国香港、江苏、浙江等地举办10多次书画展览，涌现出一批风格各异的书画人才以至国家级画家。特别是寿星书法家苏局仙，更是名重一方。

苏局仙（1882—1991），原名裕国，祖籍南汇县城惠南镇，居周浦镇牛桥。幼时因家境贫困，10岁才念上书，19岁便开始教书，1905年24岁时在松江府考中秀才，是末科秀才。但他无意仕途，仍继续着清苦的教书生涯，

苏局仙故居

曾在周浦公学等校任教，前后达46年之久，桃李满门。65岁时，苏局仙告老回家。1980年，虚龄百岁的苏老被推荐为上海市文史馆馆员。

苏老一生酷爱书法，虽眼睛高度近视，仍坚持每天早餐后写一个多小时的字，从不间断。1979年，他的书法作品《兰亭序》横幅荣获全国群众书法比赛一等奖，《文汇报》曾以《雪霜已过沐春风》为题刊载这一喜讯，赞誉其“人书俱老”，难能可贵。但苏局仙自谦年岁大，笔力差，并说平日练字亦是一种健身方法。

苏老自幼酷爱唐诗，经常边读边写，每天都要写一首甚至几首。“文化大革命”中，所著《咏史千首》和《蓼莪诗稿》十余卷、《蓼莪居联话》2卷、《怀旧录》2卷，计6 000多首诗，被付之一炬。但之后其仍坚持勤读勤写，又积累了内容涉及上下古今、天南海北的文稿30多卷，计30多万字。

苏老百岁时仍鹤发童颜，精神矍铄，饮食起居相当有规律。有人好奇地向其请教长寿的奥秘，苏老告之以“持之乐观，生死度外”，还要做到“动静结合”的有规律的生活。

1991年冬天，苏局仙老人因肺部感染引起并发症去世，享年110岁。

“南鸡”最佳“江南凤”

小绍兴白斩鸡为什么好吃，就是由于用散养的浦东三黄鸡为原料。三黄鸡因其“黄嘴、黄脚、黄羽”而得名，鸡的身形美丽壮健，单冠，胸背宽阔，羽毛丰满，冠及肉垂鲜红，耳叶及脸呈红色。“唯有雄鸡九斤大，交交风雨闹江乡”。相传清朝光绪年间，浦东三黄鸡作为贡品进京，得慈禧太后赐名“江南凤”。

浦东鸡肉质鲜美，白斩、红烧、酱炒俱佳。据说上海老饭店名菜“鸡骨酱”即以浦东公鸡烹制。1971年，在上海畜牧医研究所举办的鸡味质量鉴定会上，浦东鸡获得冠军。20世纪80年代以来，“江南凤”得到大力推广，品质不断改良，曾多次在全国农展会和世界博览会上展出，蜚声海内外。

周浦是浦东鸡产地之一。镇区“南汇浦东鸡良种场”多年来为周浦地区和全县提供了大量优良的种鸡、种蛋。1996年春节，国务院副总理吴邦国在南汇视察时，亲笔题词“江南凤”。

近年，南汇“桃花节”声名远扬。其实早在20世纪20年代，周浦镇就是“水蜜桃之乡”。1922年始，先后有奚家桃园（又名怡稼农场）、顾家桃园、贾家桃园、永定寺桃园（又称汪家桃园）、姚家桃园（又称寿星农场）5座私人桃园。所植“玉露水蜜桃”为周浦镇的一大特产，据说个头不大，一般每只在100～150克，果形为长圆形，果皮色泽鲜艳，向阳面带有红晕，果顶部位密布细小的红点，皮薄易剥，糖度高，汁液多，肉质细嫩，口感极佳。

1951年，5座桃园由南汇县人民政府接管，改组为人民桃园。但因其面积有限，产量不敷需求，于是逐渐向果园乡发展。

文化古镇朱家角

黄晓明

江南文化古镇朱家角，在20世纪90年代以前，当她的邻居周庄名闻遐迩时，她还是“养在深闺人未识”，如同世外桃源，与世隔绝。1991年，朱

朱家角的廊桥

家角镇同松江、嘉定、南翔镇被上海市人民政府命名为四大文化名镇之后，她的宁静被打破了，旅游业很快成为朱家角的支柱产业。登上放生桥畔圆津禅院的高塔举目四望，只见河沟港汊纵横密布，9条长街沿河伸展，千栋明清建筑依水而立，36座石桥古风犹存。“小桥、流水、人家”的明清古韵迷住了八方游客，处处可入画、时时可吟诗的水乡风情陶醉了无数文人骚客。

2000年，朱家角被列入上海“一城九镇”规划之中，她的发展又掀开了新的一页。然而，又有多少人知晓朱家角历史上曾有过的无限风光？

“三泾不如一角”

朱家角，又名珠溪、珠里，俗称角里，位于青浦区中南部，淀山湖下游，是江浙沪的交通枢纽，地理位置十分优越。朱家角东距虹桥国际机场21公里，北连昆山，南接嘉兴，西通平望，318国道贯穿镇境。朱家角自然河道众多，水域面积超过万亩。早在宋元时期已形成集镇，水运便捷促进了贸易发展。至明代万历年间遂成繁荣大镇，清代以后成为青浦县西部的贸易中心，清末民初时商业之盛已列青浦县之首，为周围四乡百里农副产品集散地。

抗日战争前，镇上商贾云集，人烟繁盛，以北大街、大新街、漕河街为商业中心，从一里桥元号油厂至东市街梢，街长三里多，店铺千余家，素有“三泾（朱泾、枫泾、泗泾）不如一角”之誉。

民国时镇上米市极盛，青角薄稻米名闻遐迩，其时漕港两岸的米厂、米行、米店就有百余家。每年新谷登场，河港几为米船所壅塞。镇上商贸各业齐全，网点遍布，货源充足，大店名店林立。南货业有恒大祥、宏大、涌源来等；茶食业有雪香斋、涌顺昌等；绸布业有永泰元、恒大、高义源等；百货业有广生祥、全丰洽等；国药业有童天和、张广德等；酿造业有鼎义顺、涵大隆、义成泰等；腌腊业有顾义隆、大盛等；地货业有东来升、恒茂等。商号中既有经营特色商品的百年老店，又有上海、苏州、杭州等地大店名店的分号。其经营的日用工业品，均直接来自京、沪、苏、杭等大中城市，品种齐全，名牌众多，且批零兼营，远销江浙两省，为青浦、嘉定、昆山、吴县等地区的商贸中心。

20世纪初，英美烟草公司也插足朱家角商界，以启新烟站为代理商，销售洋烟。从第一次世界大战到抗日战争前夕，镇上竟有信孚裕、支万茂、夏瑞记等数家英美烟草公司代理行，它们除经销洋烟外，还为洋商推销火油、火柴、肥皂等“五洋”杂货。

双套晒油获银奖

里人绘制的旧时朱家角节庆热闹场景

朱家角上一些颇具特色的百年名店至今仍生意兴隆，它们生产的各种食品因品质优良或加工独特成为远近闻名的名产特产。其中，双套晒油和玫瑰露酒曾在1915年巴拿马万国博览会上获银奖，蜜清醇酒1987年在中国黄酒节上获特等奖。

“双套晒油”是由百年老店涵大隆所酿制。该店创办于清光绪十二年(1886)，店址坐落在泰安桥东堍的镇北大街237号。沿街为酱园店堂，后埭为生产工场。采用优质大豆自然发酵制酱，日晒夜露，天然浓缩而成的“双套晒油”，其口味醇香鲜美，是烹调辅料中的上品。涵大隆酱园产品种类繁多，除“双套晒油”外，还有多种特色乳腐及人参萝卜等花色酱菜，皆具独特风味。

1956年，私营工商业社会主义改造中，涵大隆与义成泰、恒隆如等18家酒酱店以及包隆盛糖坊等合并，组成公私合营朱家角酒酱商店。1958年，更名为朱家角酿造厂。80年代，又更名为义仁泰食品厂，主营酿造和食品。

进入90年代，随着旅游业的发展，各地来古镇的旅客与日俱增。涵大隆酱园店前，至今仍保留着当年旧貌，古色古香的石库门前有特大“酱园”二字，白底黛书，异常醒目。游人至此，怀旧之情油然而生，争相摄影购物，终日门庭若市。这里不仅是古镇明清老街上的特有景观，同时也成为各类影视片中的珍贵镜头。

朱家角还有一家百年老店值得一提，它就是开设于大新街的童天和药号。该店于清光绪三年（1877）重修金字招牌。光绪十六年，童姓老板在家乡宁波本族中扩资12股充实经营，其资本约占全镇同业三分之一以上。该店素以挑选道地药材、自设工场、精工炮制饮片而负盛名，药工刀法娴熟、技术高超，自制六神丸、行军散、人参再造丸等各种丸散膏丹，年煎驴皮胶300张、龟板胶500市斤，年供应薄片阿胶500市斤，膏滋药近千料，每料药价2 ~ 2.5石糙米。该店还先后聘请金乃声、叶志廉、金宝祥等名医坐堂处方，名医良药，相得益彰，远近闻名。建国初期行业登记时，该店资本达24 337万元（旧币），占全镇药业的44.54%。1956年公私合营。1986年恢复原店名，门市配方及聘请老中医坐堂之传统亦相继恢复。2000年夏重修童天和，整体恢复清代旧貌，陈列独特制药器具，成为古镇旅游景点之一。

江南第一茶楼

江南第一茶楼坐落北大街东段，临街枕水，全楼面积达400平方米。楼上宽敞雅致，古色古香。沿雕花木栏楼梯，拾级而上，三十来张八仙桌，天天座无虚席，在此“孵”环境、“泡”时间、“聊”见闻、“侃”变化，领略老茶馆那种特有风味。登楼环顾，放生桥、阿婆茶楼、圆津禅院等名胜古迹一览无遗，楼名“江南第一”，可谓当之无愧。

此楼前身为俱乐部茶馆，凡江南评弹名家，均曾献艺于此。台湾作家三毛也曾登临此楼品茗观景，赞叹不已。此楼历史悠久，清朝末年有苏北商人于此镇北大街建造浴室，取名俱乐部浴池。至民国初年，镇上闻人铁根宝（传名，姓叶）出资重建此楼，名俱乐部茶馆。当时茶馆扶梯右侧为老虎灶，专供茶水；左侧由点心名师“馒头金根”开设点心店，经营生煎、蟹壳黄、蟹肉烧卖、蛋丝汤包等时令小吃，“朱家角小吃”之名声即由此始。1997年，由镇上名流陈署昌先生出资重修，从此更是名声大振，各地文艺界名人纷至沓来。时人有诗赞曰：“诗人三百辈，随我步云楼。品茗敲佳句，推窗送远舟。”

明清建筑一线街

朱家角的老街古意盎然，曲巷通幽，神秘清奇，有热闹的，也有宁静的。热闹处临街是商店，楼上是住家，一家紧挨着一家，整天人声鼎沸。而西井街、东井街则依河而建，两旁大多是明清古民居，课植园即位于西井街最北端。此处无车马之尘，无人声之喧，一条潺湲，两岸人家，碧水清澄，草木葱茏，让人品味繁华背后静谧清幽之美。

然而，到朱家角一定要逛北大街。北大街，又称“一线街”，是上海市郊保存得最完整的明清建筑第一街，全长两里多路。其东起放生桥、西至美周弄约300多米，是最富有代表性的精华所在。这里，旧式民宅鳞次栉比，粉墙灰瓦错落有致，窄窄街道曲径通幽，石板条路逶迤不断，老店名店两旁林立，展现了一幅古意盎然的江南水乡风情画卷。

北大街背靠漕港河，旁临放生桥，早在古镇形成初期，就以水陆两运称便，“贸易早于他镇”。茶楼酒肆、南北杂货、米行肉铺，百业俱全，成为百年来兴盛不衰的商业中心，有“长街三里、店铺千家”之美称。如今街上还保存有百年老店“涵大隆酱园”、百年饭店“茂荪馆”，还有沪郊最大的“古镇老茶馆”。更有一些居住市区的人所鲜见的传统手工作坊，竹篮、栲栳、藤椅、木桶等竹木器具，不仅可一睹其制作全过程，临走还能捎上几件留作纪念。一爿爿古董、陶瓷、花鸟、书画、土特产、工艺品、特色小吃等店铺相继开张，店招迎风招展，红灯笼高高挂起。

有“一线街”之称的北大街

北大街虽冠以“大”，其实宽仅三四米，最窄处只两米而已，两边砖木结构小楼，滴水檐几乎相接。站在街心，仰面望天，只见青天一线，给人以“苍天无边若有边”之感。对街居民可推窗攀谈，握手道喜，互递物品，犹如一家人，构成“一线街”的奇特景观。游人走在街上，自然会产生“脚踏石板路，一步一店铺，抬头一线天，古意扑面来”的感觉。

老街两旁民居，飞檐翘角，马山墙头，门面一式花格落地长窗，老式朱漆排门板，透出一派古朴典雅的气息。特别是名医陈莲舫故居，临街两层小楼，设有一排雕花栏杆长廊，外加雕花屋檐挡板镶嵌，花纹别致，刀法精细，独具匠心，充分体现出古代建筑师的构思之巧。三朋五友聚此，可倚街赏景，吟诗品茗，犹如时光倒流，不亦乐乎。北大街上还有“三阳湾”和“轿子湾”，以高耸民居切割而成的九十度转弯，给人以“疑是到了尽头处，拐弯却是新天地”的感觉。“三阳湾”有一户民居与众不同，是此街唯一的老式三层楼结构，外看平凡无异，入内却宽敞无比，弯弯曲曲拾级而上三楼，远眺漕港河、放生桥，帆影点点，波光粼粼，尽收眼底。

1991年上半年，上海市政府决定将北大街修建成市郊第一条明清步行街，各路专家云集古镇，规划设计，描绘蓝图。原古镇十景之一的“韵桥渔乐”一组仿古建筑群，已在北大街、美周弄口拔地而起，现代路灯改为古色古香的灯笼，还增设三道风火墙，吊脚式的亭、台、檐、廊等。

泰安桥上石榴树

水多、桥多是江南水乡朱家角的典型特征。朱家角历代建造的古桥36座，把古镇连成一个整体，至今保留完好的建于明清的石拱桥、石板桥、砖木及混合结构的古桥还有20多座，如上海地区最长、最宽、最高的五孔石拱桥——放生桥、古朴典雅的木质廊桥、课植园内小巧玲珑的袖珍课植桥，而古雅浑厚的泰安桥更令游人喜爱。

泰安桥俗称何家桥，始建于明万历十二年（1584），为单孔拱形石桥，位于漕港河口的名刹圆津禅院门前。清代名士有诗曰：“日落炎威退，池塘淡月中。踏歌闻市上，渔笛在溪东。蒲扇轻摇暑，蕉衫短受风。晚凉闲独步，古寺一桥通。”此桥高且陡，是全镇最陡的一座石拱桥。桥堍竖立旗杆石两块，系悬路灯所用，也是往来船只的航标灯。用于建造桥的材料是青石，且雕刻的桥栏浮雕“飞云石”酷似元代遗物，而桥前的圆津禅院也建于元代，故对此桥的建造年代专家们一直有着不同的看法。

泰安桥还有一道独特的景致，就是两侧桥拱上长着两棵枝叶茂密的石榴树。镇上其他的古石桥，像放生桥等的两侧也有几丛石榴树，但都没有泰安桥那样茂盛。这种独特的风景，与当时独特的造桥工艺有关。古时，工匠用糯米粉浆拌石榴籽来砌石缝，取“石留”之义。桥成后，生命力特别顽强的石榴籽就从石缝中发芽、生根，长成一大丛树，树根紧紧抓住石块，真正起

左：旧泰安桥（桥上长有石榴树），右：新泰安桥

到了固石、留石的作用。泰安桥上的石榴树树龄已有400多年，石桥与石榴浑然一体。因年长日久，泰安桥石块风化，需要修固。如今修复了的泰安桥，已没有了那两棵茂盛的石榴树，令游人不免有些遗憾。

名医作家陆士谔

朱家角自成繁华市镇后，文儒荟萃，人才辈出，明清两代共出进士16人、举人40多人。知名度较高的有清代学者王昶、御医陈莲舫、小说家陆士谔、报业巨子席裕福、画僧语石等。其中陆士谔既为小说家，又是一代名医，实乃奇才。他生于清光绪四年（1878），名守先，字云翔，笔名云间龙。伯父世淮为举人，父亲兰搓为秀才。陆士谔幼年时家道中落，曾当过典当行学徒，16岁从镇上名医唐纯斋学医，遍读古今医药专著，学成后悬壶于青浦、松江一带。辛亥革命后到上海行医，著有《国医新话》《士谔医话》《医学指南》等

陆士谔

书，被誉为当时沪上十大名医之一。

陆士谔从小爱读稗官野史，家中藏书甚丰，且过目不忘，打下了日后创作小说的基础。光绪二十六年（1900）前后，他一边行医，一边写作，作品在报章连载，很受读者欢迎。

陆士谔一生创作的通俗小说多达五六十部，就其内容而言，可分成五类：一是社会谴责小说，如《新孽海花》《孽海花续编》《官场怪现状》《风流道台》《最新上海秘史》等；二是历史小说，有《清宫演义》《清朝开国演义》《顺治太妃外纪》《女皇秘史》等；三是武侠小说，有《三剑客》《血滴子》《江湖剑侠》《江湖义侠奇观》《雍正游侠》等；四是文言笔记小说，如《蕉窗雨话》《江树山庄笔记》《尘余觚剩》《冯婉贞》等，其中《冯婉贞》一文曾选入中学语文教材，影响较大；五是幻想小说，如《新中国》。

《新中国》创作于宣统二年（1910），其中写到这样一个情节：宣统二十年，万国博览会在浦东举办，黄浦江建成了一座跨江大桥，小说主人公前去游览，一跤跌醒，方知是梦幻一场。如今浦东成了新开发区，跨江大桥已建成，并且不止一座，世界博览会也已在黄浦江两岸举办，陆士谔的梦想已成为现实，而清王朝在其创作此书不到两年就灭亡了。2010年，《新中国》已由上海古籍出版社重新出版。

抗日战争时期，陆士谔蛰居上海。1944年3月，他因中风卒于上海寓所，终年67岁。

书翁书痴书迷多

朱家角，是典型的文化古镇。朱家角的“文儒”个个惜书如命，平民百姓也以读书、藏书为乐。1991年初，首届民间藏书开发利用研讨会在朱家角召开，引起社会各界的关注，中央电视台、《人民日报》、上海电视台、《解放日报》等新闻媒体都作过专题报道。民间藏书的开发利用列入了上海文化年鉴，并收入了联合国教科文组织汇编之列。

朱家角的民间藏书家大多居住在被称为“藏书一条街”的东湖街上。家庭藏书普及率达50%以上，民间藏书总数逾10万册，是镇文化馆藏书的10倍，超过了青浦区21个镇图书馆藏书的总和。其中，藏书1 000册以上有18户，500册以上有27户，300册以上有64户。藏书者有80岁高龄老者，也有普通的家庭主妇和青少年，甚至有十龄稚童。

朱家角人善于动脑筋，不仅读好书，藏好书，还在“用”好书上下功夫。先后举办过全镇性的“特色家庭文化展览”“深化利用民间藏书资源探讨会”“新老藏书家联谊会”“知识就是力量演讲会”等，编写了《地区民间藏书联合录》，并把读、用、藏书作为“五好家庭”的评比条件。上海市图书馆专家参观了朱家角民间藏书特色家庭后，谐称朱家角藏书者为“书翁”“书痴”“书迷”。

书翁周陀星，是一个犟老头。他已80多岁，家有藏书4 000多册，收集了鲁迅、莫泊桑、托尔斯泰、罗曼·罗兰、冈察洛夫等文学巨匠的著作。他说过一句颇耐玩味的话：“家有藏书，切莫让它们睡大觉，要把里面的养料榨干吸尽。”

书痴杨绍平，其貌不扬，却浑身都是艺术细胞，他喜欢收集书画类图书，如今已藏有1 000多本。多年来，为把全国各大名人名作收集到手，他不惜代价，“钻天打洞”，坚持不懈。他收集的名人真迹有年龄最长的书法家苏局仙的珍品，最小书法家4岁陈晓彦的作品；有原国家主席刘少奇夫人王光美的亲笔题词，也有台湾原国民党元老陈立夫的书法作品等。杨绍平还专门办过展览会，连外国人都慕名前来欣赏。他不仅爱藏书，还从书本上、名家的真迹里吸取养料，练得一手过硬的真草隶篆，且自成一体，经常与同行交流集藏。

书迷姚达人，副教授。他的藏书别有特色，专门收藏保险类图书，古今中外无所不有。解放初他担任过全国保险公司干部，至今仍偏爱保险专业，家中的保险类图书时常被保险公司借阅。书迷朱宜左，不是佛教信徒，偏对佛教情有独钟，家有佛经整整四大箱，玉佛寺方丈曾慕名前来他家抄录经文。

朱家角藏书家之多，藏书类之广，引起国内外有关人士的重视。日本大阪大学的教授专程前来收集朱家角民俗民风，提出欲和一些藏书者交流。朱家角派出“书翁”“书痴”“书迷”三人与日本友人切磋。三位高手不负众望，以渊博的学识、丰富的阅历和日本教授交流，两天里使这位日本教授大开眼界，非常佩服，并相约来年再相会。

1991年，朱家角评选出20个“民间藏书大王”，成为朱家角的“民间大使”，他们不断地向世人讲述着朱家角的昨天、今天和明天。

上海园林摭谈

郑逸梅

上海是世界著名的大都市，当然很热闹的了，可是尘嚣万丈，车马喧阗中，却也有清静所在，供人憩息的，那就得谈到园林了。

露香园　上海最古老的园林之一。园虽早已不存，现在犹称其处为露香园路，成为名存实亡。按《上海县志》:“明时道州守顾名儒，筑万竹居，其弟名世，又于其东旷地筑园，穿竹得石，有赵文敏所书‘露香池’三篆字，因名园为露香园。”又《阅世篇》:“水蜜桃惟吾邑露香园有之，色艳而味甘。”又徐蔚南《顾绣考》:“明时有园主与女眷居此园，以刺绣擅名，时称露香园顾绣。”清道光十九年（1839），海疆有事，即在是园设立火药局，制火药不慎，轰然炸毁，成为焦土。此后，俗呼其处为九亩地。上海的新型剧场名新舞台，即建设在此，尚有万竹小学，为胡适之幼年读书处，沿用万竹居的旧名而已。

豫园　今尚完整。传统形式，耐人玩赏。此园建于明代嘉靖万历年间，属于邑绅潘允端所有。当时占地70余亩，园有假山，出于园艺家张南阳设计（南市天灯弄的日涉园，也是张氏设计，今已废），叠石别具丘壑，每年重九佳节，开放给人登高，称之为“大假山”。园的东部点春堂，堂额出于沈秉成手笔，沈为苏州耦园主人。堂一度为小刀会办事处，悬有名画家任伯年的杰作《观剑图》。玉华堂前的玉玲珑石，相传为宋代宣和花石纲遗物。通向内园有九龙石桥，亦明代故物，惜于修建中把它拆毁了。

九果园　据商务印书馆所刊印最早本《上海指南》所载，内云:“曹家渡西吴淞江北岸，俗名吴家花园，清光绪间，邑人吴文涛所构，旧植果树九，故名。有环江草堂，闹红画舸，萝补小筑，望江楼诸胜。壁间有米元章书英光堂帖、吴云壑书归去来辞石刻。厅事五楹，额曰绍修堂。”我闻其名，没有到过，今无迹象可寻了。

小万柳堂　在万航渡，原圣约翰大学的右面，为无锡诗人廉南湖和他的夫人吴芝瑛双栖之处。南湖名泉，和民初首揆徐世昌为同学，芝瑛为桐城古文家吴汝纶的侄女，和女烈士秋瑾结异姓姐妹，擅书法，其瘦金体尤名重一时。廉南湖的先祖廉希宪，有万柳堂，因袭其名为小万柳堂，有帆影楼、剪淞阁诸胜。堂的南部为南园，溪流环抱，竹柳成荫，有亭耸立，登之悠然有高世之想。小万柳堂对岸徐棣山筑小兰亭，茂林修竹，雅似兰亭，有美国种大丽花数十本，绝艳美，向于中秋开大丽花会。

徐园　海宁巨商徐棣山所筑。徐拥有资财，在唐家弄买了三亩地，筑双清别墅，俗称徐园。园内有鉴亭、鸿雪轩、桐韵旧馆等以供憩息。棣山死，其子贯云、凌云兄弟以原地太隘窄，把园搬至康脑脱路（即今之康定路），有十二景，南社雅集，经常在此举行，《南社丛刻》尚有徐园雅集照片。昆曲传习所，常借此演出。又西洋电影，在这儿首次放映，开了我国人士的眼界。一自抗战军兴，容纳无家可归的难民，园址也就废圮了。

吾园　在上海城西南隅。李筠嘉所辟。筠嘉号笋香，工吟咏，有《吾园记》，叙述筑园的由来，有吾池、吾桥、吾廊、吾室。自云："有桃百株、竹千竿、鱼数千尾，豢得雏鹤二，暇辄与二三朋好，啸咏其中，彼此忘形，不辨宾主。”闻龚定庵来沪，曾寓该园。嗣改龙门书院，不久毁。撰《上海小志》的胡寄凡有诗云："行人但见吊龙门，李氏园名不复存。雅集幸留诗卷在，风流想见水云村。”

申园　在静安寺西，中建层楼，环围花木，右偏筑有亭榭，并浚方池，较为宏畅。四周有通衢，车马可以直达园内，绕行一周而出。自午后至日暮，来游者结队成群，品茗看花，流连忘返。逢到夏日，彻夜灯火，纳凉消暑的不断来往。随园后人袁翔甫撰一联云："百尺旷襟怀，更饶它翠袖联云，香车流水；四时供啸傲，最好是夕阳西坠，明月东升。”按袁翔甫别署仓山旧主，曾主《申报》笔政，在福州路石路口赁小楼一角，称杨柳楼台。门前植杨柳多株，绿阴如幄，室中湘帘斐几，幽雅绝俗，结吟坛于此。嗣由张小楼借设书画公会，小楼工书画，为七君子之一李公朴的丈人。

西园 凡二所，一在静安寺之西，有品泉楼，因附近有珍珠泉而命名，花木扶疏，芳菲不绝。一在城南斜桥，为邑人张月槎所建，以旷雅胜，槿篱竹扉，板桥茅屋，饶有林泉逸趣。售门票，为公共娱乐场所。

张园 原名味莼园，在静安寺路，今南京西路泰兴路口，本西人格农所建。清光绪十六年（1890），为无锡人张叔和所有，初仅20余亩，历年展拓至70亩。园外柴扉，题曰“烟波小筑”，又在古树上榜“味莼园”三字，都出袁翔甫手笔。有海天胜处，为演剧场所，有安垲第，为售茗点及开会之所。辛亥革命，孙中山回国，就任临时大总统的前一天，即在该处出席演说。又霍元甲和西人粤皮音比武，也在园中举行。前些年，上海电视台放映霍元甲电视剧，邀我讲张园旧况，我把回忆得起的讲述了一些，并展示了一张该园的风景照片，在荧屏上和观众见面。盖张园旧址，早已改建市廛，无从目睹了。

愚园 愚园路即因此园取名，更在张园的西面。光绪十六年（1890），四明张姓所建，画栋连云，有四面厅、花神阁、杏花村、倚翠轩、云起楼等，南社雅集，好多次在云起楼觞咏为乐。园中蓄有虎豹猩猩，为动物园的开始。凡易五主人，园亦改建市廛。

半淞园 在沪南高昌庙路，1918年上海人姚伯鸿所建。姚为鸣社社友，工词章，与画家周备笙友善，亦擅丹青。园占地60余亩，亭、台、池、石，一切都按山水画稿，加以变化，有江上草堂、倚山楼、凌虚亭、碧梧轩、水风亭、四照轩、剪江楼等。又可取道斜坡，拾级登上迎帆峰，观浦江帆船。星社诸子，在江上草堂，举行雅集，我也参与其盛，曾几何时，园废而社亦星散，能不感慨系之。

爪豆园 在龙华镇南，鸣社诗人陆云僧筑，俗呼陆家花园。花木繁茂，有怀桔庐，寓陆绩怀桔意，为主人居息之所。我曾藏有爪豆园雅集照片，那著《官场现形记》的李伯元，倚柱而立，坐的有辛仲卿其人，新闻路的辛家花园，即辛氏所有。辛家花园，池莲多是名种，康有为一度寓居园中，后园归常州盛宣怀。

觉园 一称南园，在今北京西路铜仁路口，那是粤商简照南的私园。简氏好佛，园中植有菩提树，又设佛音电台于其中，书法家袁希濂皈依佛教，亦寓园以养静。

六三园 在江湾路、四川北路之间，为东瀛名士鹿三郎所筑，一称鹿园。园中植樱花多本，花时烁岩锦簇，绿色的更清艳。词人况蕙风来此见之，大为欣赏，作临江仙词十余阕。牡丹杜鹃亦称盛。小山之麓，流泉绕之，池中铺以石，清澈见底。挹翠亭畔为鹿栏，蓄雏鹿数头，凡馆舍等题额，均标大正年号，一楹联极可诵，如云："天上四时春，看好花不断，明月长圆，缥缈蓬莱几洄溯；座中前度客，尽归谱留题，新诗覆瓿，大千萍梗话因缘。"出于日本人之手，殊非易事。一次，鹿三郎邀请钱瘦铁、曾农髯、汪英宾、杨树庄、王西神观舞，舞者十五六辈，都是妙龄女郎，且唱日本歌曲，如新莺出谷，簧舌轻调。主人在广场布席，西点极精，歌女持杯劝进，西神为作《鹿园歌舞记》。

味园 在法华。鸣社社长郁葆青所辟。植牡丹，多名种，姚黄魏紫，主人辄邀客欣赏，且和冒鹤亭、陈子言、张燕昌、李拔可诸诗人举行修禊，夏敬观为绘《春禊感旧图》。又仿法式善的诗龛，邓春澍绘《鸣社诗龛图》，成为风雅之数。主人有《味园诗》："白石桥边开野棠，绿杨径里话茅堂。一帘花影迎风碎，几卷诗篇带酒香。戏鸭陂塘晴浴砚，听鹂池馆醉飞觞。湔裙修禊人归去，剩有斑鸠唤夕阳。"园的景色，不难于诗中窥见了。

宋公园 在沪北，因称闸北公园。这儿有宋教仁烈士墓。宋教仁为湖南桃源人，别署桃源渔父。主《民立报》笔政，且著《民国宪法草案》，言论犀利，抵触了袁世凯，被袁的党羽刺死于北车站，乃埋骨于此。墓前为宋的石像，像为坐式，一手执卷，一手支颐作冥想，宛然如生。像的下座，有章太炎篆书"渔父"二字，座后有于右任的铭题："先生之死，天下惜之，先生之行，天下知之，吾又何记。为直笔乎！直笔人戮；为曲笔乎！曲笔天诛。呜呼！九原之泪，天下之血，老友之笔，贼人之铁，勒之空山，期诸良史，铭诸心版，质诸天地。”这数语，渊渊作金石声，抑何壮烈。可是这一系列，经过十年“文革”，毁损无遗，今复重修，恢复原状，以资凭吊。园中花木，补栽了很多，芳草萋萋，绿荫处处，也足留人驻迹。

胶州公园　在沪西胶州路。园不大，仅取其空旷，无甚特点可言，但由于抗战期间，八百壮士在团长谢晋元率领下，在那儿设立营地而闻名遐迩。1940年4月24日晨谢团长突被敌伪收买的叛兵郝鼎成刺死，遗体即葬在园中。

也是园　在南市（今并入黄浦区）凝和路。为明代建筑。主人先后有乔炜、李心怡、陈銮。迭经增葺，有榆树榭、珠来阁、湛华堂、钓鳌处、芹香仙馆、太乙莲舟、蓬山不远、在水一方等胜迹。清季设蕊经书院于园，陆润庠任主讲，造就人才甚多。民国后，一度为土地局办公室，时园林已半废。

秋霞圃　在嘉定东大街，为明龚宏尚书私人所有。园中有数雨斋、百五台、洒雪廊、岁寒径、寒香室、三隐堂、松风岭、竹石轩、丛桂轩等胜地。原来竹和桂为园中主要点缀品。后龚宏孙将园售给皖人汪某，由于汪某后人不事生产，家道中落，是园再次易主，卒为城隍庙庙园。清咸丰间毁于兵燹，光绪间重建。数十年来，又复倾圮，直至1980年，鸠工大修，胜于往昔。陈从周、杨嘉祐等都有详文纪其事。

醉白池　松江林园。园分东西两部分，东部是原有的，西部是新辟的。园林设计，颇具匠心，如堆砌假山，若非胸有丘壑，腕底烟云，是不可能建成如此清奇引人的。西部的一些景色，相形之下，就未免逊色了。

古漪园　在南翔。广二十七亩，原名猗园。为明嘉靖年间，镇人闵士籍所建，有逸野堂、浮筠阁、小云兜、小松冈、戏鹅池、鸢飞鱼跃轩诸景。园中松篁花石，出于竹刻家兼盆景艺人朱三松所规划设置，别创一格。乾隆间，园易主为叶锦所有，才在猗园上加一“古”字。“八一三”抗战，园被毁大半，残存南厅、不系舟和部分叠石。1959年重新修葺，扩充，并修复补阙亭。此亭乃“九一八”事变后，以东北国土沦入敌手，爱国人士特造缺东北角的方亭，借此警惕，用意是很深长的。近年又增建了湖心亭、九曲桥、长廊、梅花厅等，到此更使人开襟纳爽，濯魄欲仙了。

汇龙潭　为嘉定区嘉定镇南大街的小园，但亦具有悠久历史。《中国名胜词典》有详尽记载。明天顺四年（1460）所堆的土丘名应奎山。万历十六年（1588）凿潭后，土丘四面环水，称为“五龙抢珠”。沿潭筑石栏，柱上端雕镂小石狮，凡七十有二，状态各不相同。潭影阁，楼台映水，景色殊美。

方塔公园　方塔原名兴教寺塔，在松江县城东，寺建于后汉乾祐二年（1949），北宋始造塔，九级方形，故名。以年久失修，致围廊全毁，各层腰檐、平座、栏杆、楼板，均残缺零落。1975年重修，移上海天后宫庙古建筑至此，辟为方塔公园。

因而园　原名怡园，在松江秀南桥畔，为明代建筑，约六七亩，为罗氏产业。南社耆宿高吹万哲嗣君藩，知罗氏有出售意，欲得之，奈限于资力，其伯父高望之亦爱该园的静渊有佳致，资助君藩，购得该园。园有琴台、三曲桥、观稼楼等。园内丹桂白薇，掩映牖户，花放时，香溢几案，二柿杈丫崛出、秋日结实累累。黄宾虹来松，曾在园中下榻数旬。

松风草堂　在松江城中，占地五亩，亦明代古园。经张祥和修葺，君藩又购之作菟裘之计，有四铜鼓斋、萱草亭、漱月池、小法华庵，错落其间，奇势突出，匾额多出沈荃手，一石嶷然，称石丈，杂植紫竹、白栝、铁骨红梅、宝珠山茶，都属名种，别有黄杨，高出屋檐，千百年物，尤为可贵。后毁于日寇。

曲水园　在青浦，初建于清乾隆十年（1745），有得月轩、迎晖阁、有觉堂、歌薰楼，原名灵园。此后又增旱船、凝和堂、夕阳红半楼等。既而再行开拓，浚池垒石，池栽红莲，沿池筑荷花厅、迎曦亭、喜雨桥等。嘉庆间，学使刘云房来游，取曲水流觞意，改名为曲水园。登假山远眺，佘山、天马山等九峰，悉收眼底，因有“九峰一览”之称。数年前，我和陶菊隐、吴贵芳、齐涤昔诸同志曾到此一游，其时正在修葺，尚未竣工，大有“深幕垂垂迟觌面，美人春晓待梳妆”之概。今已修整完工，电影《革命军中马前卒》、电视剧《秦王李世民》中有几个镜头，就是在此拍摄的。

半泾园 沪南蓬莱路相近有半泾园路，即该园遗址。园为清雍正时绅士赵东曦的别业，因筑于河边，取名半泾。后归曹一士所有，曹学识渊博，曾在园内造四焉斋，为讲学之处。同治间，由海防知事刘元楷、知县裴大中集资购下。直至抗战时期，日寇侵占上海，园为寇军宪兵队驻守地，破坏很多。1976年才拆除。园内石笋等遗物被移至豫园。

学圃和纯庐 这两座园林，主人周姓，俗称周家花园。周为浙江鄞县人，兄弟二人，兄名鸿孙，字湘云，弟纯卿，都因商致富。湘云辟学圃于今之延安中路，园卉多西方名种，蔚为大观。纯卿别辟一园于华山路，称纯庐，占地40亩，和学圃相埒。园中古木参天，亭台楼阁，石舫假山，应有尽有，清旷疏朗，饶有日本园林气息。如今尚存泉石规模，市政当局兴工修葺，为群众添一游息之地。

叶园 在江湾。占地百余亩，为叶子衡所有。我友王蕴章，曾有《江湾访叶记》，蕴章擅词章，笔墨自饶文采，所记甚详。略谓："叶园取境，略师东瀛成法，而参以国粹，二美具、四难并，一洗丹青涂抹之习。"园多石笋，多石桥及石屋，笋峙山巅，龙鳞叠翠。

上海园林，多不胜举，其他如福开森的忒园、爱沙发的沙园，邓雨农的雨园、奚萼衔的萼园、刘聚卿的楚园、徐雨的未园，以及亨白花园、凡尔登花园、丁香花园、惠家园、宸虹园、耕读园、澄园、憩园，还有植物园等，凡数十处，限于篇幅，不再赘述了。

曲水园记趣

杨嘉祐

灵园·曲水园·一文园

青浦城东北的灵园，建于清乾隆十年（1745），本是当地士绅富商为敬奉城隍神而筑，是一座规模不大的庙园。园中虽有山石池沼、亭台楼阁，却带有庙宇气息，如堂名有觉、庐曰镜心，还有御书楼、孝子堂、放生池，寓劝世人为善之意。

曲水园一景

明初，朱元璋诏令天下府、州、县都建城隍庙，借神权来巩固地方政权。城隍神也由水庸之神而落实到当地已故的清官廉吏、社会贤达、卫国卫民志士等。虽未通过选举，但在百姓中都有极好的口碑，由官府上奏朝廷册封，当然也有不经过这番程序，因得到民间公认而登上城隍宝座的，如青浦城隍沈恩即是。沈恩，上海县人，弘治进士，任刑部员外郎，因忤权宦刘瑾而落职。刘瑾伏法后，沈恩历任云南按察使、四川布政廉知，能悉民生疾苦，蠲粮税，平冤狱；在青浦任知县，亦公正廉明。沈恩去世后，得青浦百姓追念，举他为本地城隍。青浦城隍庙始建于立县时，即万历元年（1573）。灵园建成后，在乾隆后期几次扩充，游人渐多，尤其是难得出门的妇女，来城隍庙烧香后，必到园中散心。那时，青浦境内自然风光甚美，三泖九峰淀山湖，当年皆属青浦，春秋佳日，邑人登山泛舟，其乐无穷，故灵园未能列为胜迹。

50余年后，清嘉庆三年（1798），青浦知县杨东屏邀请江苏学使刘权之来园，宴饮咏诗。刘权之，字云房，虽是学官，却喜爱诗词歌赋，也是个风雅之士。见到园中花木扶疏，流水潺潺，楼台掩映，而以灵园命名，未免缺乏生气，又见园临大盈浦，清流萦绕，遂吟王羲之《兰亭集序》之句："清流激湍，映带左右，引以为流觞曲水。"酒兴之余，建议易"曲水"为园名，以与园景相谐。在座的还有府、县官员，如祝德麟侍郎，陈桂堂太守，赵宜喜、王劝、张一山等县令一致赞同。刘权之遂吟《曲水园》诗一首，众人和之，事后刻石嵌于园廊壁上。

曲水园既得到许多官员的青睐，当地必有一群缙绅和文人雅士附和，一唱百应。有的人发起募款，有人策划添景。逢到节日以及风和日丽之季节，士女掎裳，联袂而至，接肩相摩，盛极一时。何以如此？盖因此园迂回曲折，小中见大，大中见小，虚中有实，实中有虚，或藏或露，或浅或深，每一景不仅题名有奇趣，并有较深的内涵，充分体现了传统造园艺术之魅力。

好景历经60年，咸丰十年（1860），太平军与清军在青浦展开争夺战，曲水园一带成为战场而遭大劫，园林几成灰烬。战后城中绅商集议，谓自建城隍庙以来，向有庙捐，今仍每亩纳米一升，另在地丁税项下，每亩抽制钱一文，用于修园。于是新修的曲水园又被称作“一文园”。得款后先将池西恢复旧观，又将庙与园之间的有觉堂、御书楼、孝子堂重建复原。绅商们也算尽了力，有人也捐款不少，所谓寓仁心仁术于游观之中矣。

园美·景美·诗添趣

灵园易名曲水园后，从庄严而趋向恬美，融中国园林的秀丽、幽雅、奇奥于一体。这也多亏一些文人墨客，能配合造园匠师，对园中的布局、景物与建筑的造型、意境以及题名煞费心血，使这座园林与上海另几座古园有许多不同之处。

其一，选地得宜。造园以理水为主要方面，此园利用自然环境，园外就是水之源头，使全园水系都是活水，有聚有散，蜿蜒萦回，蔚然成景。一般建于城内的私家园林，多无此条件，只能因地制宜。

其二，充分利用日月、风雨、白云等自然风光之衬托，让游人进入美妙的意境。如“夕阳红半楼”，从金熙的二十四景诗中可领会：“可望不可即，小楼三尺许。天半横朱霞，轩轩忽欲举。爱兹西日晴，却胜听春雨。”赏月处则有得月轩：“楼台暝色深，此间月光到。画壁素光流，纵横披荇藻。道入证空明，夜夜来相照。”名曰得月轩，乃临水双层楼台式的长廊，别具风格。白云悠悠在天际，却也构成园景，如玉兰树丛中有“白云坞”，还有“天光云影”，乃一方塘，在水面上欣赏白云苍狗，变幻无穷。“源头通活水，一鉴方塘开。天光杂月影，梁间波潆回。悦此静中动，独坐心悠哉。”云走我不走，水动我不动，此景若不是命名有新意，一泓池水，何能引人入胜？

其三，以古人韵事置景。如“米拜亭”，结缘宋代书法家米芾。米芾人称“米南宫”，赏玩奇石，竟至神魂颠倒，见奇峰异石，躬身揖拜，呼曰丈人，遂有“米颠”之号。亭中置一石峰，诗之末两句曰：“莫笑南宫颠，再拜呼石丈。”“坡仙亭”则有点故弄玄虚：“髯翁千载后，人复摹其形。助为名园胜，石刻逾丹青。岁久惜漫灭，但日坡仙亭。”一块字迹漫漶之后，说成东坡手迹，便增添一景。“小濠梁”为荷花池畔三亭之一，鱼戏荷叶间，取庄子与惠施答辩之典故，乃园林中常见之景。诗尚可读：“秋水读南华，所思在濠濮。清景无时无，惠庄不可作。会心岂在远，我亦知鱼乐。”

其四，借天下名胜置景。如“恍对飞来”，俗称荷花厅，隔池面对山峰，“临流筑小榭，泉石相回环。一望碧无际，鱼戏莲叶间。日夕坐忘返，为爱隔湖山”。在榭中赏荷、观鱼、望对岸山光，似灵隐之飞来峰。“冰壶”取意于“一片冰心在玉壶”，“清明玉壶冰，此境特幽绝”，宛若在冰壶洞中。

二十四景中，尚有多处寂静之景。如“清籁山房”是“丹室静无尘”“万籁与俱寂”，“清虚静泰”为“轻盈绿渐肥，淡冶红初瘦”的赏花处。“镜心庐”乃池上九曲桥中心的窈窕三间屋，可见水中自己的倒影，至此处不但从镜中见自己形体，还得照出内心，心明如镜。

古园林多旱船，取名亦有不同，如豫园称“亦舫”，秋霞圃名“舟而不游轩”，古猗园曰“不系舟”；亦有称“石舫”的，则少情趣。曲水园之旱船，命名“舟居非水”，配诗可谓诙谐：“世间最稳地，莫如岸上舟。亦饶烟水趣，向无风波忧。”

较大的假山上，多筑小亭，便于游人登山稍息或远眺。山上建楼阁，则为大手笔。如豫园之“快楼”，下为山洞，洞前临水，上建双层杰阁。曲水园则有“环碧楼”。“环碧”两字，多用于花树丛中之景色。此处则不同，有诗可证：“岑楼倚郭北，檐椽高于城。远揽列峰翠，俯瞰澄潭清。嬉春集士女，偕乐腾欢声。”民国间改为公园，在山上以钢筋水泥建成四层之景周阁，以铁梯盘旋而上，九峰如点点青螺历历可见，高则高矣，然与古园林建筑风格不甚协调。

园中山石亦有奇趣，虬龙洞即是，从诗中可见叠石手法有妙处：“垒石为土山，林下颇葱蒨。中藏小洞幽，蚁珠通一线。同游路忽迷，闻声人不见。”传说孔子为土人包围，要他将一根线穿过九曲明珠，孔子想不出办法。土人却觅来一只蚂蚁，粘在线上，放入珠孔中，蚂蚁经曲折穿孔而出，线亦随之穿过明珠。此诗说明虬龙洞中小道迂回不易找到出路。“迎仙阁”原为城隍庙之水仙祠，此处古木交合，落花满池，山鸟尽呼，有景可赏。而值得注意的是“玉字廊”，从诗中可知是园内的碑廊，呈玉字形，“文星聚曲水，使节曾来过。福地成琅嬛，题咏名流多。盛事难再遇，石壁永不磨”。因游园者诗兴大发，留下墨迹，并请人镌刻于石。曲水园中除这类石刻外，曾藏《宋故都监松公墓碑》，民国时出土，移入园内。1982年，博物馆迁出，此碑归博物馆。《重兴乌镇社学记》乃浙江乌镇之物，却散佚于朱家角，又移至曲水园。王昶撰文，梁同书书，皆学者名士，堪称双绝，可惜在“文革”中被砸毁。今园中留有赵宜喜、王劝、祝德麟游曲水园诗碑，还有《青浦甲戌（民国二十三年）修城记》，说明1934年青浦尚有城墙。

名园·公园·教育馆

清末西学东渐，西风劲吹上海城，对上海近邻的青浦县影响也不小，风气大开，出了不少追随新时代的人物。光绪二十三年（1897），沈巷人夏瑞芳在上海创办商务印书馆。著名的《申报》，是席子眉、席子佩从美国商人美查手中购得，成为近代中国最大的一家日报。席氏兄弟是洞庭山人，当时寓居朱家角。后来主持《申报》的史量才，也是生长于青浦。

宣统二年（1910），青浦有16人参加高天梅、柳亚子等创立的革命诗社——南社，其中有女诗人陆灵素（刘三之妻，小说家陆士谔之妹）。同年，钱静方等创办《青浦报》。

新潮流也影响到曲水园。此园本是向群众开放的，民国以后，随时尚改名“中山公园”。

时代浪潮也冲击了旧文化。五四时期，青浦文庙被毁。中山公园的管理员方雅琴，对保护文化遗产颇有见识。她不仅将古园的二十四景认真保护，陈旧的虽无钱修葺，但尽量不使之坍塌。她听到文庙被毁，雇人将70余件礼器乐器、明隆庆二年穆宗的敕旨以及名人题词等移入曲水园，在孝子堂筑复壁收藏。直到新中国建立后，才上交人民政府。

青浦的民众教育事业始于1921年民众通俗教育图书馆建立，设在中山公园得月轩。1927年改称民众教育馆。解放后，民众教育扩大为社会文化事业，设县文化馆于御书楼、夕阳红半楼及凝和堂内。不久，又设县博物馆筹备处。

“文革”前，文化事业已受到冲击，实行文化馆、图书馆、博物馆三馆合一。“文革”中，又改为三馆一园的体制，而三馆的业务都告停顿。更不幸的是，中山公园被当地“造反派”盘踞，成了武斗的场所，殃及三馆及园林，文物、图书大量散失，园景损毁。

改革开放后，市园林部门策划将豫园以外的郊区四座古园加以修复，尽除后来添加的与传统园林不协调的建筑以及大草坪、儿童乐园等，青浦中山公园仍恢复曲水园之名。

日涉园梦趣

杨嘉祐

明朝中叶，是江南造园之风最兴盛的时期。嘉靖万历年间，上海城内几乎同时出现三座名园：豫园、露香园和日涉园。日涉园之名连不少老上海也会感到陌生，但在明末清初，此园也曾享誉一时，乾隆四十九年（1784）编纂的《上海县志》谓“水石之胜，为一邑冠”。鸦片战争后，日涉园才逐渐湮没，然至今尚保留《日涉园图》10幅、《日涉园录》四卷以及园主陈所蕴《竹素堂集》中有关此园的记述。从中我们不难想象当年园景之臻美，造园艺术之精湛，这些均有文字和图画可佐证。

园主陈所蕴，上海人，字子有，明万历十七年（1589）进士，曾做过南京刑部员外郎，为官执法公正，不徇私情，有“铁面郎”之称。官至太仆寺卿。乞休后，凡地方上有利弊之事，经他的只言片语，即可解决，人称“陈沪海”。

园名“日涉”，取自陶渊明《归去来辞》中“园日涉以成趣，门虽设而常关”之句。用“日涉”为园名，非陈所蕴独家所创。同时期泰州城中亦有日涉园，园主太仆陈应芳，姓氏与官职两人类同，亦巧合也。且泰州日涉园亦以石为胜，清代改名三峰园，人谓可与扬州园林媲美，苏北之名园也。

泉石之美沪城之冠

日涉园位于小南门内梅家弄、中大夫坊南，与陈所蕴住宅对门。门前之街名为竹素堂街。其实街名就来之于日涉园，因竹素堂是园中主厅，陈所蕴之文集亦名《竹素堂集》。在这条街上，远远可见园中的奇峰突出于墙头，这个自号“具茨山人”的陈沪海，先后搜罗太湖石、英德石、武康石等万件。万历间，购下唐氏废基20余亩，经营此园，布局以山石为主，以池水相伴，设了竹素堂、尔雅堂、知希堂等厅堂。几年后，又建五老堂。全园有36景，山水间有洞、有径、有桥以及楼阁亭台轩廊，步移景异。至于树木花卉，亦有特色，入门即榆柳夹道，唐氏废址留下古榆一株，其高仰不见树梢，还有数百年之双桧、双柯直上。若论泉石之胜，首曰遏云峰，在竹素堂前大池中，太湖石所垒的假山，最高一峰高20寻（此数字可能估计过高），山上有来鹤楼，山下是浴凫池馆。馆前又有山，土冈也。冈上植梅，曰香雪岭；冈下种桃，前面有径，题曰“蒸霞”。迤西为明月亭、啼莺室、春草轩，都是便房曲室。遏云峰下有桃花洞，过漾月桥、东皋亭，穿过步屧廊，便是修禊亭。陈所蕴筑此亭，并非为每年三月三行曲水流觞之雅举，而是将家藏褚遂良摹兰亭序真迹，勒于石上，立于亭内。知希堂后的濯烟阁，下层名问字馆，前后叠太湖石假山，周边置不少小峰，中央有一峰亭。峰间蹬道逶迤，可直上濯烟阁，向南观望黄浦，江上帆樯林立；北望呈现市井民屋，街衢里巷。出阁西行，见翠云屏，亦以石垒成。南面夜舒池畔的殿春轩，外通长廊，至尽头有一小室曰小有洞天，前面又是连绵山景，聚英德石为山。英德石即英石，产于广东英州（今英德）的含光、真阳两县，石具有天然峰峦岩壑之状。明文震亨《长物志》谓：“英石倒生岩下，以锯取之，故底平起峰。高有至三尺及寸余者。小斋之前，叠一小山，最为清贵，然道远不易致。”小者今人多作盆景。距此不远，有万笏山房，又入山间，所垒为武康石，产于浙江武康，黄石带赭。豫园大假山亦用此种黄石。石略呈方形，有立面，可砌成悬崖峭壁。万历三十一年（1603），陈所蕴因病归里，夜梦五老人来访，皆称为隐居之士，通姓名曰：梧台子、修支叟、大碣居士、日月林生与苍道人，愿终生与所蕴相共。翌日果有以太湖五峰石求售，所蕴以六十金成交。五石竟形似梦中五老，遂构筑一堂，立五石于前，并以梦中所报之名分别刻于石上，垒小山，又建友石轩。

园景出自三大高手

日涉园以泉石为胜，跻入海上名园，乃园艺家、叠石能手张南阳之功也。《竹素堂集》有《张山人卧石传》，谓张南阳系上海人，原号小溪子，别号卧石生、卧石山人。他出身农家，父善绘画，年幼时即娴于绘事，几至废寝忘食，立业后却弃丹青，而以画家三昧用于垒石堆山。其作品“沓拖逶迤，巇嵘嵯峨，顿挫起伏，委婉婆娑，大都转千钧于千仞，犹之片羽尺步”。明计成《园冶》谓造园叠山必先“相地”，张山人至工地，“先视地之广袤与石之多寡，胸中已具丘壑。于是解衣，手执铁如意，指挥群工”。“初若不经意，忽而变幻百出”，“于是岩洞、溪谷、峰峦、梯磴、陂坂立具规模”。日涉园山石出众，三吴缙绅家皆请张南阳营构园林。潘允端建豫园，太仓王世贞之弇园，设计、布局均张南阳所作，两家均敬奉为上客。陈所蕴不仅写了张南阳的技艺超人，亦重其为人。潘允端家门客、豪仆勾结，在外招摇，作奸谋利。山人惧祸及己身，遂疏远之，为潘允端所嫌，在《玉华堂日记》中，张卧石之名屡屡出现，而《豫园记》极少谈山石之美，更不提张南阳之成绩。在王世贞家，张南阳得识首辅张居正门下锦衣尉史某，此人欲为张居正建别墅，邀张南阳前往，山人敬谢不敏，托故避之。张南阳经营日涉园12年，后继者为里人曹谅，其技能与山人抗衡。五老堂一带山石，则出自顾山师手（明代称主持叠山者为山子或山师）。顾山师亦上海人，本系朱氏家奴世仆。所谓世仆，即上代为奴，子孙继之为仆。顾山师何名，未记，自幼从醒石山人习造山技艺，及长，艺事日精，超过原主，遂有人争相聘用。

日涉园得到三位能工巧匠之助，叠成不同风格、不同石质、千姿百态、俨若真山、却又是别具风情的假山。豫园大假山留传至今，成为假山中的经典之作。在1956年豫园修复前，未有人知造山者之名，更有人猜想是否出于张南垣等名家之手。60年代初，市文物保管委员会上海史专家吴静山，为编纂《上海艺文志》，向上海图书馆借得传世甚少的《竹素堂集》，查到《张山人卧石传》，提供给了古园林专家陈从周，撰文发表于《文物》杂志。从此，写豫园的文章，始有张南阳之名。

陆氏主园两百余年

陈所蕴于84岁卒。日涉园曾归词曲家范文若。范文若亦为上海人，天启间曾任南京兵部主事等职，生平恃才傲世，不容于官场，48岁时为家仆杀害，著有曲本《梦花酣》《鸳鸯棒》等。后园又为乔氏所得，不久归陆明允。陆氏乃上海望族，传为三国陆逊后裔，据其族谱，则为战国齐宣王少子通之后。元代有一支徙居上海县马桥，又迁浦东洋泾。明正德年间，翰林院编修、书法家陆深移居上海城东黄浦江畔。陆明允是陆深的侄孙，子起凤修葺园景，增建古香亭、抱笏峰、绿漪亭、钓鱼亭等。入清，传至陆秉笏，添建传经书屋。秉笏子陆锡熊，号耳山，生在园内，幼时饱读诗书，乾隆二十年（1755）进士，三十八年与纪晓岚同任《四库全书》总纂，后授翰林院侍读学士、都察院左副都御史。他将园中部分景物重新题名，如尔雅堂改为长春堂，知希堂易名映玉堂等。从明末到清后期，陆氏子孙居老宅和日涉园两百余年，为私家园林史所罕见。关于日涉园荒废后的情形，已故书隐楼主人郭俊纶在《沪城旧园考》中写了他亲见的事实："假山为哈同花园买去，园处渐沦为作坊，余童年常入内观看工人踏布（江南称踹坊，踏在石元宝上，使棉布细腻有光泽）。此外还有几家红木家具工场。当时我家对门稍南，沿街还竖立旗杆四根，作为陆氏祖先品官的标志。后布坊因洋布畅销，无布可踏而停业，后半部由曹素功墨店买去创制墨工场。前半部造石库门里弄房屋，辟走道通梅家弄，旗杆亦于此时拆卸，尚有数楹为陆家裔孙居住。"

三十六景尚余十图

陈所蕴延请当时画坛名家，绘制日涉园三十六景图，其中多云间派画家，每幅有陈所蕴五言诗题咏，并有李绍文和诗。李为华亭人，字节之，所著《云间杂识》记松江府属各地人物轶事。园归陆氏，图亦由其家收藏，却不知何时佚失。乾隆五十三年（1788），顾氏觅得十二景图，陆氏与之协商购回。日涉园日渐衰败，图又不知下落。1937年抗战时，有嘉兴人刘少岩避难来沪，无意中获得此图，仅剩十景了。解放后辗转为上海博物馆收藏。有此十图，可领略已废之名园景物，亦可欣赏造园者之构思、立意与手法。

日涉园全景，林有麟绘。此人曾任知府等官职，然致力于山水画，好玩石，著有《素园石谱》。陈所蕴题咏："会心在林泉，双履足吾事。朝斯夕于斯，不知老将至。"李绍文和诗："为圃与为农，岂是公卿事。园林最近家，不妨日一至。"古代园林有记有图者亦不少，而园之大门形式，甚少叙述或入图。此图则绘园门，较简朴，四面坡之屋面，一副板门，若村居柴扉，但不失雅致。解放后所修复古园林，正门多施砖刻门头，为清代园林习用之形式。然近十余年，上海及外地的古园，更有将大门改成前有大照壁，四柱三间牌坊式门头，有失江南园林澹泊精巧之风貌。

遏云峰景，李绍箕绘。李为松江人，官鸿胪寺序班，从岳父顾正谊学画，顾为正宗云间派画家。此图运笔苍老，乃山水画之佳作。陈题："削成千仞峰，时叆叇有色。箕踞坐其下，青翠松欲滴。"李和："但得一奇峰，园林便生色。况乃高出云，空翠向人滴。"遏云曾是全园最高大的假山，立于水中，仿镇江之金焦。山上有来鹤楼，太湖石垒，下有洞。豫园之快楼与抱云岩，可与之媲美，然较小耳。

浴凫池馆景，徐元皑绘，其人生平不详。陈题："春波何澹荡，春鸟自翩跹。无用愁鹰隼，沙头尽日眠。"李和："珍禽蓄樊中，何得时翩跹。不若泛泛凫，安然水上眠。"昔年此馆有楹联："山静似太古，日常如小年。"建筑平面正方形，屋面四坡式，如凫伏于池上。

其余尚有偃虹桥、蒸霞径、明月亭、桃花洞、漾月桥、濯烟阁、万笏山房七幅胜景图，皆为景美诗佳，艺苑难得之珍品。

醉白池畔说古今

杨嘉祐

醉白池究竟在何处？

醉白池是一座历史悠久、风格独特、造景巧妙的古园林，是古城松江的一处名胜。醉白池之“白”，有人以为得之于酒仙李白，其实是唐代另一“白”——白居易。园主顾大申，清顺治九年（1652）进士，官至工部郎中，主管水利，人称“顾水部”。其擅长诗文，工山水画，是松江画派后期的主要人物，著有《画尘》八卷。由于仕途失意，还乡隐居，在宅畔凿池垒石，莳花艺竹，构筑亭台。他与唐代大诗人白居易并无瓜葛，只因读到苏轼的《醉白堂记》，谓白居易晚年居池上，沉醉于歌舞，取乐于吟咏；后来宋代宰相韩琦，为官亦不得志，慕白乐天晚年之韵事，在私宅池畔建醉白堂，以娱暮年。顾大申读后深有感触，遂将自己的池与园，亦命名为“醉白”。

这段来历，见清康熙时松江名士黄之隽所撰《醉白池记》。以后《松江府志》《娄县志》及私家笔记，均因此说，黄之隽文勒石置于宝成楼前（今移至碑廊）。近年有人见清乾隆年间青浦人章鸣鹤《谷水旧闻》曰：“醉白池尝为董思白觞咏处，国朝后归顾水部大申，近日则顾司训珠怀居之。”于是衍生出来多种说法：一说原是私家花园，董其昌在此畅饮挥毫（见《松江文物志》）。《上海市松江县志》则谓顾大申是在明代一座旧园遗址上改建而成的。有说原为“宋朱之纯的谷阳园、文澜园，明万历年间，董其昌又在宋朝废园的基础上改建为董园，又叫柱颊山房”（见洪丕谟《吃玩大上海》）。顾炳权《上海风俗古迹考》也说原址是董园柱颊山房。旧柱颊山房是在上海城内，嘉庆《松江府志》：“宗伯董其昌在上海县城西南，又有柱颊山房。”同治《上海县志》:“柱颊山房在城西南，董其昌筑，今为姚家宅。”1956年上海市进行初次文物普查，在老城厢倒川弄查到柱颊山房遗址，其地已成为民居和工场，有枣树一株，居民谓是董其昌手植。顾炳权还认为:“今醉白池园在城中西南，旧志所载西湖（又名陆瑁湖）也在城之西南，可知西湖在醉白池附近，也可能醉白池在西湖旧址之中。”

众说纷纭，值得思考的是：当年董其昌是松江士大夫的一个偶像，假如醉白池是他的园子，为何黄之隽只字不提？黄之隽在康熙乾隆年间蜚声文坛和曲坛，如系董园，他不可能一无所闻。《松江府志》《娄县志》亦未载，故章鸣鹤所记仅为孤例，尚待掌握更多的资料，再作考证。

私家名园沦为善堂公产

江南私家园林，颇多兴废，随着园主家道式微，或易主，或湮没。规模较大的园林，除非遭到大规模的战争或较大的天灾，不至于彻底泯灭。许多园林到了衰败的时候，会有新的主人醵资修葺或重建，而真能维持数百年者，却也不多。今各地名园在改革开放以后纷纷修复、重建，而醉白池早在20世纪50年代就得以扩充，殊为难得。

从建园到乾隆末年，醉白池纯粹是私家园林。顾大申与当地名流在园中唱酬游宴，但时间不长，殁后数度易主。乾隆初，曾任丹徒县训导的顾思照，从亭林迁府城，购下此园。顾氏好客，常见高朋满座，诗人墨客，流连忘返。思照去世未久，园中池水淤、堂楼攲、山石颓、花木枯，一片寂寞光景，这是私家园林难以摆脱的命运。

清乾隆时，上海及邻近地区商业资本发达，也使封闭的私家园林发生很大的变化。醉白池即为善堂所得，成了公产。嘉庆二年（1797），产权归育婴堂，后又有老人堂、全节堂介入，成为三堂征租处。这些善堂都为地方士绅、官吏所操纵，向富户募得钱财，广置田产，租与佃户耕种，定期收租。江南是田赋最高的地区。松江府的地主，收租制度尤为苛刻，有所谓“三限”：以每年冬至为“头限”，未能缴清租米，半月后为“二限”，每石增收五升，再过半月为“三限”，增缴一斗，如仍不缴，官府出场催租，于是捕人、关押、施刑在所不免。善堂虽是慈善事业，以公益面目出现，但收租的手段较一般地主更甚，甚至有些地主自己收租不顺利，便委托善堂代办。三堂收容的婴儿、孤老、节妇，是享受不了醉白池的优美环境的。园内常作为善堂董事议事办公之所，将东面住宅改建为宝成楼及前厅。池南初建园时“有两三户人家，妇孺浣汲，望若图画”，以水为界，不设篱笆或墙。此乃我国传统造园的借景手法，可扩大视野，赏园外自然风光。而善堂将池南地建仓屋，成了收租院，从此与田园之美隔绝。

善堂仅占用全园一部分，原有园景，仍留给士绅以及官僚享用，因他们是善堂的支持者，所以堂董们不惜出钱进行修理、添景。同治初年，松江一度为太平军攻占，堂董多到乡间避难，园林无人养护，一片狼藉。同治十年（1871），名士仇炳台任总董，大兴土木，筑水阁于池尾，即“池上草

池上草堂

1959年扩建的六角亭

堂”，将四面厅中清初大画家王时敏题“醉白池”匾，悬于临水的走廊栏杆下。光绪二十三（1897）年重建船屋，颜以董其昌所题“疑舫”额。宣统二年（1910）在西部建大厅五楹，题名雪海堂。池畔大湖亭、小湖亭、六角亭内，均请名诗人如杨了公等题“半山半水半书窗”“花露涵香”等匾。在池畔建筑之间隙，置花坛，种牡丹、芭蕉、桂树、冬梅等，四季花开，芳香绕池周围。

孙中山醉白池畅言革命

辛亥革命前后，社会转型，醉白池又添了新的功能，与上海的张园、愚园相似，成为松江的公众活动场所。中国在1904年就参加了世博会，但清廷官吏对此毫不了解，甚至让海关等机构的外国雇员承办，出了不少洋相。民间及有识之士却很注意，有些城市里举办物产商品展览，有意识地评选精品拿到国外展出或推销。天津首先在1906年举办展览。1909年9月，松江府属七县物产会在醉白池展出。当时上海县隶属于松江府，许多厂商包括在租界内的都前往参加。

1912年12月26日，孙中山乘“钧和”兵舰沿黄浦江到闵行、松江视察，当晚宿于松江陈化成祠的檀斋。次日出席松江清华女学欢迎会，鼓励推广女子教育。随后出席松江各团体及同盟会会员在醉白池雪海堂举行的欢宴会，就平均地权和民生主义问题发表演说。当晚乘火车返沪，随行者有陈英士、戴季陶。清华女学是松江唯一一所女校，光绪三十二年（1906）由同盟会会员夏允麐创办，同盟会松江支部亦设于校内。学校是夏允麐私人所办，校舍也在他家中。1913年夏允麐亡故，女学亦停办。

民国年间，醉白池仍在添砖加瓦。1925年重建雪海堂。池西北有一株女贞被大风吹倒，老树卧地仍能生存，被认为奇迹。1926年在此建卧树轩，次年又建乐天轩于池后。1929年，明代书法家张弼的后裔张祖南将祖上的庆云山庄内留下的一座立峰赠给醉白池，竖于古银杏树侧。张弼字东海，曾任兵部主事，因与权贵不睦，被谪至两广之间的南安府，为官清正，回松江仅携回一石，名凌霄峰，而松江人称之为“廉石”。

日军肆意糟蹋醉白池

松江在明清时期，也是一座花园城市，不少名园曾显赫一时。康熙南巡时住过的城内秀甲园，后售与宁绍会馆，鸦片战争后一部分改建为陈化成祠。大学士王鸿绪的赐金园，据说不仅康熙到过，连太后也幸临，惜今已荡然无存。醉白池则在平稳中度过三百年。到了1937年抗战全面爆发，松江县城先遭日机狂轰滥炸，火车站一次被炸死300余人，10月间两天里投弹200余枚。11月5日，日军在金山卫登陆，沿公路杀人放火。9日松江沦陷，醉白池被日军占领。因为园林比较完整，有不少军官住入，除雪海堂、宝成楼外，所有堂轩亭榭都改成日本式，拆去门窗隔扇，改为拉门拉窗，地上铺榻榻米。有说是日军淫乐场所，也有说后来成慰安所。至于匾额楹联，拆除殆尽，当作柴火，树木花卉，亦遭摧残。后来，汪精卫要到松江“视察”，当地伪官准备“接驾”，在园后空地上造了一幢较大的日本式洋房。可是此屋尚未全部建成，汪逆即于1944年11月死于日本。抗战胜利后，醉白池为国民党交警大队接收使用。

1949年5月27日上海解放，先十余天解放军就进驻松江了。醉白池被部队接管，1958年8月移交地方政府。县人民委员会拨款征购园西土地60亩，兴建公园，今称外园。当时只考虑让城镇居民有一个休息活动场所，按照普通公园而设计。施工时组织当地居民、学生、机关干部参加义务劳动，挖池开河，种花木，铺草地，还有儿童乐园、溜冰场等。1959年新中国成立十周年时开放，定名醉白池公园，园门设在中山南路64号。在此以前，园门是在榆树头，因为池东有一棵古榆树。扩大后，县文化馆、县博物馆筹备处都在园内。县文化馆使用那座敌伪时盖的平房，有办公室和群众演出歌舞、戏曲的排练厅。博物馆将宝成楼和前厅辟为松江历史文物陈列室。

盛世修园，旧园侧畔添新园

“文革”期间，醉白池诸多胜迹文物亦遭到破坏。幸而博物馆人员已有准备，将赵孟頫书《前后赤壁赋》等石刻，移到园子的冷落一角，不受人注意。池南游廊壁上的《云间邦彦图》石刻，在外面加上镜框，布置语录宣传画，形成画廊。若是暴露在外，这30方书条石必然被砸得体无完肤。这是松江金石之上品。乾隆年间，肖像画家徐璋，访求明代松江府先贤遗像，绘成彩色画像，子徐镐增补。松江画家临摹者很多，藏于啸园。咸丰年间，松江知府何太祁得徐氏父子原本，藏于府文庙明伦堂。太平天国战乱时散逸，后有人搜集到原本及改琦补绘的共91人像，刻于石上，置于明伦堂西阁壁间。抗战时文庙被日军轰炸，胜利后文物移入醉白池。人物有抗清的志士夏允彝父子、陈子龙、李待问，书画闻名的陆深、张弼、董其昌、陈继儒，还有徐阶、潘恩、陆树声等做大官者。“文革”时如不伪装保护，必然毁坏无疑。

“文革”结束后，为发展旅游事业，有关部门经过调查，制订规划，修复醉白池。修葺人员先从醉白池内园部分着手，将日本式的装修拆除，重新布置，所有匾额按原内容请沪上书画家重题。如“醉白池”，王时敏所书已在“文革”中被砸毁，改由名画家松江人程十发重题。已故的上海博物馆书画鉴定家郑为，也是松江人，重题宝成楼等匾额数方。而难题还在西部外园，地广景少，但园林部门执意要打造成纯粹的古典园林，与内园景物风格相谐。二十年来，这项改造工程从三个方面进行：先将风格不一的草坪、水泥地等改造，扩大水面，流水曲折迂回，架小石桥，有鱼池、绿荷池、睡莲池等，池畔有土山、笠亭、小树丛，小径蜿蜒其间，用卵石、缸片、瓷片砌成图案。二是移来松江胜迹废址上遗留的景物。如西湖道院的五色泉，据说是晋朝道家葛洪炼丹处，将仙丹投入池中，水分五色。1984年移建的张氏雕花厅，清嘉庆年间建筑，梁枋上雕三国演义故事，迁此后，三面环水，别有风情。三是新辟景点。1989年在雪海堂南造了两个园中之园，独成一体，又与内园、外园相通。玉兰院内山石连绵，有亭台曲廊，移步换景，具古典园林的特点。穿过黄石山涧，豁然开朗，又一小园——射鹿苑。相传春秋时松江一带为吴王猎场，故又名茸城。黄石山巅有小亭，瀑布长流，临水筑榭及赏鹿厅，布置精巧。内园池南游廊南原仓屋，改建成碑廊，大量碑刻从松江已废的寺院、住宅等处移来，原有赵孟頫书《前后赤壁赋》、郑板桥“难得糊涂”、吴道子画观音、方孝孺书法“正心诚意”、改琦以“正心修身克己复礼”八字组成的魁星像。这些碑刻有一定艺术性，也有趣味性，但多根据旧碑的拓片重刻。

徐园百年梦忆

杨嘉祐

清末民初，日趋繁荣的十里洋场，使许多内地人日夜向往，梦寐以求来沪一游。如过江之鲫的观光者中不乏文人墨客，在短暂逗留的日子里，留下了不少诗文、笔记、日记，使许多已湮灭的胜景，于百年之后，犹能呈现在我们眼前。记述较多的当属园林，当年的张园、愚园、徐园，是文人雅士必游之地。徐园不仅园景秀丽，且有丰厚的历史文化底蕴。

徐园主人徐棣山

徐园原名双清别墅，为浙江海宁人徐鸿逵（字棣山）所建，故又称徐园或徐家花园。徐鸿逵清末来沪经商，拥有大量资财，发迹后，忽又关注起养生之道，于是就半天在商海中奔波竞逐，半天找个休闲之处蓄气养神。清光绪九年（1883），徐棣山在闸北唐家弄（今天潼路814弄43支弄）购地三亩余，造了双清别墅。园林布局，景物构筑，都经过精心设计，与张园、愚园不同，不染西洋色彩，纯取传统造园手法。园中主要有十二景："草堂春宴""寄楼听雨""曲榭观鱼""画桥垂钓""笠亭闲话""桐荫对弈""萧斋读书""仙馆评梅""平台眺远""长廊觅句""柳阁闻蝉""盘谷鸣琴"。厅室亭轩等建筑密布，题名倒也别致，有鸿印轩、桐荫仙馆、地远心偏斋、二难四美轩、惜阴书屋、鉴亭、泛宅、曲榭、十二楼、又一村等。有人惊诧道：区区三亩多地，竟有这么多的名堂？这就是我国古园林置景紧凑的特点，所谓"寸土必争"，只要看今日豫园中的内园、嘉定秋霞圃凝霞阁景区便可知。

除双清别墅外，徐棣山还在当时的徐家汇路（1921年改名海格路，今

吴友如《春江胜景图》中的徐园

华山路）又辟一座铭园，一名小西湖，有“六桥三潭”。所谓“六桥”，不是仿苏堤上的映波、锁澜、望山、压堤、东浦、跨虹六座桥，而是在池上（即小西湖）架一石板桥，石上刻“六桥”二字。所谓“三潭”，是在池中竖立三柱，柱上各悬一灯，灯光映在水里，如三个月亮，未免有点“卖野人头”。他又在曹家渡吴淞江（今苏州河）畔，建一园，名小兰亭，大门前有“翦淞徐渡”四字。园中引吴淞江水，曲折回绕，每年上巳日，徐棣山召好友集会修禊。园有美国种大理花数十棵，被列为沪上名花。

徐棣山营建这几座园林，原想颐养天年，不料仅活到58岁，便因车祸而丧命。那年春节，他乘自备马车赴亲戚家喝春酒，酒味醇美，喝得有了醉意。回家时，执鞭者策马飞驰，不料车门未闭紧，急奔途中车门大开，徐棣山飞出车外，伤重不治。

徐棣山亡故后，其两子仁杰（贯云）、文杰（凌云）见天潼路唐家弄一带已成闹市，园林无发展余地，而地价大涨，便将3亩地出租，同时在地价较低的康脑脱路（今康定路）购地18亩，于宣统元年（1909）迁往新址。原打算照原状移建，但新园面积较大，势必留出大量空地，增添数倍新景，这又谈何容易，只得求其轮廓相仿，建筑物保留原貌，因此昔日旧园的有些特色，如曲廊环绕，将各景点相连，夏日可避阳光，天雨时不用撑伞等，便不再可得了。

徐园最早放电影

双清别墅的游人，与张园、愚园不同，几乎都是诗词文赋、琴棋书画、花卉盆栽的爱好者，园中的活动，自然也富有浓郁的文化艺术气息。

当年，徐园盛极一时的是开“花神会”，即每年举行的梅花会、牡丹会、兰花会、菊花会等，尤以菊花会为胜。海上漱石生（即孙玉声，曾任《新闻报》编辑，主编《大世界报》等）小说《海上繁华梦》二集有“宴徐园分咏九涛诗”，写小说的几个主人公在徐园设宴，适逢菊花会，详细叙述此会的盛况，将参赛者的名姓、花名品种、陈列所在的轩室，一一罗列，都是实录。赛花方式是仿豫园萃秀堂的菊花会，但豫园是集中在几处较大的厅堂上，此处则分散在所有的景点之中，可以看花赏景，每盆将花主姓名、花品写在纸条上，粘于盆外。书上所记参赛者多为当时名园的主人，如稼园、城西草庐、九果园、瓜豆园、春晖草堂等，菊花佳品如朱砂蝴蝶、紫霞觞、火爪金龙、泥金洛阳、绿荷塔等。

徐园还是上海最早的电影放映场所。欧洲发明电影及首映是在1895年，次年即登陆上海。光绪二十二年（1896）八月十一日，徐园又一村首次放映西洋影戏。当时映出的是一些法国短片。事前徐园先在《申报》上登广告，招揽了不少观众。放映短片之间，穿插焰火、戏法之类。又一村在园西幽深处，环境颇佳，仿《红楼梦》中的稻香村。村前有一小河，村口以树条编成篱笆，左有板桥通入村内，行数十步见茅屋数椽，屋中土壁竹榻，周围植松柏柳杏，隔河芦荻，风动有声。又一村是茶室酒家，有茅亭，供客品茗，用无锡惠山运来之泉水。这一场所，较后来的夜花园中看电影，似更有情调。

此外，徐园有时还举行猜灯谜活动。每年农历正月十三上灯至十八落灯，园中必举行灯会、书画会、曲会以及文虎（即以诗文为谜底的灯谜）。猜谜在鸿印轩内举行。这是一间可以举办宴会的厅堂，堂中高悬一绢制大方灯，字谜或诗谜的条子粘在灯下端，猜中者赠书籍文具，由海宁人徐美若主持。后来海上漱石生组织萍社，专搞灯谜研究，先在徐园活动，社员多至数百人。20世纪20年代，他又在“大世界”发展，编选出版了一本《灯谜大观》。

昆剧演出更热闹

徐园迁至康脑脱路后，不再称双清别墅。花神会、灯谜等虽也举行，终因离中心区较远，公交车辆又少，游客总是不多，只在演戏时才有一番热闹。园内兴建了一座大戏台，曾演出京剧（髦儿戏）、评弹、琵琶会，但次数最多又最精彩的是昆剧。有专业演员演出，也有业余演出，那时昆剧不称票房、票友，而名曲社、曲友。徐园第二代园主是徐贯云和徐凌云。凌云自幼受家庭及亲友的熏陶，爱好昆曲，师从周凤林、邱凤翔、沈月泉等，生旦净丑皆能，做工身段最佳。南昆有“俞家唱、徐家做”之说，俞家即俞粟

徐凌云与曲友在徐园雅集

曲友在徐园鉴亭留影

徐园遗址“徐家园”三字清晰可见

庐、振飞父子。徐凌云19岁登台，演唱昆剧60年，去世前还在上海戏曲学校执教。他在20世纪二三十年代，参加了不少曲社，如粟社、同声社、润鸿曲社等。因此，徐园常有曲社曲友举行“同期”“彩串”。“同期”者，社友定期聚集，坐在八仙桌旁，对曲谱清唱。徐园有厅堂、戏台，环境幽静，又有徐凌云指导，是个理想的场所。

1921年，穆藕初、俞粟庐、张紫东等在苏州创办昆剧传习所，对二三十年代昆剧振兴颇有影响，徐凌云也很支持。1923年传习所学员出科，第一次来沪演出，就在徐园。1925年12月又在园中上演《连环记》。1926年农历初一至十五，演出《刀会》《牡丹亭》《铁冠图》《贩马记》等。多数学员从那时起到新中国建立后，成了昆剧界的中坚分子，传字辈的张传芳、周传瑛、王传淞、朱传茗、郑传鉴、顾传玠等，分别在上海、江苏、浙江、武汉等地昆剧团工作，或在戏校培养学生。有的还参加《十五贯》的演出和拍摄电影，轰动一时，救活了一个剧种。徐凌云于1965年去世。

南社后期，也在徐园举行雅集，著名人士柳亚子、高天梅、朱少屏、姚石子、王大觉、宋痴萍、姚民哀等都经常来此。宋教仁也是南社成员，1913年遇刺后，南社同仁在徐园举行哀祭。

抗战爆发后，徐园成了难民收容所。此后，徐园曾被用作托儿所、小学校，园景日益颓废，泉水枯竭，房屋倾倒，最终在这块土地上造起了住宅。

上海服饰变迁

吴贵芳

上海的服装向以新颖别致享誉全国，新款式的服装一经在上海街头流行，很快就风靡全国。这种现象早在清末民初就被人注意到了，当年以写《海上繁华梦》而名噪一时的海上漱石生就认为上海衣着式样翻新最为迅速，“他处尤而效之，致有海式之目”（“海式”，海派款式）。可见上海服装对全国的影响已很有些年头了。

上海人的讲究服饰型式，转折点大概在明朝万历年间。在那以前的明嘉靖三十二年至三十八年（1553—1559），上海遭到倭寇入侵，忙于修筑城垣御敌，后来倭患平息，重开海禁，上海农业复苏，广植棉花，纺织业也迅速发展。到了万历年间，上海经济进入一个新的时期。由于商业和手工业兴盛，扩大了市民阶层的势力；原在乡村的豪绅地主逐渐搬到城里居住，加入商业资本的行列，他们追求物质享受，也影响到了社会风气。市民中就有那么一些人十分讲究穿戴，注重外表，如万历《上海县志》说：“市井轻佻，十五为群，家无担石，华衣鲜履。”“家无担石”尚且“华衣鲜履”，可见当时人们已很讲究穿着。清初叶梦珠写的《阅世编》中，更明确反映出这一时期服饰的变迁。他说他少年时，前辈衣长拖到脚背，袖口长不过一尺左右，后来衣渐短而袖渐大，衣短刚过膝，裳拖在衣袍外，袖口大到三尺，拱手时袖底碰到靴子，拜揖时袖子就要堆在靴子上了。鞋子也是，起先鞋口深到脚腕，后来鞋口又极浅，只有一寸左右。

清朝初建时，有好几年工夫，官吏士人除被迫剃发结辫外，服制“犹遵前朝之旧”。到了顺治六至七年（1649—1650）间，才颁布命服之制，官分九品，等级分明。但民间便服，并没有定式。到了康熙九至十年间（1670—

1671），清王朝再次申明服饰禁例，加上了新条文，以冬装为例：貉裘、猞猁狲，非亲王大臣不得服；天马、狐裘、装花缎，非职官不得服；貉帽、貉领、素花缎，非士子不得服；花素绫绸纱及染色鼠狐帽，非良家不得服……这几个“不得服”，等级森严地规定了服饰的上下有别、官民有别、民娼有别，用以维护封建统治的“礼”。但也有禁令管不到的，那就是所谓“内装”，妇女崇尚华美，富家翻出新花样来，争胜斗妍。这种内装与满族的旗装有别，基本保留汉族仪制。所以清朝入关以后，民间流行“男投女不投（降）”的说法，指的就是清初汉族妇女服饰的这一特点。

鸦片战争以后，上海成为通商口岸，服装款式当然免不了要发生变化，但清王朝定制下的朝服、公服、军服、礼服还是照旧。如《官场现形记》中描写的黄三溜子，到省城禀见时穿一身“簇新平金的蟒袍，平金礼服，金珀朝珠，珊瑚纪念”，头戴“大红顶子、翡翠翎管，手指头翡翠扳指、金刚钻戒指，腰里挂着打簧金表、金丝眼镜袋，什么汉玉件头、滴里答腊东西，着实带得不少”。在官场上，这一副出身扬州盐商的纨绔兼市井相，抚台老爷当然看不惯。至于常服，变化就要明显得多。清时男女常服，男的长袍马褂，劳动人民都穿短衣——这一点一直沿袭到辛亥革命前后，大体上穿长袍的，都是所谓“先生”，劳动人民一般都是“短打”；女的则穿短袄长裙，只有未成年的女子可不穿裙而穿裤，但裤脚长度必须遮没脚踝。不过男女服装相比较，男式服装显然比较保守，变化不大，仅在袍裾马褂长短、袖口宽窄、领口高低、纽扣品种上做文章。如有时袍裾长到脚背，有时过膝才两三寸，有时袖口宽至一尺多，有时忽而短窄，只有四寸，人称“竹筒袖”。女式服装的变化就要大得多也快得多。衣裙、裤的款式简直日新月异，尺寸腰身的长短宽窄的变化较男衣频繁，就拿衣裾来说，还盛行挖嵌。有挖兰花的，有挖菊花的，有挖蝴蝶蝙蝠之类的，不一而足。到了清末光绪、宣统年间还曾风行一种绣花衣，把整株的梅、兰、竹、菊绣在衣裳上，几乎和戏衣一样。至于衣裙的镶滚和纽扣也不断赶时髦，镶滚如阔梅边、狭梅边、桂花边、花篮边、韦陀锦边、外国锦边、五分滚、三分滚、线香滚、月华滚；纽扣如盘香纽、如意纽、蝴蝶纽、花篮纽等层出不穷。本文开头提到的海上漱石生，当时曾感慨系之："今岁所做之衣，明岁已不入时。"

光绪中叶之前，也就是距今一百多年前，西装还没有被中国人所接受。而当时在上海的流行海派服式在守旧的人们眼里，还很不习惯。穿短马褂的人，被嘲笑为"尺八党"（与"拆白党"谐音）。到了20世纪初前后，上海民族工业发达，出洋留学的人多了，渐有断发变服的人，这就是阿Q眼里的"假洋鬼子"了。辛亥革命以后，西装与中山装逐渐普遍。但男子多数还是穿长袍，只是穿马褂的渐少，特别是过去男袍都系腰带，辛亥后一律消失。妇女则由系裙渐变为套裙，以后又被旗袍取代。

前面说到清朝男服式样的变化赶不上女服，但是男人服饰按季候更换却非常敏感，甚至不问天气冷热，到了胶柱鼓瑟的可笑程度。例如民间有"春后十日狐"的说法，许多人在立春前后还穿狐皮、干尖、窝刀等大毛衣，天再热照穿不误，一定要等到立春后十天，才改穿灰鼠等中毛。到了阴历二月初，又改穿银鼠、珍珠皮小毛。清明起穿棉衣，三月棉夹并用，四月单夹并穿，五月穿单衣，六月穿纱，七月再倒回去，至十一月冬至又穿大毛，就这样周而复始。官场定制，官员逢冬至日按例要到万寿宫向皇帝和皇太后的万寿牌行朝贺礼，这一天官员们都穿狐皮外褂，尽管天气很热也不改变。民间仿效这种风气，也是一律大毛。当然，能够这样翻行头的也只有达官贵人和富有之家可以办得到，一袭大毛皮衣少说百元，贵重的价值千元，就是小毛中的珍珠皮、银鼠这样的低档皮货（银鼠皮其实大多是兔子皮）也要20元左右一身，连小康之家要想冬衣齐全，也不是轻易办得到的。

最后再说几句百余年服装质料的变化。中国沦为半殖民地以后，洋货大量输入上海，其毛纺织品初期还只限于呢、绒、洋布，后来，泰西缎、印度绸、外国纱也大量涌入。洋缎初进市场，人们嫌它暗淡无光，不如国货，只是因为便宜，买来做做滚条。从光绪二十一年（1895）起，绸缎进口逐年递增，到了光绪末年，货值竟高达初年的700多倍。泰西缎也后来居上，夺取了国产缎子的市场。小件制品如瓜皮帽和鞋子，原来都用缎，也被洋货直贡呢、哔叽、毛葛取代。其他如洋绸、洋熟罗、洋纱、洋布、大呢、小呢、海虎绒、灯心绒、法兰绒、骆驼绒、羊毛绒，也大量倾销，国产皮货、绸缎业于是乎一蹶不振。在此期间，应该提一下有两种国产缎也曾风靡一时：光绪年间，上海士女爱用的是织有花纹的“摹本缎”（也称“花缎”），以色彩艳丽著称；其后又有产自四川的“巴缎”，五彩提花，极尽烂漫缤纷之致，特别为十岁左右的女孩子所喜爱，但后来也被淹没在倾销的洋货之中。

争妍斗奇古今裙

骆贡祺

前些年，笔者担任沪上一家服装厂的经营顾问时，经常走南闯北搞市场调查。有一次到北京王府井大街上的蓝天时装公司访问，碰巧遇到已经退休的吴师傅。他原是上海造寸时装商店的技师，在新中国诞生不久，随“造寸”一起支援首都商业。这家在上海滩上享有盛誉的老店搬到北京后，虽然改名为“蓝天”，但仍以独特的“造寸”款式和精湛的工艺而名噪京城。他乡遇故知，笔者出于好奇，便向吴师傅请教：“造寸”店名由何而来？

制裙能手“小浦东”

吴师傅虽然年已古稀，但思路清楚。他沉思片刻，即娓娓道来——

“20世纪30年代有个绰号叫‘小浦东’的裁缝，从浦东来到上海闯荡（当时浦东人习惯称浦西为‘上海’），先是在静安寺附近开了一间裁缝小店。‘小浦东’姓张，名造寸，所以叫‘张记裁缝店’。那时，南京路一带像这样的小裁缝店很多。‘小浦东’虽然初来乍到，但有一手做裙子的绝活——根据女性不同身材和体态，他能三裁两剪地把裙子做得尽善尽美。比如，小腿嫌短的，替她制作长裙大摆款式，以遮蔽腿部之不足；腰围粗、肚腹胖的，替她制作直筒裙，粗腰大肚的缺陷就不明显了；胸部不够丰满的，替她制作开襟宽松裙，起到掩饰平胸的效果。身材矮小者，则为她制作上下平衡的套装裙，从视觉上显得个子高大起来；若遇上高挑的好身材，就锦上添花，为她制作高腰身的开衩长裙，显示女性亭亭玉立的身姿……总之，经过‘小浦东’的裁裁剪剪和雕雕琢琢，凡是来做裙子的女性都满意而归。‘小浦东’

20世纪30年代时装表演中，身着连衣裙和旗袍的女性

声名鹊起，一时间，上海滩上的名媛贵妇和摩登女郎纷至沓来。其中还有几位是红极一时的女作家，给我印象最深的是张爱玲。”

“那时，我初进张记裁缝店学生意，拜‘小浦东’为师。我们商店在南京西路国际饭店附近，而张爱玲就住在南京西路梅龙镇酒家的那条弄堂内。在我的记忆中，张爱玲瘦高个子，文静有礼貌，每次来我们商店，总是先叫一声‘造寸师傅’，而不像其他人那样直呼‘小浦东’。有一次，她要求我师傅做一件大红裙子，师傅认为她身材高、皮肤白，不宜穿大红色的裙子。张爱玲却坚持说：‘我小时候没穿过好衣裳，所以想要穿得鲜艳夺目些。’于是我师傅替她做了一袭猩红色丝绒镶金丝长裙。张爱玲穿在身上，哈哈大笑说：‘我这身红裙，真要妒杀石榴花了！’那天，她好像特别高兴，对我师傅说：‘张记裁缝店名气响了，生意好了，应该有个好听的店名。’我师傅问：‘取什么店名好呢？’她胸有成竹地说：‘我看你的大名做店名蛮好的。造寸、造寸，寸寸创造，把我们女人的裙子做得合身漂亮。’我师傅连连点头说：‘到底是有名气的大作家，肚子里有学问！’于是张记裁缝店就改名为‘造寸时装商店’了。”

唐代流行红裙子

唐人周昉《簪花仕女图》中穿红色长裙的贵族妇女

《雍正行乐图》中身着百褶裙的清代妇女

张爱玲好穿鲜艳服装是许多人都知道的。以前还有位好事的漫画家，曾替她画了一幅《奇装炫人的张爱玲》。这真是少见多怪！20世纪的都市人，反而不及一千多年前的唐朝人开放！

翻开史籍便不难发现，红裙是唐朝妇女最时髦的服装。据《开元天宝遗事》记载："长安士女游春野步，遇名花则设席藉草，以红裙递相插挂，以为宴幄。"唐诗中有不少吟咏红裙的佳句，如李白的"移舟木兰棹，行酒石榴裙"、杜甫的"野花留宝靥，蔓草见红裙"、韩愈的"不解文字饮，唯能醉红裙"、白居易的"血色罗裙翻酒污"、万楚的"红裙妒杀石榴花"等。由于妇女喜欢穿红裙，世人对男子爱女子之甚者，辄以"拜倒石榴裙下"予以嘲讽。石榴裙即指红裙，以其红如石榴花也。

唐朝流行红裙，对后世产生了深远的影响。不过到了后来，封建统治者对妇女穿红裙定了许多规矩。例如有一时期，规定红裙是大礼服，只准喜庆日子穿；有的朝代规定，夫妻之间唯有正室可以穿，姨太太不许穿；封建礼教甚至还规定，孀妇不准穿红裙，即使再嫁了，也不允许穿。红裙的裙身要有裙裥，以多为贵，褶裥最多的称为“百褶红裙”，是最有权势的女人穿的。这类限制一直延续到清末。

千年一裙故事多

古代男子也穿裙。《诗经 · 斯干》中就有“乃生男子，载寝之床，载衣之裳，载弄之璋”的句子。古时候的衣服，上者曰衣，下者曰裳。“载衣之裳”的“裳”，即是裙子。

女人爱裙大概是天性所致。她的妩媚与婀娜，多半是托了裙子的“福”。唐朝诗人白居易在《霓裳羽衣歌》中，就用这样的美妙诗句歌咏了裙子对舞女体态的装饰作用：“小垂手后柳无力，斜曳裙时云欲生。”

我国妇女以穿裙而出名，最早大概要数西汉的赵飞燕了。据传说，汉成帝的皇后赵飞燕爱穿“云英紫长裙”。一天，飞燕与帝同游太液池。当游兴正浓时，突然刮来一阵狂风将飞燕卷起。宫女们急中生智，迅即拉住她的裙子，飞燕得救了，但她的长裙却被扯出数不清的皱纹。飞燕有点懊丧，而随同帝游的人们惊奇地赞叹带有皱纹的裙子更加好看。于是宫女们纷纷仿效，都穿起了有许多皱纹的长裙。因留住皇后而诞生此裙，美其名曰“留仙裙”。尔后，这种长裙也“飞入寻常百姓家”。

唐代裙子种类之多、花样之繁、色彩之艳，足以让今人为之倾倒。唐代裙子多为上下套装，袒胸露背。做裙子的料子，既有轻纱细罗，又有柔绫缎，争妍斗奇。据《旧唐书 · 五行志》记述，唐景龙年间，中宗皇帝李显之女安乐公主，集山中百鸟的五彩羽毛，织锦成裙，穿在身上，不但色彩绮丽，且颜色随外界光线的不同照射而起变化，浮光泛彩，一动一变幻。正看呈红色，侧观显绿色；白昼看，缭乱七彩；灯下看，锦簇五色。穿在身上，一经款款起步，裙摆摇曳，幻出群鸟飞翔之状，真是极尽豪奢之能事。可惜当时还没有“吉尼斯世界纪录”，否则，这件花费巨万的“百鸟裙”，肯定可评为世界之最！

明代盛行饰有花纹和图案的拖泥裙。小说《金瓶梅》虽以宋代为背景，但书中人物的穿着打扮则是明代社会风尚。如第三十四回就描写潘金莲“下着白碾光绢一尺宽攀枝耍娃娃挑线拖泥裙子”。所谓“拖泥裙子”，即是拖地长裙。明代妇女缠足之风盛行，据说明太祖朱元璋的发妻马皇后为了遮蔽自己的那双“天足”（未缠过足），带头穿起了这种拖泥裙子。

清代妇女爱穿多彩多式的月华裙、凤尾裙、叮当响裙。关于“叮当响裙”的模样，孙自筠在《中华状元奇闻》中有描写：“她（苏州状元洪钧于清同治年间出使德国时随行的夫人赛金花）身着有24条飘带的湘绫裙，每条飘带上还系上个小银铃，走起路来环佩叮当响，清脆悦耳。”“湘绫”乃谐音也，实为“响铃”——叮当响裙。

“云裳”引进时装裙

上海沦为租界后，妇女们因受西方服饰的影响，裙子的式样起了很大的变化。尤其是一些风尘女子，故意把裙子做得鲜艳夺目和奇形怪状。1886年，住在英租界的名妓林黛玉、桂月英，各穿一袭大红色织锦镶金丝和前后开高衩的长裙，两人虽都是“三寸金莲”小脚，却翘起二郎腿端坐在黄包车上，四处兜风，招摇过市。所经之处，观者如潮，弄得上海滩上满城风雨。而租界内外喜欢赶时髦的女人，也纷纷仿效，穿起这种艳丽又性感的裙子坐黄包车兜风，以致当时的清政府上海道台衙门向租界当局发文通报，说什么“此类妖服招摇过市，有伤风化，应予取缔”。倒是洋人司空见惯，不予理睬。

为了标新立异，上海滩妓女甚至还有用国旗、军旗式样做裙子的。具体做法，是在裙子前后各绣上“五色旗”和“陆军军旗”。关于这方面的情况，在《上海六十年花界史》中有所记载。

辛亥革命成功和五四新文化运动的开展，使裙子变革走上了正确的轨道。青年女学生时兴穿黑色百褶裙和长过膝盖的黑色筒裙，与紧身窄袖的中式上衣相配，时称“文明装”。而中老年妇女则穿旗袍裙和筒裙。但真正把裙子融入现代化的，则是张幼仪开办的上海云裳时装公司。

张幼仪是著名诗人徐志摩的正室夫人。她曾跟随丈夫到英国和法国留学，感受到西方女装的魅力。回国后，在静安寺路（今南京西路）王家沙和青海路之间的鸣玉坊附近转角处，开了一家专做女式时装的服装店。张幼仪天资聪颖，她画了许多外国流行的裙子草图带回来，并亲自担任裁剪，把原先款式单调呆板的中式裙子，改造成紧腰身、宽臀、开衩和长度不等的时装裙，与紧窄的西式上装相配，加上面料时新、做工考究，很快在上海滩上流行开来，成为上层妇女们在交际场中必穿的“裙套装礼服”。据说，当时住在上海的“宋氏三姐妹”（宋蔼龄、宋庆龄、宋美龄）、著名女作家苏青、潘柳黛、丁玲以及郁达夫的夫人王映霞等，都在“云裳”定做过裙子。

现代女性爱穿裙

现代女性一年四季都穿裙。春秋天穿西装裙、套装裙，夏天着短裙、吊带裙、马夹裙、连衣裙，冬日御寒穿皮裙。参加各种活动更少不了裙，跳舞穿波浪裙，去卡拉OK或音乐茶座着对褶裙，出席婚礼或喜庆穿礼服裙。

女孩子为什么格外青睐短裙？因为，一可以短补长——弥补腿长之不足；二可以短显美——使拥有一双玉腿的女性出尽风头；三可以短讨巧——易于同短上装如汗衫、T恤、马夹之类搭配。

人到中年，青春不再，中年女性最爱穿宽松而有悬垂感的长裙子。比如一条花色素雅的长裙，能将其端庄娴淑的气质烘托出来。长裙还能“遮山掩水”，将中年女性身上的难堪部位——诸如粗腿、凸肚等“消化”掉。

欣逢盛世的老年妇女，如今也爱穿裙子。不过，她们穿的不再是老式百褶裙，而是近年从国外引进、洋为中用的“裤裙”，这种远看是裙、近看有点像裤的裤裙，穿着宽松、舒适、飘逸，抬腿跨步，如行云流水，好不潇洒！

如今放眼望去，繁华的上海街头已是裙装飞舞，无论是摇曳生姿的长裙，还是婀娜轻盈的短裙，姹紫嫣红，色彩缤纷。在诸多裙子中，连衣裙将是夏天都市女性的最佳选择。随着人们环保意识的加强和返璞归真理念的重视，真丝绣花连衣裙将受宠，而仿真丝和化纤面料的连衣裙却少有人问津。

曾听一位行家说过：“裙之魅力的韵律是由轮廓线、结构线、装饰线、面料和色泽线组成的，就像‘五线谱’的音符。”如果真是这样，那么，绚丽多姿的连衣裙，不就是一支支阴柔美妙的乐曲吗？

百年风流帽春秋

骆贡祺

陈天益善做“红顶子”

清末新春的一天，在上海静安寺东南的一座私人花园里，园主人欧爱司·哈同和俪蕤·罗迦陵举行茶话会，邀请上海滩上的头面人物参观以他们夫妻名字命名的“爱俪园”。来宾们注意到，这天哈同的打扮非同寻常，头上戴的是一顶顶戴珊瑚的“红顶子帽”。“唷，哈同今天戴红顶子啦！”哈同见众人惊诧的样子，就狡黠地哈哈一笑说：“诸位，我这红顶子不是借来的，而是花了500两银子，从陈天一帽庄定做来的。”

原来，哈同在上海发迹之后，为了跻身华人上流社会，这个狡猾的犹太人使出了“以帽炫人”的花招。当时，上海滩上有一批做寓公的清朝官员，还有一些“捐班”出身的“空头官”。哈同就从他们那里借来官帽，戴在头上，出入拜客，夸耀于人。但过去他借来的帽子，官位都是比较低的，仅有一次从上海候补道周湘云那里借来的“三品蓝宝石顶戴”，算是官位最高的了。这一次，他一不做二不休，干脆花重金买来“红顶子”，反正这里是租界，清廷管不着，省得老是向人求情借帽子。

关于哈同戴“红顶子”的轶事，我是从一位要好朋友处听来的。他原籍北平，世家出身，因父亲在上海一家洋行做事而迁沪定居。据那位朋友说，他家藏有祖上传下来的两顶清代四品和五品官帽，哈同曾向他父亲借过几次，因而有了交往。在爱俪园的那次茶话会上，他父亲也在被邀请之列，故见闻真切。

替哈同做“红顶子”官帽的陈天一帽庄，是上海滩上最古老的帽子店。创办人陈天益于清朝嘉庆末年，在派克弄（又名“花园弄”，即今南京东路）

开设了一间帽子铺，用自己的名字“天益”作店名。由于他曾在官办的南京织造局当过差，懂得官帽的品级和制作方法，因此他的这间帽子铺，一开张就做起官帽生意来。开始只是做低品级官员的帽子，后来生意越做越大，名气愈来愈响，不仅江浙一带的地方官前来定做官帽，连远在京师的官员也慕名而来。据说，有一次曾国藩府上的管事上门，为其主子定做官帽。陈天益灵机一动，赶快修书一封，请求管事转呈曾大人赏赐墨宝。这位曾大人居然大笔一挥，书写了“陈天一之帽”的条幅。受宠若惊的陈天益自然心领神会，索性把店名改为“陈天一帽庄”，隐喻“天下第一帽庄”，同时还把曾国藩的手书制成匾额，高悬店堂中以显示荣耀。

清代的官制与历代不同。由于等级观念森严，对官员的服饰有严格的规定，特别是官帽的“顶戴”，其质材和颜色绝对不准含糊。所谓“顶戴”，就是官帽的帽顶。从色泽上分，一、二品是红色的，三、四品是蓝色的，五、六品是白色的，七品以下则为金色。在同色之中，各品的顶戴又有区别，一品纯红色，二品杂红色，三品亮蓝色，四品暗蓝色。进士、举人、贡生都戴金顶，生员、监生戴银顶。帽顶的装饰，一品戴珊瑚，二品戴花珊瑚，三品戴蓝宝石，四品戴蓝色涅玻璃，五品戴水晶，六品戴明色玻璃，七品戴金顶，八品戴花金顶，九品戴镂花金顶。

尽管晚清捐官之风盛行，但“捐班”出身的官员，要想戴“红顶子”实非易事。清光绪四年（1878），商贾奇才胡雪岩因支援“平定新疆”立了大功，陕甘总督左宗棠会同陕西巡抚谭钟麟，联衔奏请“破格奖叙道员胡光墉（胡雪岩）”。光绪皇帝破例恩准“以军功赏加布政使衔，从二品文官顶戴用珊瑚”。胡雪岩原来已是“捐班”道员，三品道员只能顶戴蓝宝石，这下戴上“红顶子”，成为中国历史上绝无仅有的“红顶子商人”。

马敦和首创“五色帽”

说到胡雪岩的红顶子帽，还有一段鲜为人知的轶事。当得知胡雪岩荣获

晚清时期上海流行的尖头瓜皮小帽

"戴红顶子"的消息后，上海的陈天一帽庄和另一家也做官帽的马敦和帽庄都想为这个"中国第一官商"制作红顶子帽，借以提高自己的声誉，于是各自施展手腕。最后，马敦和帽庄棋高一着，通过江苏学政（管江苏考试的二品官员）何桂清的关系，揽到了这桩不寻常的生意。因胡雪岩与何桂清的关系非同一般，当初胡雪岩为了寻求何桂清的庇护，连自己的爱姬（阿巧姐）也送给了对方做小老婆。

马敦和帽庄是1850年从苏州搬迁到上海的名店。创办人马敦和出身官宦人家。他当初在苏州开帽子店的时候，以为吴地多士大夫，做官帽生意不愁没有顾客。岂知当地稍有名气的都跑到上海陈天一帽庄去购置。马老板一气之下，就把帽子店搬到上海（店址在今南京东路山西路口），与陈天一帽庄展开了竞争。

辛亥革命以后，官帽被废除。做了近百年官帽生意的陈天一帽庄，也就随之寿终正寝。但马敦和帽庄的第三代老板，眼见官帽生意前景不妙，就寻思另谋出路。这时，恰巧有位亲戚从日本带回一顶“同盟帽”（呢制圆顶礼帽，因在日本的同盟会会员多戴此帽而得名）。他就进行仿制，并冠名为“马牌礼帽”。不久，上海滩上兴起了戴礼帽之风，马牌礼帽成了供不应求的商品。

1925年，马敦和帽庄又首创“五色运动帽”。这种象征“五族（汉满蒙回藏）共和”、用红黄蓝白黑五种颜色镶拼的新型帽子，很快风靡全国，头一年就销售60万顶。这时，踌躇满志的小马老板，在《申报》上用大号仿宋体字刊登“头戴马敦和”的广告，意思是“人人头上戴的都是马敦和的帽子”。虽然这是标榜之词，但迎合了上海人求新求异的心理，居然成了一句流行的口头禅。

赶时髦最怕“落帽风”

世界上最早的圆顶帽是英国人威廉·科克发明的。他为了在打猎时防备低垂的树枝碰伤额头而设计出这种帽子，并交给伦敦一家叫费尔特的帽子铺生产。1849年12月17日，科克在取货时，为了试验帽子的功效，把它放在床上用脚踩，既没有踩坏，也没有凹进去。于是，他满意地付了12先令的帽子钱。以后，这种用手工做的毡子质地的圆顶礼帽，很快在全球风行开来。人们为了纪念发明人的功绩，至今还称这种帽子为“科克帽”。

礼帽自20世纪初传入我国后，在上海滩上流行了近半个世纪。先是出现在新闻记者头上，当时流行“头戴礼帽，身穿长衫，足蹬布鞋，腋下夹公文包”的记者装束。继而又与西装、大衣、皮鞋相配套，构成了“标准西装式装束”。到了三四十年代，凡是出门应酬的，礼帽是非戴不可的，否则被视为不礼貌。“伊（他）身上迪（这）身行头蛮挺括的。”这是当时在社交场合经常能听到的一句话。所谓“行头”，就是身上穿的服饰。按照三四十年代的流行标准，一套绅士的“行头”应该是：一顶呢制或草质礼帽、一套三件套西装（包括领带、衬衫）、袜子和皮鞋（连鞋罩）。

20世纪30年代，上海跑马厅里头戴礼帽的男士

昔日上海滩，男女出门都戴礼帽，而有钱的人更要戴“巴拿马金丝草”“兔子呢”“水獭皮”等价格昂贵的礼帽，以炫耀其身价。当他们坐在黄包车或三轮车上，车夫吃力地拉（踏）上苏州河上的几座桥，刚开始下坡的刹那间，绅士淑女头上的帽子往往会不翼而飞，上海人称之为“落帽风”。当然喽，那帽子不是被风吹走的，而是被候在桥边的窃贼出其不意摘去的。干这一行的歹徒还自吹有“抛顶功”！

礼帽圆筒的高度，通常不超过15厘米。但上海滩上曾经流行过一种英国式绅士帽，其圆筒高度有30厘米甚至达40厘米的。

20世纪三四十年代，上海金神父路（今瑞金二路）靠近霞飞路（今淮海中路）的地方，有一幢漂亮的西式建筑，门口悬挂着一块刻有“锡而刻海”字样的牌子。不知内情的人以为是少数民族或外国某个单位的办事机构。上前再仔细一看，“锡而刻海”四个字下面有几个英文字：“Silk Hat”。翻译成中文即“丝礼帽”，也就是西方国家绅士们戴的高筒圆顶礼帽。门口为什么要挂这样一块牌子呢？原来，这是一家由英籍犹太富商开设的高档夜总会，进去白相的人都是上海滩上的名流。据说，这家夜总会的老板规定，凡是想进去玩的男宾，头上必须戴丝礼帽，否则不得入场。悬挂这块牌子，大概是想告诉人们：这里面是绅士们白相的地方。

这种怪诞的“丝礼帽”，虽然早已淘汰了，但在西方国家参加婚礼和重大宴会以及乐队指挥身穿燕尾服时，还有戴这种“丝礼帽”的。

杨抚生“鹤鸣”上海滩

由于礼帽盛销不衰，在20世纪三四十年代，南京东路和山东路一带开出了40多家以卖礼帽为主的帽子店。与此同时，外国礼帽也蜂拥而来，尤其是美国名牌“司的生礼帽”和英国老牌礼帽“HATNAN”“STAYSON”的进入，使国产礼帽受到沉重的打击。

就在国货帽子陷入困境时，在金陵东路500号却开出了一家“鹤鸣鞋帽商店”。创始人杨抚生在商店开张那天向公众说：“鹤鸣的店名取自《诗经》中的‘鹤鸣于九皋，声闻于天’。我要向国人宣传，买帽子、鞋子还是国货经济实惠。”于是，他在上海市内和沪杭、沪宁铁路线两旁遍做“鹤鸣广告”，还请杨华生、笑嘻嘻、姚慕双、周柏春等滑稽名家每晚在“新生电台”上为“鹤鸣”做广告，同时在《申报》上不断刊登漫画广告。

杨抚生不仅是位经商能手，而且多才多艺。他在《申报》上刊登的漫画广告，都是亲手绘制的，其内容新颖，耐人寻味，如“眼光放得远，利润看得薄”“不戴草帽，头上火冒”“爆竹一声除旧，皮鞋万人更新”等。他先后创作了200多幅漫画广告，在市民中引起强烈反响。老上海们对这些朗朗上口、寓意深远的广告语，至今还记忆犹新。

杨抚生善于经营，他首创“厘金制”，商店职工多劳多得，与个人收入挂钩。如店长级收入是营业额的5%，其中正店长为3.5%，副店长为1.5%，部长级收入是部门营业额的5%，其中正部长为3.5%，副部长为1.5%；普通

鹤鸣鞋帽商店的两则广告

营业员的工资是营业额的1%。这样一来，职工的服务态度好了，售货热情高了。

由于运用多种形式的广告宣传和采取与众不同的经营方式，使“鹤鸣”由两开间店面扩充到七开间店面，并在市内开设六爿分店和一个制造厂，还先后在广州、香港、台湾、南京、无锡、长沙开设分店，成为国内鞋帽业的佼佼者。

刘锡三做大“盛锡福”

“鹤鸣”的崛起，引来了“盛锡福”。盛锡福帽店1911年创办于天津。创办人刘锡三以名字中的“锡”字为标记，并以“锡福”的谐音“雪蝠”为商标。他于1939年到上海设店。开张那天，南京东路747号前人山人海，国民党元老于右任题写的“盛锡福帽店”金字招牌熠熠生辉。店堂内摆满了琳

上海南京东路上的
盛锡福帽店

盛锡福帽店的创始人刘锡三

琅满目的帽子，几乎令顾客看花了眼。由此，“帽子大王”的美誉不胫而走。

刘锡三称得上是现代中国帽子业的开拓者。他在“三帽”（呢帽、草帽、皮帽）的基础上，把帽子品种扩大到400多种，如春秋季的时装帽、开浦帽、鸭舌帽、圆顶帽，夏令的蜡线帽、男女童太阳帽、运动帽，冬季的各式皮帽、北方帽、罗宋帽、法式帽、土耳其帽、通天帽、老太婆帽等。他不仅满足了国内消费者的需要，而且精心制作了一批出口的帽子，如用紫貂、水獭、海狗、黄狼等珍贵兽皮做的高档皮帽，深受北欧和加拿大等国顾客的欢迎。值得称道的是，他还制作了维吾尔族的“小花帽”、蒙古族的“狐皮帽”、阿昌族的“高筒式包头帽”、土族的“织锦毡帽”、裕固族的“喇叭形红缨帽”，使之成为这些少数民族的特有标志。

新中国诞生后，上海盛锡福帽店自设工场，精心设计制作了一大批为人民大众喜爱的帽子。其中“全毛华达呢圆顶帽”“全毛花呢便帽”“尼龙网眼朝鲜帽”“防雨大晴雨帽”“全毛麦尔登呢便帽”，均被国家商业部命名为“名牌优质产品”。而被称作“八角帽”的“中国工农红军帽”，更是名扬天下。许多到上海来工作或旅游的外国人，都要买几顶带回去作纪念或馈赠亲友。

值得一提的是，昔日“中国帽业之冠”的盛锡福帽店，如今虽然搬迁到瑞金二路和海宁路两处分散营业，但仍然自强不息。总经理斯顺发先生告诉笔者:“盛锡福”除了保持传统特色外，正在努力开发新一代帽子产品。如用高科技制作的“爽神健脑帽”，你只要拉开帽舌根部的拉链，便会释放出馥郁芳香的气味，使人顿觉神清气爽，精力充沛。

说古道今话旗袍

骆贡祺

在英文《中国日报》举办的“21世纪英语演讲比赛”中，一位叫朱静秋的中国女大学生，在回答外籍评委提出的“从现在到25年内，你对中国有什么希望保持不变的？有什么非常值得珍惜、希望继续发扬、保持原状的”时，说了一番令人赞叹不已的话。她说：“我想用今天我穿的这身旗袍来回答您这个问题。我穿着中国传统的服装，不但不妨碍我用流利的英语同您交谈，而且也许更有助于我们之间的交流。我想我们的国家也是如此，在‘全球化’的过程中，也会和欧洲、美洲、非洲一样，保持许多本民族美好的东西，如同我穿着这件特别的衣服。在人们的印象里，旗袍是一种很传统的东西，但我又是一个非常活跃的现代女孩子，我想这两者的结合并不太复杂，我们一定能把它们结合好。中国人民是很聪明的，我们有能力处理好它们的关系。”她的回答，博得台下阵阵热烈的掌声，连那位提问的外国人也满意地笑了。

起源于满族“旗人袍”

旗袍最初是清朝满族旗人妇女的土著服装。清朝入关以后，明末的遗老们坚持“男降女不降”。所谓“男降”，是顺应满族男性留发梳辫子的习俗；“女不降”则是反对汉族妇女穿满族人的长袍，而坚持穿沿袭下来的上衫下裙，并将旗人的女袍轻蔑地称“旗人袍”。这就是旗袍名称的来历。1911年辛亥革命取得成功后，在“五族共和”的旗帜下，旗袍这一女式服装才被定为中华民族的妇女礼服之一。

满族妇女穿的旗袍

上海女学生率先改良旗袍

旧上海是全国第一大商埠，五方杂处，接触外洋机会多。民国初年，留日学生甚多，由于受日本女装的影响，青年妇女多穿窄而修长的高领衫袄，下穿黑色长裙，裙上不饰花纹，衣衫也比较朴素，簪钗、手镯、耳环、戒指等首饰一概不用，时称“文明新装”。后来，受西方生活方式影响，妇女服饰又日趋华丽。姜水居士的《海上风俗大观》记述当时上海妇女的服饰道：“至于衣服，则来自舶来，一箱甫启，经人知道，遂争相购制，未及三日，俨然衣出矣。……衣则短不遮臂，袖大盈尺，腰细如竿，且无领，致头长如鹤。裤亦短不及膝，裤管之大，如下田农夫。胫上御长竿丝袜，肤色隐隐。……今则衣服之制又为一变，裤管较前更巨，长已没足，衣短及腰。”从这段记述中可以看出，20世纪初，上海的妇女们已开始领悟到女

身穿改良旗袍的上海女学生

性服装的“曲线美”。在裁制时，腰身比较窄小，领子缩得很低，袖子长不过肘，下摆制成弧形，并在领、袖、襟、裙等各部位缘以不同花边，而旗袍恰恰汇集了这些特征，于是汉族妇女也模仿穿着。

但真正开风气之先的是上海的女学生。辛亥革命以后，她们带头穿起了经过改良的新式旗袍，大大方方走在街上，引起各界妇女的羡慕，纷纷仿而效之。不过，此时的旗袍已不同于满族妇女所穿的大下摆旗袍，而是下摆减瘦得与上身相仿的直筒式袍子。

独领风骚的“胡蝶旗袍”

旗袍初行之时，其长度在脚踝以上。20世纪20年代末，沪上有些赶时髦的妇女想要把它缩短，但又不便于贸然行事。于是，聪明的上海女子动脑筋在下摆钉上三四寸长的蝴蝶褶衣边，袖口也相应钉上这种衣边，而旗袍连衣边的总长度已缩短到小腿肚。经过蝴蝶褶衣边过渡，旗袍的长度就堂而皇之地缩短到膝盖下边，整个小腿都露在外面了。与此同时，衣袖亦逐步缩短，先缩短到肘下一点，到了20世纪30年代初，旗袍袖子缩短到肘上，整个小臂袒露在外了。因为这种有蝴蝶褶衣边的旗袍由电影明星胡蝶最先穿出来，加上“蝴蝶”与“胡蝶”谐音，所以，时人称它为“胡蝶旗袍”。

“胡蝶旗袍”因胡蝶而出名

30年代的流行时尚

20世纪30年代是旗袍的鼎盛时期，旗袍的式样变化多端，新款式层出不穷。先是流行高领头，旗袍的领子越高越时髦，即使在盛夏，薄如蝉翼的旗袍也一定要配上高耸及耳的硬领头；继而又流行低领头，领子越低越摩登，当低到实在无法再低时，干脆穿没有领头的旗袍。袖子的变化也是如此，时而流行长的，长过手腕；时而流行短的，短至露肘。旗袍的长度更是两个极端，一会儿时兴长的，长到可以扫地，连鞋子都看不见；一会儿时兴短的，短过膝盖。尤其是旗袍的开衩，大胆的女性把衩开到大腿根部，抬腿跨步，两条玉腿时隐时现，好在那时已有长筒丝袜为之遮掩；相反，也有无衩的，女性穿上这种无衩旗袍，走起路来，只好踮着碎步，袅袅婷婷的身姿，犹如古典丽人“云鬓花颜金步摇”！不过，这个时期旗袍最大的变化还是胸围和腰身，从原先宽大、直筒的样式逐渐紧缩到贴身，有的甚至窄到要吸口气才能扣上纽子，比现在的

旧时上海商品广告和月份牌中身着旗袍的女性

牛仔裤还要紧身。女性穿上这种旗袍，“三围”曲线毕露，性感十足。

演艺明星别出心裁

众多的旗袍款式，迎合了各阶层妇女的需要，因而到了20世纪30年代中期，上海滩上穿旗袍的女性比比皆是。特别是演艺界女性，都以穿着旗袍为时髦。据南京路朋街女子服装商店的一位老技师回忆，当年上海滩的电影明星如王人美、胡蝶、周璇、王丹凤、上官云珠、白杨等，都经常去该店定制旗袍。

身着旗袍的阮玲玉

1932年，上海有位著名“交际花”薛锦园，在旗袍的四周镶上一圈光彩夺目的花边。当她先后在南京路大东跳舞场和静安寺百乐门跳舞厅亮相时，人们眼睛为之一亮，加上小报记者们的生花之笔，“交际花”薛锦园的名声大振，而她的这款旗袍样式也迅即风靡上海滩。

翌年，电影明星顾兰君首先在旗袍的左侧开长衩，同时又在袖口开了半尺长的大衩。这种“顾兰君式”的新潮旗袍，又立即成了沪上最时髦的服装。

宋庆龄爱穿“鸿翔”旗袍

笔者在南京路鸿翔公司看到了前国家名誉主席宋庆龄手书“推陈出新，妙手天成，国货精华，经济干城”的匾额。原来，这位女中翘楚平生喜欢穿这家服装店为她制作的旗袍。为褒扬服装师精湛的制作工艺，她欣然命笔，为该店留下了珍贵的墨宝。

到了20世纪四五十年代，旗袍的式样趋于取消袖子、缩短衣长和减低领高，使旗袍更加轻质适体而大众化。因而，我国农村妇女中也开始穿旗袍了。特别是新中国诞生以后，妇女翻身得解放，穿上一袭“轻便旗袍”，干起活来方便、利索，同时又节省衣料。

中西糅合更趋美观

“文革”期间，旗袍虽然一度被打入冷宫，但改革开放以后，旗袍重放光芒。由于国门敞开，林林总总、繁花似锦的海外服饰随之涌入。于是，传统的中国旗袍又很快与现代新潮女装糅合起来——旗袍裙和旗袍式连衣裙的相继出现，使古老的旗袍焕发出新的风姿。

旗袍裙将现代西方最流行的晚礼服和上下两件（西上装和长裙）的套装很好地融合在一起。女性穿上这种圆领或V字领、紧身式、上下相连和裙身长而开衩高的旗袍裙，更加体现女性迷人的魅力。

旗袍式连衣裙则把欧美时髦的马夹式上衣和短裙及长而开衩高的性感女装结合在一起，成了显示东方女性含蓄美的新潮旗袍。

随着改革开放的深入和女同胞们审美观的不断提高，上述这两类新式旗袍已受到我国广大妇女的欢迎。笔者看到，在炎夏季节，上海的女性，不管是老妪，还是少女，不论是普通职业女性，还是白领小姐，许多人都爱穿这种显示女性不同魅力的旗袍式连衣裙。

巩俐旗袍照亮了奥斯卡

由于旗袍能充分体现和衬托女性的曲线身材，又不同于西方那种袒胸露背的性感服装，于是不仅成为我国妇女所钟爱的服装，而且还走向世界。定居法国的香港影星张曼玉在电影《花样年华》中穿过的五件反映中国不同时期的旗袍，在“世界时装之都”巴黎展示时，那些享誉国际的时装设计大师无不击节赞赏!

1990年4月，我国著名电影明星巩俐应邀参加第14届香港国际电影节的开幕典礼。她摒弃了香港市场上的欧美服饰，特意穿了一件象征新中国女性的红色旗袍而引起全场轰动，巩俐也因此被西方媒体誉为“东方美女”。

1992年3月30日，巩俐在美国好莱坞参加第64届奥斯卡金像奖颁奖仪式，她又特地定制了一袭大红晚礼服式的时装旗袍。这件由美籍华裔冼书瀛先生设计的晚礼服，通件散发着浓郁的中国传统服饰气息，它用人造丝和羊毛做面料，服装上的东方古老图案采用中国传统刺绣工艺，大圆领，短袖，下摆长达脚踝。当巩俐在悠扬的乐曲声中款步走向主席台时，她那紧裹全身、曲线毕现、两侧开长衩的造型，朦朦胧胧，美不胜收，又赢得无数羡慕的目光。难怪一位西方记者惊呼："中国影星巩俐的这身旗袍，把这届奥斯卡照亮了！"

商榻“阿婆茶”

源长

一到青浦商榻，就可见到有种特殊的习俗——“阿婆茶”。几个婆婆坐在一起，一口咸菜一口茶，边吃边谈，有说有笑。农闲的晚上，更是热闹。几乎家家有客，户户灯明，充满淀山湖水乡的生气。

阿婆茶的由来，有不少说法。相传，在某一年的清明节，商榻南面有个南横江村，村上十几个阿婆叫本村朱老伯摇船到商榻石人庙进香。谁料船刚开就下起雨来了，把阿婆们淋得湿透。到了石人庙，为了取暖，阿婆们就叫庙里香头泡茶。用茶时，阿婆们从自己香篮里取出带的饭菜，有咸菜、萝卜干，就这样，一口咸菜、萝卜干，一口茶，此后就演变为一种习俗“阿婆茶”。

还有一种说法：商榻有一种特产虾笼，编制虾笼是商榻妇女传统的手艺，在编制虾笼时单调乏味，气氛沉闷。妇女们为了解闷，便边编虾笼，边烧茶，吃咸菜，说说笑笑谈家常，干得欢、吃得香。久而久之，边做虾笼边喝茶吃咸菜成了当地的习俗，人们把这习俗起名叫“阿婆茶”。

今天随着经济发展，生活水平提高，商榻吃茶之风气更盛了。全乡近3万人，1986年茶叶销售量占全县45万人用量的四分之一（还不包括农家各自从外地购进的），且茶点亦有较大的变化和发展，由从前的咸菜萝卜干，稍后的炒黄豆、炒蚕豆、爆米花，到今天的瓜子、花生、糖果、蜜饯、水果等，花色品种越来越多。但是，当地农家老婆婆们仍保持了一口咸菜一口茶的吃法，认为这种吃法最“土”但又最有“味”。

商榻吃“阿婆茶”，还有不少规矩：主人泡茶时，不管客人年龄大小，也不管相识与否，都要满满泡上一杯，以示待客诚意。而客人吃茶时一定要把主人泡的茶喝淡或至少喝三开，直到最后喝干才能离去，否则是对主人不恭。泡茶的程序很讲究，先点茶酿，后冲满杯子；水一定要刚烧开的沸腾百滚水，不吃温吞水、“肚饱茶”。茶叶要多茶要浓，不喝勉强茶。茶点茶果要放到客人台前，以示热情好客，客人不能喝干讨茶，否则就是不礼貌。互相喊“吃茶”表示相互关系密切、要好；如果相互之间不喊“吃茶”，表示冷淡，就“话不投机”了。

南国佳肴：清蒸鲥鱼

周三金

春末夏初，正是鲥鱼上市时节。上海各家菜馆饭店经营的“清蒸鲥鱼”“红烧鲥鱼”“网油烤鲥鱼”都是时令佳肴。其中“清蒸鲥鱼”，因具有不失原色、真味全在盘中的特点，故从古至今一直是我国最著名最受人们欢迎的一道鱼肴，在旧上海曾盛行近百年，现在是中外闻名的特色名菜，在世界上享有很高的声誉。

网得“西施”国色真

鲥鱼，古称“鰣”。它体扁而长，色白似银，平时栖息于我国、朝鲜和菲律宾沿海，春夏之交溯江产卵。我国南北各大河流都有鲥鱼，但以富春江和镇江附近所捕鲥鱼最为肥美。因为鲥鱼季节性很强，每年春末夏初由海入江，夏末秋初返回，来去有时，所以人们称它为“鲥鱼”。

鲥鱼是我国的一种名贵鱼类，由于它色泽洁白，脂肪肥厚，肉味鲜美，因此人们一直将它视作鱼中珍品。捕鱼人也特别看重捕捞鲥鱼。古代诗人范连在诗中曾写道：“近海人家业买鲜，趁潮惯使网鱼船。河豚过后无珍味，直到鲥鱼始值钱。”可见鲥鱼之可贵。历代许多著

清蒸鲥鱼

名诗人对鲥鱼评价更高，说它形美犹如西施，其肉嫩肥美风味绝伦，宜为席上珍馐。清代著名诗人谢墉诗曰："网得西施国色真，诗云南国有佳人。朝潮拍岸鳞浮玉，夜月寒光尾掉银。长恨黄梅催盛夏，难寻白雪继阳春。维其时矣文无赘，旨酒端宜式燕宾。"他将鲥鱼与越国美人西施相媲美，是最适宜款待嘉宾的美味鱼肴。暮春食鲥鱼，最初仅盛行于江南一带，特别是江浙和上海地区，因此不少文人雅士都称它为"南国佳肴"。

明清宫廷一珍馐

用鲥鱼制作菜肴，在我国已有悠久的历史。浙江余姚人严光，字子陵，是东汉光武帝的老同学，曾帮助刘秀打过天下。东汉王朝建立后，他深感仕途险恶，遂毅然引退，隐居富春江畔。刘秀多次请他入朝辅佐，严光一再拒之。其理由之一，即难舍在富春江垂钓鲥鱼、清蒸下酒所享的乐趣。这虽然是严光拒绝做官的一种借口，但也说明了鲥鱼在东汉时已成为席上佳肴。后来，鲥鱼成为历代著名文人所爱。苏东坡在江东任职时，曾多次品尝了鲥鱼的美味，还特地将他烹调鲥鱼的方法以及对鲥鱼美味的评价写成一首诗。其诗云："芽姜紫醋炙银鱼，雪碗擎来二尺余。尚有桃花春气在，此中风味胜鲈鱼。"到宋朝时，鲥鱼菜肴已由江东传至北方。《东京梦华录》和《梦粱录》分别记载了北宋东京汴梁（开封）和南宋临安（杭州）的一些南方菜馆酒楼已有"清蒸鲥鱼"一菜。宋代浙江浦江人所著《吴氏中馈录》曾记载了当时"清蒸鲥鱼"的制法与用料："蒸鲥鱼，鲥鱼去肠不去鳞，用布拭去血水，放荡锣（铜制汤盆）内，以花椒、砂仁、酱擂碎，水、酒、葱拌匀，其味和，蒸之。去鳞，供食。"

明清时，鲥鱼成为贡品，为宫廷名贵御膳。明代何景明有诗云："五月鲥鱼已至燕，荔枝芦桔未应先。赐鲜遍及中官第，荐熟谁开寝庙筵。白日风尘驰驿路，炎天冰雪护江船。银鳞细骨堪怜汝，玉箸金盘敢望传。"其诗很形象地描写了明代江南贡鲥进京、宫中赐鲜设宴招待官员的情景。《明宫史·饮食好尚》也记载了明宫以吃鲥鱼为盛会并赏荷花之事。清代夏初吃鲥鱼更为盛行，“清蒸鲥鱼”便成为民间和宫廷的时令美味，并成为当时最著名的特色名菜。鲥鱼有多种吃法，但古往今来都以清蒸为佳，因它可以保持鲥鱼洁白似银的本色和原汁原味。所以，当今的“清蒸鲥鱼”除了用料更为考究外，其基本制法与古时相同。

风靡沪上的名菜

清初，鲥鱼就已成为沪上价格最高的一种鱼，它与鳇鱼一起被列为水产珍品。清嘉庆名人、上海南汇人杨光辅所著《淞南乐府》咏道：“淞南好，罾（音增，起鱼网）罟（音古，渔网）尽搜求。味敌江鲥鱼著甲，名输沙狗蟹遮羞，同类各殊尤。”作者又加注曰：“鲥鱼出扬子江，随流冲入海道。渔者得之，昂其值，以售于市。鳇鱼，又名著甲，味与鲥埒（音劣，义相等）。沙狗，海滩小蟹，远人珍为上品。蟹两螯大小者曰遮羞。”那时，由于鲥鱼价格昂贵，只有少数官员及富商才有口福，沪上经营鲥鱼菜肴的菜馆也极少。清末民初，随着上海港口贸易和民族工商业的发展，饮食业迅速兴起，经营“清蒸鲥鱼”“红烧鲥鱼”的菜馆才逐渐增多，并成为本帮、苏锡帮、镇扬帮、杭帮和徽帮等六大地方风味菜馆的高贵名菜，然而多数也是用于高档酒席上，散客食用此菜极少。

20世纪20年代初，上海商市兴旺发展，各种商务宴请大量增加，饭馆酒店中无论酒席还是堂口零吃都有“清蒸鲥鱼”应市，成为春末夏初最热门的特色名菜。特别是抗战胜利之后，沪上饮食业重又兴旺起来，春夏之交的“清蒸鲥鱼”“红烧鲥鱼”“网油烤鲥鱼”等菜肴尤为吃香，许多大店名店都供不应求，甚至要隔日预定才能吃到。当时沪上经营“清蒸鲥鱼”等菜肴的各帮菜馆有数百家，其中以“老正兴”“德兴馆”“大加利酒楼”“鼎新楼”最为有名。这些菜馆都是取用刚上市的新鲜鲥鱼为原料，配以火腿片、笋片及葱、姜、酒等调味，加猪网油清蒸而成。80年代初，中日联合编写的《中国名菜集锦》中，专题介绍了沪上扬州饭店（原莫有财厨房）由莫氏三兄弟烹制的“清蒸鲥鱼”一菜，并向全世界数十个国家发行，影响深远。日本、新加坡等不少国家的来宾，曾慕名前往该店品尝此菜。

“清蒸鲥鱼”的原料是鲥鱼中段500克，火腿3 ~ 4片，笋3 ~ 4片，水发香菇4只，猪网油100克或板油25克，酒酿15克，葱、姜、绍酒和盐、味精适量。烹制时，先将鲥鱼去除内脏洗净、揩干，取用盛器一只，放入猪网油或板油，铺上香菇（放中间）、火腿片与笋片，然后放入鲥鱼，加盐、味精、绍酒、葱姜、酒酿以及白糖少许，上笼或入锅隔水旺火蒸15 ~ 20分钟，取出，拣去葱姜，将其反扣在盘中即成。蒸熟的鲥鱼油亮肥美，肉质洁白，酒酿味香郁。家庭烹制时，可取鱼中段或中段半爿为原料，直接放入盘中铺上网油，加上配料与调味蒸制。如取用春末上市的鲥鱼（俗称头膘），其肉质细嫩，蒸15分钟左右即可；如取用夏季上市的鲥鱼（俗称樱桃鲥鱼），其肉质又壮又肥，需要蒸20分钟左右。

秋风乍起蟹"醉"人

周三金

随着每年河蟹的陆续上市，沪上各菜馆饭店经营的"清蒸大闸蟹"和各式蟹肉菜肴正日渐热销。各式"蟹筵"，既有蒸蟹，又有蟹肉菜点和羹汤，风味独特，颇受中外顾客青睐。数十年来，"上海蟹宴"已名扬四海，并成为中国各式筵席中的佼佼者。

四方之味蟹为第一

螃蟹，又名"郭索""无肠公子""含黄伯""清水大闸蟹"等。我国江河湖泊都产蟹，淡水湖所产蟹味最佳。当今苏州、昆山、阳澄湖以及苏北宝应、高邮、兴化、洪泽湖、安徽巢湖等地都有河蟹，但以阳澄湖所产湖蟹为最好，它青背、白肚、金爪、黄毛，肉壮肥鲜，被称为蟹中之冠。蟹营养丰富，在各类水产品中为最鲜美之物。南唐人卢纯称蟹肉为"一品膏"，即为各种肉食中的一等肉品。他说："四方之味，当许含黄伯为第一。"宋人刘贡父诗中也称赞了蟹的美味："稻熟水波老，霜螯已上罾。味尤堪荐酒，香美最宜橙。壳薄脂胭染，膏腴琥珀凝。"唐陆龟蒙的《蟹志》、宋傅肱的《蟹谱》、高似孙的《蟹略》，都记载了我国蟹源、蟹乡、蟹馔、蟹咏等蟹文化的情况。

菊花对蟹

清代李渔嗜蟹如命

“九月团脐十月尖，持螯饮酒菊花天”。由于蟹为人间美味，每当深秋菊黄蟹肥时，吃蟹便成为历代人们的生活时尚。早在西周，人们就将蟹制成“蟹胥”（蟹酱）食用。南北朝时，用糖腌制的“糖蟹”已很出名。隋朝又有“糟蟹”“醉蟹”等，隋炀帝杨广到江都时，曾品尝了由苏州所贡的“糟蟹”和“糖蟹”。从宋朝开始，“持螯赏菊”的习俗便逐渐形成。那时南宋宫中御宴上已有“螃蟹清羹”“蟹酿橙”等蟹菜。民间菜馆、酒店也有“蒸蟹”“炒蟹”“醉蟹”“蟹羹”等菜肴。明清时期，每到深秋，从宫廷到民间都吃“蒸蟹”。《明宫史·饮食好尚》中记载：“八月，凡宫眷内臣吃蟹，活洗净，用蒲包蒸熟，五六成群，攒坐共食，嬉嬉笑笑，自揭脐盖，细细用指甲挑剔，蘸醋蒜以佐酒……为盛会也。”清《沪城岁事衢歌》中也记载了旧上海吃蟹的习俗：“轻匀芥酱入姜醯（音希，醋），兴到持螯日未西。莫道山厨秋夜冷，家家邀客话团脐。”这种生活习尚，一直延续至今。

在历代食蟹人士中以文人最为讲究。苏东坡将食蟹作为养生的主要食物。他在《老饕赋》中说：“尝项上之一脔（肉块），嚼霜前之两螯。烂樱珠之煎蜜，滃杏酪之蒸羔。蛤半熟而含酒，蟹微生而带糟。盖聚物之夭美，以养吾之老饕。”清代戏剧理论家李渔“嗜蟹如命”，一年四季不离蟹味。当蟹上市时，他就边尝鲜，边买蟹制成醉蟹、糟蟹入瓮，以备常年食用。他对蟹的评价和吃蟹之道的论述，最为精彩而恰切。他在《闲情偶寄·饮馔部》中说：“予于饮食之美，无一物不能言之，且无一物不穷其想象，竭其幽渺而言之。独于蟹螯一物，心能嗜之，口能甘之，无论终身，一日皆不能忘之；至其可嗜可甘与不可忘之故，则绝口不能形容之。此一事一物也者，在我则为饮食中之痴情，在彼则为天地间之怪物矣。”李渔认为吃蟹应以蒸熟剥壳而食为佳。他说：“蟹之为物至美，而其味坏于食之之人。以之为羹者，鲜则鲜矣而蟹之美质何在？以之为脍者，腻则腻矣而蟹之真味不存。更可厌者，断为两截，和以油盐、豆粉而煎之，使蟹之色、蟹之香与蟹之真味全失。……蟹之鲜而肥，甘而腻，白似玉而黄似金，已造色、香、味三者之至极，更无一物可以上之。”李渔认为，凡食蟹者应取用整只蒸熟，断一螯，食一螯，则气与味丝毫不漏。出于蟹躯之肉与蟹黄蟹油应直接入口，这样吃才能真正尝到蟹的全部美味，这是食蟹中最妙的吃法。事实也如此，从古至今人们都以吃整只蒸熟的蟹为乐趣。

上海“蟹筵”全国第一

上海“蟹筵”，始于民国初期。旧上海吃蟹之盛，为全国之最。在20世纪二三十年代，每当深秋季节，市区从酒店、菜馆到马路食摊上，都可以看到人们手里拿着一只只蒸熟的大闸蟹边剥边食、饮酒谈笑的欢乐情景。沪上有些苏锡帮菜馆、扬州菜馆以及本地菜馆，为了满足沪上富商和达官贵人们喜欢食用蟹肉菜肴的需要，在经营整只“清水大闸蟹”的同时，还取用蟹肉（俗称“蟹粉”）制成了“清炒蟹粉”“炒虾蟹（虾仁与蟹粉）”“炒蟹黄油”“蟹粉鱼翅”“蟹粉狮子头”“蟹粉蹄筋”等数十种蟹肉菜肴应市，极受人们欢迎。不久，这些蟹肉菜肴又作为酒席上的主菜，在沪上推出了“蟹筵”。但由于蟹筵价格昂贵，除了一些富商和文艺界著名人士外，一般顾客极少问津。直到抗战胜利后，国民党接收大员和巨商富豪纷纷回沪，花天酒地，穷奢极欲，才使“蟹筵”盛行于沪上，并将其改为更加昂贵的“全蟹筵”（即全部取用整只河蟹和蟹肉所制成的各种名菜组成酒席）。当时在全国各地并无“蟹筵”，此为上海首创，所以称“上海蟹筵”。上海解放以后，蟹筵和其他高档酒席便逐步消失。

绍酒飘香蟹筵醉人

20世纪80年代以来，随着改革开放的深入，国民经济迅速发展，沪上餐饮业日益繁荣，各式“蟹筵”再度问世。如今上海经营“蟹筵”的菜馆酒店和宾馆有数十家，以王宝和酒家的“蟹筵”最出名。

王宝和酒家创设于清乾隆九年（1744），由浙江“王宝和酒作坊”业主王楼臣及儿子王仁山来沪开设。原在南市咸瓜街，以专营绍兴远年黄酒闻名于市。清咸丰二年（1852）迁至南京路108—109号（山西路盆汤弄东）。1936年3月迁至福州路现址，扩大营业。该店一直以生产与经营各种绍兴黄酒著称，其酿造的太雕、花雕、金波、玉液、善酿、香雪和陈年加饭酒，具有香气浓郁、入口留香等特点，并远销日本、新加坡等东南亚各国。在1910年南洋劝业会、1916年巴拿马赛会和1952年西湖博览会中均荣获金牌和奖状。每年河蟹上市，它经营的“清水大闸蟹”更是饮誉中外。它陈列在店门口笼里的阳澄湖大闸蟹只只又大又壮，供顾客现拣现卖，现烧现吃，深受大众欢迎。著名演员韩来根、殷秀岑，名医石筱山、陈筱宝和顾筱岩等经常光临该店品尝。20世纪30年代，著名教育家蔡元培曾约了七八位朋友到王宝和酒店，要了30只大闸蟹和豆苗虾仁、荠菜鸡片、干菜烧肉以及陈年绍酒，持螯赏菊。

1981年，该店经过重新装修，扩大了营业面积，特聘名厨肖良初的师弟等特级技师来店精心烹调维扬菜肴，并在经营“清水大闸蟹”的同时，增设了“蟹筵”，做到只只菜点都有蟹味，美不可言，20多年来吸引了无数中外顾客前往品尝。泰国王族司法代表团团长一行十几人在王宝和品尝了“蟹筵”后连连称赞：“这种美味世界上少有！”在宝钢基地工作的一批日本专家品尝后余兴未尽，曾接连三四次登门品尝，他们都称赞说：“这是最丰富别致的筵席！”船王包玉刚生前特地从香港专程来店品尝，我国著名的书画家朱屺瞻、唐云、谢稚柳、程十发等，都曾经光临品尝。我国人大常委会原副委员长叶飞在该店品尝了“蟹筵”后，还挥毫题写了“别有风味”四个大字。

又见“闵饼”

霜 木

闵饼

20世纪二三十年代，在上海西藏路上有一家“大富贵闵饼公司”。店主是几位同里同乡，他们专门请来一位闵姓老太亲临指导，一时“闵饼老太”引来社会效应，使“闵饼”在沪上广受欢迎，每日顾客盈门，络绎不绝。后不知何故得罪了公共租界工部局，遂以“不合卫生要求”而吊销营业执照，最后关门歇业。从此，沪上难觅“闵饼”踪迹。

阳春三月，与友人结伴到同里古镇游览，竟然又见到了“闵饼”的身影。在同里的明清街中段，有家老字号食品店门前，每天有人排长队购买“闵饼”。一镬一镬甜香四溢的“闵饼”，只只黛青油亮，真让人犯“百闻不如一尝”的馋瘾，于是不由自主就会加入长长的队伍……挨前一位长者看来是个“老吃客”，津津乐道向人说起了“同里闵饼”的来历。闵饼又名苎头饼，原是江南农家清明时节自制的一种糕团，色泽黛青，光亮细洁，入口清香滑润，油而不腻，含丰富的胡萝卜素、维生素和蛋白质等。因其配料和制法独特，一般放置十天半月仍风味不变，这对春耕农忙中的种田人来说，无疑是非常经济实惠的食点。

制作闵饼，要先把“闵草”（学名苎麻，俗称“天青地白草”，过去同里乡下多见）用石灰打汁，再拌入糯米粉糅合；选豆沙、桃仁、松仁、枣泥等，再加入糖、猪油做馅，然后揉团包馅捏成月饼状，最后上蒸笼蒸熟即可食用。考究的还在饼表面撒上芝麻，放到平底锅内淋上糖油烘煎一番，更加香糯上口了。据说闵饼中还含有咖啡鞣酸等多种成分，具有清热解毒、消炎止血等药用价值。

“同里闵饼”已有500多年历史。相传镇上有“本堂斋”闵氏糕团老店，世代“闵饼”因“筛串精而蒸煎得法，独步同川（同里古称）”。明人沈石田曾有诗曰：

荣萌方长折，作饵糈相仍。
香剂圆从范，青膏软出蒸。
女工虚郑缟，士宴夺唐绫。
我有伪生感，临餐独不胜。

古镇至今流传“慈禧太后吃过闵饼”一说，源出里人作家范烟桥，他当年曾在上海一家名气不小的小报上撰文介绍“闵饼”，文中称“闵饼曾作为贡品进京，供慈禧尝过，是否真实不得而知了”。

长长的队伍蠕动很慢，听着老人生动的介绍倒也不觉寂寞，看“把桌师傅”有条不紊地一道一道工序操作，排队者既像“学生意”，又像“检验员”。足足站了半个多钟头，这才轮到我等大饱口福——如此辛苦吃个“青团”（那形状太像青团）似乎太不值得，但这就是“品牌效应”。要说口味，感觉除了有股特殊的草香之外，与清明节的“青团”真的相差无几；然而作为一种地方特产难得品尝一下，就像到北方住进五星级宾馆，心血来潮要尝“窝窝头”一样，不都是为入乡随俗寻找一种情趣么？

后记

中国有句俗话叫“酒香不怕巷子深”。这句话作为经营理念，在商品稀少、信息闭塞的年代里是有道理的。经营者光凭自己产品的上乘质量和消费者的口口相传，就能保证自己的销量和赢利。

但是，当世界进入信息时代，每天海量的商品信息铺天盖地而来时，当一个产品出现数十上百个品种时，消费者一时无所适从，不知孰优孰劣。这时，大量的商品广告宣传，就对消费者产生了巨大影响。当然，广告宣传难免会有鱼龙混杂、泥沙俱下之虞，但如果你是优质商品，却死抱着“酒香不怕巷子深”的陈旧想法，时间一长，你的优质商品就必然会被淹没在汹涌的商品大潮中。

一般商品如此，书报刊作为一种特殊的商品，应当怎么办呢？依据书报刊市场的实际情况来看，也必须大力进行宣传推广工作，尤其是大量互联网新媒体的出现，使书报刊市场的竞争更加激烈。记得去年上海市委书记李强在上海市作协第十次会员大会上的讲话中就着重指出，必须要破除“酒香不怕巷子深”的陈旧理念，而要做到“好酒也要勤吆喝”，对上海作家创作的优秀作品要大力宣传推广，要让好作品深入人心，家喻户晓。唯有如此，才能真正做到大力弘扬红色文化，宣传和发扬中华优秀传统文化。

上海大学出版社的领导和编辑正是这样做的。

2018年5月《上海滩》丛书的第一本《海上潮涌——纪念上海改革开放40周年》问世前，责任编辑陈强就已经和我们商讨这套丛书的宣传推广方案，积极组织在传统媒体与新媒体刊发新书介绍和书评文章以及其他宣传活动。

果然不久，《新民晚报》“读书版”发表了《改革开放的纪录者》的书评文章，引起人们的广泛关注。紧接着，《新民晚报》“社区版”又先后两次以整版篇幅转载了《海上潮涌——纪念上海改革开放40周年》一书中的两篇文章，引起广大读者和市民对告别过去蜗居与倒马桶生活的无限感慨，从内心感谢党的改革开放政策带来的生活巨变。

紧接着，上海大学出版社又抓紧出版了《上海滩》丛书的其他三种，即《申江赤魂——中国共产党诞生地纪事》《楼藏风云——上海老洋房往事》和《年味乡愁——上海滩民俗记趣》，连同《海上潮涌——纪念上海改革开放40周年》一起在8月举行的上海书展上隆重推出，吸引了许多市民阅读购买。

书展结束不久，陈强又告诉我，上海大学出版社还将于10月2日即国庆长假期间，在上海书城举行《上海滩》丛书部分作者与读者见面会，进一步宣传推广这套丛书，并需要我帮忙邀请三位作者。我十分高兴，邀请了上海市文史研究馆副馆长、《世纪》杂志主编沈飞德，上海史研究专家薛理勇，和专写隐蔽战线无名英雄斗争事迹的作家姚华飞参加见面会。10月2日下午，在上海书城里，观众席上坐满了读者，还有许多没有座位的读者则站在后面，围成几道圆弧形的人墙。在见面会上，沈飞德副馆长因曾经为《上海滩》杂志写了许多篇上海洋楼故事，所以他着重讲述了居住在上海洋楼中的张元济、梅兰芳、张学良等历史名人从事抗日及其他进步活动的动人故事；薛理勇先生主要讲解了上海民俗文化在形成和发展中的许多趣闻；姚华飞先生则生动地讲述了他采写沈安娜、华克之、吴克坚等中共情报人员如何奉党之命，长期潜入敌营传送情报的传奇故事。他们的讲述不断引起读者们的阵阵掌声和欢笑声。其间，他们还一一解答了读者们提出的问题。这次读者见面会大大地增强了《上海滩》丛书的影响，不少读者走到柜台前买下了这套丛书。其中既有老上海人，也有青年学生，更有不少新上海人。

今年1月，我从出版社方面得知，据统计，去年的这套《上海滩》丛书在全国销售情况不错，所以，我们决定抓紧出版2019年的《上海滩》丛书，并计划先后于今年5月和8月面世，以满足广大读者了解上海红色文化、海派文化、江南文化的需求。同时我还获悉，中共一大会址纪念馆也收藏了《上海滩》丛书中的《海上潮涌——纪念上海改革开放40周年》和《申江赤魂——中国共产党诞生地纪事》两书，作为馆藏和研究之用。

更令人感慨的是，今年3月初，2019年的《上海滩》丛书（一套四册）还处在审定和发排阶段，责任编辑陈强就发微信告诉我，他已同一家书店经理商量好，待丛书的前两本《五月黎明——纪念上海解放70周年》《丰碑无名——上海隐蔽战线斗争纪实》于今年5月中旬出版后，就在这家书店举办这两本书的新书分享讲座，届时邀请有关专家、作者、亲历者向读者讲述这两本书中的动人故事。同时，在相关媒体上进行大力宣传推广，让更多的读者了解和喜爱《上海滩》丛书。至于后面两本书的宣传推广计划，他们也已经在心中酝酿了。

听到这些好消息，我们《上海滩》杂志的同仁都感到十分欣慰，非常振奋。大家都说一定要感谢上海大学出版社的领导和编辑及其他相关人员为《上海滩》丛书出版所作的努力，并要我为他们点个赞！

葛昆元 《上海滩》杂志原执行副主编